·易知行管理咨询机构系列图书·

# 商业归根

## 阳明心学的商业智慧

思二勋◎著

中国经济出版社
CHINA ECONOMIC PUBLISHING HOUSE
北京

**图书在版编目（CIP）数据**

商业归根：阳明心学的商业智慧/思二勋著.
北京：中国经济出版社，2018.3
ISBN 978-7-5136-4890-5
Ⅰ.①商… Ⅱ.①思… Ⅲ.①商业经营—研究 Ⅳ.①F713
**中国版本图书馆 CIP 数据核字（2017）第 243404 号**

策划编辑 伏建全
责任编辑 孙晓霞
文字编辑 赵立颖
责任印制 马小宾
封面设计 华子图文

**出版发行** 中国经济出版社
**印 刷 者** 北京金明盛印刷有限公司
**经 销 者** 各地新华书店
**开 本** 710mm×1000mm 1/16
**印 张** 19.5
**字 数** 200 千字
**版 次** 2018 年 3 月第 1 版
**印 次** 2018 年 3 月第 1 次
**定 价** 58.00 元
**广告经营许可证** 京西工商广字第 8179 号

**中国经济出版社** **网址** www.economyph.com **社址** 北京市西城区百万庄北街 3 号 **邮编** 100037
本版图书如存在印装质量问题，请与本社发行中心联系调换（联系电话：010-68330607）

抓住本体，回归商业本质，探求企业发展规律，

用心学重塑企业发展之道！

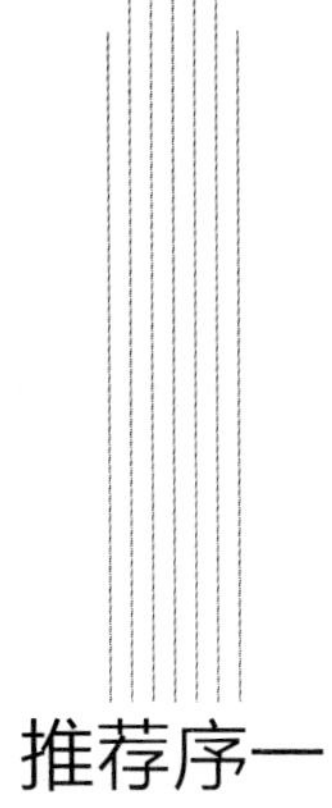

# 推荐序一

## 不忘初心，方得始终

说实话，我没有读过王阳明的书，更没有研究过他影响久远的心学，甚至对这位圣哲先师的生平事迹都知之不多，充其量只是对诸如致良知、格物致知、知行合一、回归本心等词语知道一鳞半爪而已。

所以，当思二勋把他的书稿送到我眼前的时候，我并没有要为他写点什么的想法。但是，经过了一番交谈，我还是被他给震惊到了。

与我们这代安守本分的人比，像思二勋这样肯钻研、勇创新的人，我接触的不只一个，我是为这些人而高兴以至于兴奋的，不仅是因为他们有这样的条件和能力而我们没有，同时也是因为从他们身上隐隐约约看到了一种希望，看到了中华文化在传承古典的基础上创新发展、弘扬光大的希望。

一些热衷国学的人，是用过去衡量现在的人，是把国学当作了批判现在、否定现实的教条，有的人不过是知识的搬运工和二道贩子；有的人则把国学抱在怀里作为牟利的工具、讨吃的饭碗，并没有理解、领悟、掌握国学的精髓和本质。这样的人，实际上是在侮辱国学，糟践国学。

芸芸众生如我等凡人，生长在中国的土地上，浸润在中华文化的博大精深中，虽没有时间和精力饱读诗书，但也不能不受文化的熏染，对其保持敬畏与谨慎。

而像思二勋这样的人，在对传统深钻细研的基础上，放眼世界，博采众长，理论联系实际，特别是结合企业经营管理、商业进化演变的过程，用当代理念思考传承古典，用现代语汇诠释当下与未来，则是非常必要、重要且具有创新意义的，应该提倡、鼓励与支持。

任何思想学说，如果被固化、僵化、玄学化、神秘化、教条化、功利化，都不利于她的丰富与发展，只能使其失去生命活力并加速死亡。我们所应该做的，是学用结合，扬弃并举，取其精华，去其糟粕，突破历史局限，赋予时代内容，推动新陈代谢，努力与时俱进，实现承前启后，从而继往开来。

我们的先贤，创造了无数经典，对推动中华文明做出了巨大贡献。但是，历经数千年，经典依然熠熠生辉，子子孙孙的所做所为还有不少的差距。可以说，现实中最常见的问题，一是无知，二是知而不行，知行不一，也就是无耻，而无耻比无知更可怕。从这个角度来说，思二勋殚精竭虑、呕心沥血写这本书，运用心学观照企业管理，探索商业本质，提出坚守良知，以人为本，回归本心，知行合一，具有积极的作用与时代价值。

习总书记说，不忘初心，方得始终。让我们共学共勉，善始善终。

**后学金乾生**

**著名产业专家、硕士生导师、西安交通大学客座教授**

2017 年 11 月 3 日凌晨

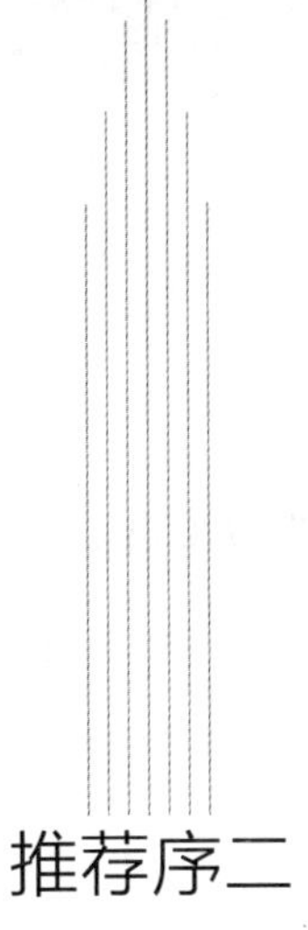

# 推荐序二

## 推荐创业者细读《商业归根》

本书作者思先生认为，心力是创新创业的核心力量，这也是《商业归根》这一书的逻辑中心。拜读的时候，我在想，这世上还真有不约而同这样的事情哈，当惺惺相惜。

我将公司取名为心力投资，心里想的是：创业者必须有强大的心力，才能创业成功，投资人也只投心力强大的创始人，心力投资就这么来的，与本书的核心思想倒有不谋而合之处。

只是我没有思先生这样的功力系统地去形成著述将自己的认识惠及他人，但现在没遗憾了，本书摆在大家面前，花一周业余时间读完，不仅可以助你增加几成心力，而且还可以助你在复杂的商业环境中回归本心。利用阳明心学回归商业本质和企业经营管理的核心，归根思考，以心力求进化，不浮不躁，找到前进的方向和创业持续进阶的逻辑！如此，或在你感觉心力憔悴的时候，看完又可满血复活，再战江湖！

本书是个人修炼心力的武功秘籍，对于创业者及企业经营管理者来说，不仅需要管理团队，还需要找方向、定战略、设计产品、营销产品，也会遇到各种突如其来的困难或挑战，这就需要他们依据自身的思想和才智、能力和体力等本源力量转化为力之所达的实际行动，并将挖掘团队成员的内在心力，激活潜力，恰当引导，将其转化为生产力资源，让一个人发挥出两个人、甚至十个人的作用，以十当百，项目焉有不成之理。

为了写此短文，我又特意去查了心力一词，发现毛泽东青年时代，也写过一篇名为《心之力》的文章，他说:...... 人之力莫大于心。阳气发处，金石亦透，精神一到，何事不成?

看到这一句，想起中国人的精神特质，还真被毛主席集大成了。你看，中国传统的神话传说，如夸父逐日、精卫填海、后羿射日、共工触山、女娲补天、大禹治水、愚公移山……都是体现了中华民族强大的心力，可能也是因此强大心力，我们才在近两百年列强环顾之下翻身发展到今天的世界地位吧。

刚才看到朋友圈转发梅花资本吴世春的发言，他也说：创业最终比拼的是创始人认知力和心力。

如此看来，又多了一个推崇心力的人。本书也提出：越是困难时期，心学的价值就越明显；外界环境再怎么变化或遇到的事儿再怎么困难还得需要人去应对，以个体足够强的、与时俱进的能力迎接各种挑战和困难，而这种能力的提升也需要借助心力去提升，以“致良知”思想提升创业或做事的持久力，以“心即理”思想找到本源、探求进化，以“知行合一”思想提升个体的执行力和认知力，如此则万事不难。

如果你在创业，或你想创业，推荐此书，欲成其事，先修其心，以心求道。如果你是心力强大的创业者，你的项目需要诊断评估建议，欢迎来找我（BP 请发：484551@ qq. com）。自助者天助，我愿意为心力强大者助力。

**心有力者，其事必成！**

曾平辉

2017 年 12 月 26 日

**曾平辉简介：**心力投资创始人，易一天使高级分析师、管理合伙人。工信部，共青团，青创杯，天英汇，岭创等青年创业导师。

主要投资互联网金融，TMT，B2B，消费升级，环保，食品安全类的天使、Pre A 轮创新项目，公司投资了猪八戒、易极付、沙漠变良田、盐碱地改造，可以喝的农药、我是车主几个独角兽等共 60 几个项目。其秉承的熊氏十九般武艺创业方法论能把创业成功率提升到 61%。

# 前言

当今时代面临诸多机遇与挑战，传统企业转型正潮，大众创业、万众创新依热，创业成功率低得可怕，新旧经济转化正急，“新零售”“一带一路”“人工智能”等势能愈高；一大批互联网企业在短时间内迅速崛起，又有一大批传统企业面临倒闭，大数据、物联网、3D 打印、云计算、AR/VR 等技术让诸多企业无所适从……一系列挑战与困境正发生在中国，在复杂而多变的商业环境中企业生存更加不易，很多商业逻辑和管理方法逐渐失效，很多企业急需找到一副“灵丹妙药”，帮助他们渡过难关！

于是笔者找到中国传统文化——心学，发现在变革的时代，企业或个体可以通过心学的核心方法“致良知”“心即理”“知行合一”“格物致知”“事上磨”等方法在多变且复杂的环境中从容地应对各种挑战和困难。心学的主要力量是可以让个体或组织回归本心，坚守本心，挖掘事物本源的力量，以防个体或组织在烦杂的商业世界中迷失本心，失去方向。当然，个体或组织也可以通过心学找到正确的发展方向，助辅企业少走弯路。

商业环境多变，技术、产品、知识等更迭加速，那么企业或个体应该如何在这种多变的环境下求存求进？笔者认为核心就是知行合一：在知中行，在行中知，以新行求新知，以新知推新行，如此便可以快速地适应环境，并让企业发展合乎环境，使战略、组织、产品、营销等都与时俱进。

外界再怎么变化还得需要人去应对，以个体足够强的、与时俱进的能力迎接各种挑战和困难，个体可以通过“知行合一”思想从容地应对各种变化。而事态多变、繁杂，本质上还是心态烦杂，心容易在这种环境中浮躁不安。所以，在任何现象面前能够定心沉静思考现象发生的内在机理和原因，找到现象存在或发生的本源和现象发生的内在联系，在如今的社会中变得尤为重要。换言之，在复杂多变的环境下，变的是现象，不变的是现象或事态的本质属性和存在机理，以不变应万变的关键是找准不变的部分，探知规律，并能灵活地应用之；而这就需要运用心学的“格物致知”之法，格现象，格事态，找本源，找规律，以阳明心学的智慧回归本源，探求规律和极简的管理智慧，而后以规律和极简的商业智慧应对各种突如其来的机遇与挑战，这是多变环境下企业的生存智慧。

现今，人心浮躁之象横生；太多的“有志者”过度地追求虚无而缥缈的东西，越来越多的创业者开始追求估值的虚高而忽略了本源初心，与企业存在之本：“为了让人民生活得更好”；大多数企业在发展过程中出现了各种毒瘤，如企业越大，其内部形式主义愈加严重，干部腐败、人心互斗之象愈多；企业经营管理变难，人员离职现象变多……渐渐地，企业失去了最初的样子。在浮华的社会中，在企业面临诸多问题时，更多的是因为人心杂乱而引起的。于是，察心、修心、以心求理、以心求道就成了个人静心、企业经营管理的核心。

而大多数（浮躁、稳态）现象是由人引起的，现象多变是因为人心多变，回归人心，才能解决企业面临的诸多问题；经营人心，以个体的本心良知，正其心，正其行，以良知之力，凝聚人心，激活个体的潜在力量，助力企业渡过难关，让企业走向更大、更强之路。

商业智慧主要是回归本源、探求本质、寻求商业逐级进化的智慧，商业归根的主要目的就是回归本源和本质，找到影响商业变化并能驱动商业进化的核心要素和企业经营发展的底层逻辑。企业归根发展，使有效资源作用于根部，让关键力量作用于关键部位，如此，更能有效地驱动企业成长。而根就是发展的本源，也是进化的本源，归根的关键就是找到本体，探求本源，寻找规律。归根是复杂商业形态中企业生存的关键；以归根性思维经营管理企业，以进化性思维发展企业，变中求不变，变中找机会，根据归根与进化思维，使企业从小变大，从弱变强，提高企业的生存智慧和经营能力就从归根与进化开始。

人的根在于心，事的根在于人。在大多数情况下，归根就是归心；知人知心，顺势而为。

推动事态发展的关键是人心之欲，抓住心欲，探求规律，以理推理，这也是本书的关键逻辑。重视人欲和人性价值，以个体的价值创造能力和解决问题的能力驱动企业的进化与发展。

因此，本书更注重通过阳明心学对商业各个要素的本质和企业发展的规律进行探知，该书第一部分内容着重对阳明心学进行通俗化的解释，强调阳明心学本身的价值和其在当代商业发展中的重要作用；该书的第二部分内容用心学思想（包括致良知、心即理、知行合一等）对企业的存在价值、企业经营管理的底层要素以及企业在复杂商业环境中的生存智慧进行了思考总结；尤其是在第四章对企业文化、战略、营销、人力资源等进行了本质性分析，让企业发展回归本质，不失方向，以此助力企业转型、创业成功；该书的前两部分内容是基础，后两部分内容更多的阐明了商业的本质，并说明商业进化的内在逻辑和内在要素和企业层级进阶的底层逻辑，笔者建议创业者以及企业经营管理者必读之。

在该书的第三部分内容中，首先笔者通过阳明心学对心力进行了深度的思考和总结，然后从心力角度分析了商业进化的内在逻辑和推动商业进化的内在要素；在该书的第四部分内容中，笔者对商业各个要素进行归根性思考，并理出其进化的底层逻辑，提出6P进阶模型、战略进阶模型、组织结构进阶模型、产品形态进阶模型、四级体验营销逻辑、人才结构进阶模型等内容。

在复杂多变的商业环境中，希望本书能透视商业的本质，带您走出经营管理的困境，本书特别适合创业者、企业经营管理者、管理咨询师等经营管理企业或研究商业的群体阅读和借鉴。读者通过对本书的阅读，既可对阳明心学有更进一步的了解，也能对商业的本质和企业的进化逻辑有更深、更新的认知；商业是生活的一部分，阳明心学能教我们如何过好生活，更能教我们如何做好企业；笔者希望，通过多年深度思考和分析总结的成果能对您有所启发。

本书在研究并著写的过程中难免有所纰漏，望读者多加批评与指正，交流微信：1078870036，笔者在此深表感谢！

思二勋

# 目录

# 第一部分

# 依心学探商业

# 第一章　认知阳明心学

## 一、心学就是关系的连接

谈起心学，不得不提及王阳明（原名王守仁）。他是浙江绍兴府余姚县（今属宁波余姚）人，明代著名的思想家、文学家、哲学家和军事家，是陆王心学之集大成者，是一位在立德、立言、立功上皆取得超凡成就的儒家圣贤。他继承了程朱理学，并在此基础上创立了心学。

正德三年（1508 年），王阳明被宦官刘瑾放逐于贵州龙场驿。在龙场驿那段艰难的时光中，他一直钻研圣贤之道，花费了大量的精力悟出“格物致知”之旨，提出“心即理”“心外无物”学说。在《王阳明年谱》中记：始知圣人之道，吾性自足，向之求理于事物者，误也。王阳明在悟道时说出的这句话，是彻悟的起点，也是阳明心学逻辑的起点。

悟道后的第二年（1509 年），王阳明又在贵阳讲学的过程中形成了

“知行合一”学说。正德五年（1510 年），刘瑾倒台，王阳明广收学徒，讲学论道，开始将心学流传天下。正德十一年（1516 年）王阳明先后平定福建、江西、湖广、广东等地叛乱。在平乱期间，王阳明一直践行“知行合一”之理念，并不断思索，提出了“致良知”之思想。

因此，阳明心学是由“心即理”、“知行合一”、“致良知”三大部分构成。“心即理”是万物归心，是“圣人之道，吾性自足，不假外求”，阳明先生的心无私欲之蔽，即是天理，又是人之本体，是自我人格完善和自我价值实现之心；“理”在朱熹看来是“形而上之道也，生物之本也”。也就是说，这个理就是天地万物形成的理，是天地万物运转的规律，是世间万物存在主体的存在逻辑。

万物归心，万物因为有心的存在而使其有存在价值，心作用于商业而生百态，心作用于社会而使社会缤纷多彩；心所到之处，皆使诸物生龙活虎。这就是心与万物关系的连接方式。

如今商业环境日复有变，经济环境亟须转换，资本市场时有寒冬，网红现象惊爆于世，种种现象，大多数是因为当今时代的大多数创业者、企业家、政客等群体的浮躁之心而引起的，浮躁之心作用于商业，必然导致商业中各种浮华的现象显现；究其原因，主要是因为大多数人为了追求于利益而盲目地做违背于自然、违背于良知、违背于规律的事。欲使这些现象归于“平静”，只有从导致这些现象的本源之心开始，从心开始，回归良知，找回本我，完善自我，强化自强、文明、至善、自省的人格体系。

“知行合一”是阳明心学的核心内容，这里的“知”并不仅仅指知识理论，“行”也不仅仅是实践行动；阳明先生这里的“知”就包含了“行”，“行”也包含了“知”。所以，当徐爱问先生：“如今人尽有知得‘父当孝，兄当弟’者，却不能孝，不能弟。便是知与行分明是两件。”先生曰：“此已被私欲隔断，不是知行的本体了，未有知而不行者，知而不行，只是未知。圣贤教人知行；正是要复那本体，不是着你恁地便罢。故《大学》指个真知行与人看，说‘如好好色，如恶恶臭’见好色属知，好好色属行。只见那好色时，已自好了，不是见了后，又立个心去好。闻恶臭属知，恶恶臭属行，只闻那恶臭时，已自恶了，不是闻了后，别立个心去恶。……就如称某人知孝，某人知弟。必是其人曾行孝知弟。不成只是晓得说些孝弟的话，便可称为知孝弟。”（《传习录·上·徐爱录》）。

所以，知行本来就是一件事，知就是行，行就是知，在生活实践中我们总是习惯将身与心分开，将物质和意识分开，将知与行分开。殊不知，“知”的过程就是在改造旧有意识和知识，人对外界的认知，就是通过个人的意识、知识、经验、习惯、感受来认知物质，“行”的过程就是强化、改变、落实你的认知和观念。综合来说，就是人类通过“知”与“行”来感受和认知自然，并将各种认知和感受作用于自然的过程。

故阳明先生曰：“知是行的主意，行是知的工夫；知是行之始，行是知之成。”就像一辆自行车，前轮后轮始终是同步、同频、同速而行，一快一慢都不能正常前行。

这种认知本来就是一种行动，这种行动本来就是一种认知，故阳明先生的“知行合一”是另一种形式的格物致知。致知就是行，这就要求我们在内求（或内在精神）上下功夫，也要求我们重视道德的实践性，即思想与认知的内在力量只有通过做事才能发挥出其作用。

在当今的商业世界中，任何一个成功的企业家必定是在“知行合一”上做得很好。新环境、新生物、新观念、新技术、新逻辑等诸多新兴事物时常涌现，环境多变，在这样的环境下，“知行合一”便显得尤为重要。

“致良知”是阳明先生通往圣贤的良剂，做事做人顺应良知，受良知指导，是人与人相处、正确做事的第一要义。《传习录·中·答欧阳崇一》中曰：“致良知是学问大头脑，是圣人教人第一义。……大抵学问功夫只要主意头脑是当，若主意头脑专以致良知为事，则凡多闻多见，莫非致良知之功。盖日用之间，见闻酬酢，虽千头万绪，莫非致良知之发用流行。除却见闻酬酢，亦无良知可致矣。”我们生来就有良知，因为有良知，所以在生活中道德才发挥了力量。这种道德能量充斥在每个人的内心，指引着我们的行动，是正心、正念、正求、正行的载体，也即这个良知是我们的道德意识和道德情感，意识存在于心中，情感源于心中的善念，阳明先生的“致良知”提倡每个人实现心中的善念，而在“心即理”和“知行合一”理念的基础上产生的“致良知”，是为了对“致良知”更好地应用和扩充。

“致良知”关键是“致”，致之于社会、工作、治家、治企、治国的方方面面。心是本，良知是心的本源，找到个人、家庭和国家的真实诉求，以良知来引导生活，优化生活，重塑认知和理念，以良好的认知和价值理念指引正确的行为，以正确的行为来打造生态文明、商业文明和精神文明。

良知作用于自己就是内省的过程，是一种减少各种桎梏对心灵的束缚，聆听内心的声音，知道自己是谁、想要什么、要的目的是什么、这种目的是否有利于他人等一系列内知内求的反思与求索过程。良知作用于各种事物，使个人的认知与行为和谐一致，是对事物的深层次认知与觉察；良知作用于商业是对商业的重新理解、重新求质、重新塑造的过程。事事求心而事事真，事事磨炼而事事坚。给万物赋予良知，才能真真切切地感受万物存在的意义以及其对世态生活的各种作用。

阳明心学的精髓就是“心即理”“知行合一”和“致良知”。该心学认为天理就在每个人的心中，以“天理”和“知行合一”去“致良知”。以此来提升自我内心的修养，重新发掘自我，发掘万物的存在机理，求索真知，善于发念，以“天理”和“良知”之道面对生活和工作中的各种问题，用“天理”和“良知”揭秘世间万物进化与发展的底层逻辑，万物源于心，心是底，以“心”来揭秘事物进化与发展的逻辑才能求之于本，不偏不倚。

“心之所发便是意，意之所在便是物；如意在于事亲，即事亲便是一物，意在于仁民爱物，即仁民爱物便是一物。意在于视听言动，即视听言动便是一物。”（《传习录·上·徐爱录》）这句话是对万物源于心的最佳说明，体现了心学中关于人的现实存在，以及以人为本的世界观，认为人存在实则是意念的存在；一个人通过视听言动等主观行为来表达自身的存在，但是人的视听言动等一系列心理或身体行动都是表象的存在，指导这些行动的都是个人的那颗心；也就是说，个人的心灵活动通过其所视、所听、所言、所动、所感来表现。我们常说身心健康，“身”的健康靠饮食和运动来保障，“心”的健康靠致良知来保障。一个有意识、有灵魂的人身心必然是一体的，其中，“心”是“身”的主导者，“身”是“心”的载体和体现者。心的心智高度和心智路线是后天修炼而得，心灵的宽度和广度决定了个体与外界进行“心灵沟通”的宽度和广度。个体之间的交流就是一颗心与另一颗心的对话，个体与物的交流就是个体的视听言动感等意志和意趣与物的对话过程。个体与外界的关系是通过其与外界环境（包括环境中的人和事）进行心灵反应所维系的；情感、真诚、诚信、信念、行动等使该反应变得迅速且长久。

心动之处便是意，意通过外界环境的刺激来表达相应的内容。在世间，纵观整个物质世界，心所动的内容或意所发出的对象无非就是人、事、物。如果单从商业管理角度来分析，对人的管理主要包括组织管理和人力资源管理；对事的管理主要是对业务和项目的管理；对物的管理主要是对产品和服务的管理。因此，笔者提出“商业即心业”这一思想。

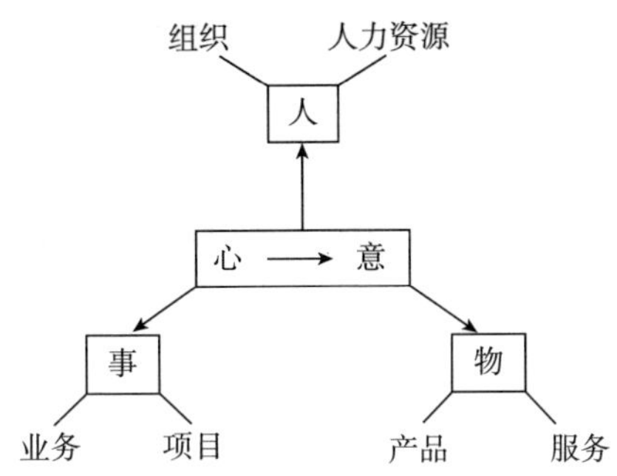


**图 2－1　商业管理概况**

放大来说，在日常生活与工作当中，我们总是不断地与外界进行物质、能量以及感觉的交换，在这个交换过程中就是“意”的运用；在“意”的运用过程中，此“意”必须诚才能将本心给体现出来，虚假的“意”导致虚伪的心。因此，只有一个内外统一、人格健全、心意合一、独立自善的人才能将事物问题处理得妥当合心，才能与世间万物构建起良好的关系。

在本书中，心学的含义不仅仅包括阳明先生所提出的那些心学观点，笔者认为一切与心有关的学问都可以称之为心学，包括心欲、心境、心路、心力、心性、心智等由心而引发的百念与百态都可以涉入心学范畴。而阳明心学一直处于主导地位，但阳明心学的“心即理”“知行合一”“致良知”对于人们心力、心性和心境的提高都有很大的帮助。

## 二、阳明心学的力量

阳明心学自诞生至今已有 500 多年的历史，对于国内外的个人、民族乃至整个国家都产生了深远的影响。阳明先生是距我们最近的古代圣贤，在国学领域阳明心学囊括汇通儒、释、道三教，并且其学说在周边列国影响也较为深远；他的“立德”“立功”“立言”之品德深深地影响了东亚地区。

1. 阳明心学对日本的影响

据了解，阳明心学在阳明先生在世时就传到了日本，一位日本高僧了庵桂梧在其晚年亲自到浙江拜访阳明先生，并将心学著作带往日本，后来一些日本学者（如佐藤一斋、横井小楠、高杉晋作等）开始研究和传播阳明心学。在他们的传播与发扬下，阳明心学为日本的“明治维新”奠定了基础，一些军事家、政治家（如伊藤博文、东乡平八郎）通过研习阳明心学思想掀起了“明治维新”运动，日本通过该运动得以迅速崛起。

在明治维新时期，西乡隆盛也为之做出过杰出贡献，是“明治维新三杰”之一。西乡隆盛从小便受到阳明心学的影响，据说他一直随身携带阳明先生的书籍，并将之真真切切落实到生活当中，影响了诸多日本人士；最后他的训诫被学生编撰成册，名为《南州翁遗训》。

现在在国内外比较知名的“阿米巴”管理模式的开创者、践行者稻盛和夫就深受该书的影响，他先后创办的两家企业（京都陶瓷株式会社和 KDDI）都成为世界 500 强企业。那么，到底是什么力量让他创造了这样的成绩呢？这得益于他先进化的经营理念，他的一切经营都是以“人心和良知”作为事的起点。稻盛和夫曾说：“所谓真我就是良知本身，就是宇宙中存在的睿智本身，也意味着事物的本质、万物的真理，这些就存在于我们的心中。”在这些认知的驱使下，他做事与管理追求心之本能，追求员工和股东利益的最大化。企业在经营的过程中难免会遇到各种各样的问题，如税务、员工离职、产品质量、股权纠纷、战略合作等。在遇到诸多问题后，他沉淀出了一个哲学思考：“作为人，何谓正确?”他依据该理论指引自己、员工以及客户做出正确的决策。该理念与阳明先生的“致良知”有很大的相似性。它们都是在人性向善的基础上而提出的处世与经营法则。阳明先生的致良知就是致自己的心，其中正念、正知、正行、荣誉、责任、使命、善良、有爱、正义等都是能激发人潜在动力和心灵向往的良知力量。稻盛和夫的“阿米巴”经营模式就是对这些良知的充分激发和应用。

2. 阳明心学对孙中山、蒋介石、毛泽东等人的影响

①对孙中山的影响

孙中山是资产阶级革命派的代表，是中国近代民主革命的伟大推动者和先行者。孙中山为了中国的发展曾撰写《建国方略》，在该书中他提出“心为本”论和“夫心也者，万事之本也”、“心之用大矣哉”等以心学为基础的心理建设思想。孙中山亦强调人的意识与心理建设的重要性，认为心信可行，则终有成功时。在进化论学说中，他认为宇宙起源于物质，精神是物质世界进化到一定阶段的产物，是人所特有的。这

继承了心学中“心之所发便是意”的思想。

孙中山的“知难行易”之说强调人的认知难的问题，他认为人类在发展过程中难有较大突破，很大程度上是由于认知的传统与固化造成的。国民要想有大的改进与发展必须改变传统观念。于是，他根据当时的国内情势提出“知难行易”之说。该学说突破了传统的“知易行难”的说法，在“知行合一”的基础上肯定了“知行合一”的知而不行是为不知之理念；但是认为“知行合一”之理念于一人之身而践行，将会影响“知”的进度，当时在“知”这个方面较为落后的中国，“知行合一”也不符合潮流。于是，他提出“知难行易”之说，旨在强调当时中国吸收外来文化的重要性，并强调“当今科学昌明之世，凡造作事物者，必先求知而后乃敢从事于行”。孙中山的“知难行易”反映了在当时的社会大背景下（科学昌盛，文化昌盛）时代，“知”对于人类的实践活动更具有指导意义。那么，在当今的时代，互联网席卷中国，传统企业转型艰难，智能化设备逐渐普及，企业间竞争异常激烈，创业大潮涌现，90后、00后异军突起，传统文化渐行渐远，浮躁现象甚为普遍等环境下，中国又需要什么样的思想指导中国新生代的前进呢？笔者将在后文进行详细分析。

②对蒋介石的影响

据了解，在中国古代思想家中，蒋介石最佩服阳明先生，其别名“中正”就是出自阳明心学中的“大中至正”。（原文《传习录·上卷》：“不知先生居夷三载，处困养静，精一之功，固已超入圣城，粹然大中至正之归矣。”）而且蒋介石从小家习得儒家文化，他提出的“力行哲学”在一定程度上也与阳明心学有关，他认为“行”是人之本体，是自然与社会发展的本体，只有“行”才能创造一切，只有“行”才能实现“良知”。这些思想对于他后来统治国民政府起了很大作用。

蒋介石败退台湾后，又开始痴迷于阳明心学，据传他因此改台北草山为阳明山，以示自己对阳明先生的崇拜和自己当时的意志，即渴望在此处有大的思想成就，期待东山再起。

③对毛泽东的影响

毛泽东是中国共产党非常伟大的思想家、军事家、政治家、文学家。毛泽东在年少时就认真研读了《王阳明全集》《传习录》，他在湖南第一师范读书期间写下了一篇《心之力》文章，并受到杨昌济老师的高度赞美。毛泽东的游击战作战风格与阳明先生的用兵风格很相似，当时在共产党队伍中广为流传的“为人民服务”“不拿群众一针一线”“不损害庄稼”“不打人、不骂人”等表现了共产党人处处为老百姓着想，这些都是致良知的表现。

毛泽东在阳明学说、西方空想主义学说、维新思想等思想的影响下，实现了思想上的转变，走向了社会主义思想道路，并开启了他的新民主主义革命的道路。

④ 对其他知名人士的影响

阳明心学思想，对林则徐、左宗棠、康有为、梁启超、宋教仁、汪精卫等人均有较大的影响。

林则徐改造了阳明先生的“苟利国家，生死以之”，成为“苟利国家生死以，岂因福祸避趋之”，这句话也一直用来歌颂林则徐的伟大功绩。

左宗棠亦佩服王阳明的事功，曾曰：“阳明先生，其事功，其志业，卓然一代伟人，断非寻常儒者所能及。”

康有为和其弟子梁启超亦对阳明心学甚是赞赏，并将之作为“救世良药”和“百世之师”；并称赞阳明先生是一位豪杰之士，认为他的学术像打药针一样让人兴奋。

此外，革命派的章太炎、宋教仁，国民党的汪精卫等在早期的思想启蒙阶段都或多或少地受到阳明心学的影响，该思想在他们后期的实践与变革在一定程度上都起了重要作用。

一个人在某一时段的思想必将指导他的行动，一个符合并能促进时代发展的思想也必将极大地推动当时社会经济形态的变化。

# 第二章　心学的当代商业价值

## 一、用心学助力商业健康发展

心是万物之源，现阶段的社会发展状况和大多数国民的心灵素质、民族意识、道德意识、修养水平等都需要心学灵药提升。并且，我国整体的经济发展水平和商业现状亦需要心学去沉淀、回归本质、重视内修，健康前行。在机遇与挑战并存的关键时期，更需政客、企业家、创客等增强心性与心力，抓住机遇，迎接挑战，居安思危，勇于变革，勇于创新，迎难而上，开拓进取。

1. 国势

①中国经济发展的挑战和机遇

晚清时期，中国在西方资本主义的侵袭下，自然经济瓦解，加之清朝的闭关锁国，以及由此引发的鸦片战争、甲午战争等，使得中国经济远远落后于世界的平均水平。

民国时期，中国仍处于半殖民地半封建社会，社会环境动荡不安，民族经济曲折发展。中国在外国资本主义、国家垄断资本主义和封建势力的包围下，很难向前发展。

新中国成立后，中国共产党在全国范围内进行农业、手工业、资本主义工商业的社会主义改造，我国初步建立了社会主义制度，但是由于盲目求快，而忽略了客观规律的“大跃进”和“文化大革命”又使得中国经济发展落后了很多年。

改革开放以来，我国经济迅速增长，经济总量占全球比重开始回升[①]，中华民族曾在很长的一段时间内经济水平处于世界前列，但是由于清政府治理不力、国际国内战争等因素，使得我国经济在国际中处于十分低迷的地位。新中国成立前，无数仁人志士通过不断的探索与努力，最终探索出了符合我国发展国情的社会主义发展道路，通过不断的斗争与反抗，最终迎来了新中国的成立。新中国成立至今，国家采取了一系列改革促进经济的增长，在1979—2000年是中国经济快速崛起的时期，其增速明显高于世界平均水平。中共十八大以来，我国经济保持中高速发展，占世界经济总量的比重也逐年上升。2013年到2015年我国国内生产总值平均增长率为7.3%，远高

① 从公元元年以来的两千多年中，90%的时间里中国经济总量居于世界首位。从公元元年到1500年中国经济总量远远领先于其他经济国，在1820年中国经济总量占世界比重的33%，亦处于世界领先地位，而后由于一系列内外在因素，中国经济一落千丈。

于世界同期的2.4%，2015年我国GDP占世界比重为15.5%（世界银行数据）。

“十三五”时期，是我国经济发展的关键时期，是全面建成小康社会的决胜阶段，是我国经济发展的重要战略机遇期。另外，我国正处于新旧经济转换期，在新科技革命和产业结构调整变革以及中国新常态的背景下，我国也面临诸多挑战。大国之间的关系变得敏感而复杂，新旧经济转换的同时，还要正确地探索改革新政策，为改革开放释放新的活力。面对新旧经济的平稳衔接，我国正全面深化供给侧改革，通过调整新的政策，激发新的活力，创造新的发展机遇，努力实现创新、绿色、协调、开放、共享的发展模式。坚定不移地减少产能过剩，以“去产能、去库存、去杠杆、降成本、补短板、增效率”为发展目标和发展任务，转换经济的发展模式，构建现代化发展模式，加快建设制造业强国，实现更高质量、更有效率、更加公平、更加可持续的高水平发展。

于是，认清国势，知责任，知荣辱，挖掘个人的潜在力量，有政治意识和大局意识，并找到合适的发展方向，提高自己的价值创造能力和解决问题的能力就变得甚为重要。而这些，通过心学之法就可有效达到。换句话说，在这样的情况下，更需要心学这个传统文化助力我们前行。

因此，在中国经济急需进一步增长、新旧经济转换、供给侧改革、产业结构调整、新技术新环境不断涌现等背景下，企业或个人要想正确地发展，就需要抓住本质，认清本源，在关键处发力，回归本心，激发潜能，在正确的道路上持久发力。并以这种能力较轻松地看待和处理遇到的一切国际、国内问题。

②目前的商业环境

自从2000年左右，互联网的概念和技术被引到中国后，中国的商业环境就发生了巨大的变化。从PC时代的网上购物、网上信息查询、网上交流，到移动互联网的大数据、云计算、物联网等新兴技术的日渐成熟；在国家“互联网+”行动计划和“大众创业、万众创新”的浪潮推动下，我国的经济形态发生了诸多变化，而这时，又遇到了传统企业转型不知道方向，企业的商业模式、经营理念、管理模式、人才结构等不知道如何重构，在物联网、云计算等技术的冲击下，企业又变得不知所措，在虚拟经济与实体经济转化与融合的道路上中国企业亦有很长的路要走……

在大众创业浪潮下，诸多有志青年加入了创业大军，但是真正活下来的创业项目寥寥无几，原因出在哪里？近日网上传的2016年实体店阵亡名单中沃尔玛关店269家；乐购在中国将130家门店卖给华润，并改为“华润万家”；万达百货在2015年关店46家，在2016年继续关店，具体数目不详；麦当劳在中国关店数量也达80家……同样，近两年O2O领域也有诸多死亡案例（包括餐饮O2O、社区O2O、美业O2O、旅游O2O等）。互联网在中国成熟后，线上线下企业生存都不易，那么这个问题又出现在何处？

随着中国进入新常态，企业之间又出现了大量的互助合并现象，例如海信与 TCL、京东与永辉超市、阿里和苏宁之间的战略联盟等，这些现象又说明了什么？

近两年，中国“抄袭大军”的队伍不断壮大，很多老板看到好的创意就“抄袭”过来“学以致用”，但效果并不怎么好。产品之间靠低价来吸引关注，促进消费者的购买，例如每年的电商狂欢节——双十一，也是价格战爆发最严重的一天，同一平台间商家之间、不同平台的商家之间都在拼比价格和销量。直播在 2016 年也异常火爆，在直播平台上时常出现“网红走光”现象，也只是为了引发网友关注，获取大量的流量。创业者在创业初期，各种讲故事、吹产品的事也时常浮现。企业经营者们经常呼吁企业不好做，是真的不好做还是我们没有抓住所为之事的根，没有找到方法？总的来说，目前我国的商业环境呈现：新技术、新模式、新思维时常出现；企业转型困难；创业成功率普遍低下；整个商业环境又呈现出相对浮躁的景象。

面对这些现象，请静心思索数分钟，主要还是创业者、企业经营管理者未能了解各行各业的经营本质和行业本源，未能抓住消费者和合作伙伴的本心需求，未能了解把握各产品的核心要点，未能掌握“互联网 +”的实质内涵，未能了解新技术、新模式出现的内因是什么等一系列关于本质、本源、本体的要素，而要明白这些就需要我们从“心”出发，提高心力，归商于根，知本质，知进化，从内核到外核全面了解商业各个要素的进化与发展逻辑。

所以，在这种环境中，企业家、创业者亟须重归心体，让企业发展合乎良知，融入大爱才能发展可持续、进阶心力齐；去浮躁之心，坚守本心良知，重新出发，继续前行。

人心浮躁是因为没有致良知、回归本心去做事；对人工智能的担心，实则是对人的担心，如若在人工智能的设计制造中融入大爱，启用良知之心，笔者认为未来商业的可持续良知是基础，如果让人工智能的发展有益于人民，有益于社会，那么担心其实就是多余。

所以，要想商业发展少些泡沫、企业发展有益于社会、社会之态少些浮躁，就需要从致良知开始。即企业发展随势而走、随良知而走，才能走向正知正道的理想发展之路。

2. 私势

①环境状况

近年来，我国的环境状况日益恶化，空气质量大不如前，雾霾变得更加严重，水污染日益恶化，饮水安全亟待解决；耕地土壤环境质量堪忧，农村环境形势依然严峻，生态环境急剧退化，区域平衡问题仍待解决等，一系列环境问题危害着人们的身体健康。想想这些，都与我们每个人息息相关，面对这些状况，我们又能做些什么才能让环境状况能有所改善？这就需要企业经营管理者及每个公民通过“致良知”和“知行合一”等心学理念和方法改善我们的日常行为、日常理念，达至新的思想高度，激发正能量，达到人与自然和谐相处。毕竟天、地、人本为一体，天地有“污”，则人亦有“污”。

②其他

当今社会，90后、00后开始渐渐走向工作舞台，他们随着自身成长与发展需要承担更多的责任，但是由于他们从小基本在无忧无虑的生活环境中长大，有着父母、爷爷奶奶、外公外婆的爱护和关心，基本不需要什么生活压力，所以当他们需要独立做一件事的时候，心力普遍比较弱，一时间较难承受高负荷、高压力的生活，为了提高他们的心力，就需要心学来为90后、00后提供提高个人修为的内功。

时至当下，大众新力心变，强健者立大志谋大事，以国势行经济发展之大计，以私势明个人发展之取向；求真求实，自强自立，创新创业，弘个人之小志，扬国家之大志；国安民强，对外以共享、开放、共赢为相处发展之理念，对内以求实、绿色、创新为兴邦强国之思想；内外兼达，必有所成。

心力不济者，当破除外界干扰心神不安之要素，明确个人奋斗不屈前行之目标；创新创业者勿随波逐流而为事不定，创新者必当突破常规，敢为人先，心志不渝，不断试错；创业者必当吃苦上进，善谋善行，意气风发，信念有之。

## 二、心学在互联网时代的商业价值

互联网的本质是连接，心学也是关系的连接；但是，互联网环境下连接变得广泛时，个体与外界接触的可能性就变大；于是，各种诱惑随之而来，我们在诸多诱惑面前该如何面对？在各种选择面前该如何抉择？

诱惑大是因为心欲大，选择难是因为失去了本心；那么，怎么节制人欲？怎么回归本心，笔者认为核心在于致良知，良知即本心，念念不忘致良知，不忘我们的初心，不忘我们做事的本源价值，坚守良知；如此，我们方能在各种时局面前从容应对，正确前行！

商业的本质是交换，商业中交换的是价值产品，提供的是价值服务，价值源于心，交换能否达成主要看两个方面，其一，在于企业是否能精准的找到与产品相对应的人群；其二，在于企业能否为客户提供他们确确实实需要的良心产品；以前的中国企业都是以自我为中心，人是流水线上的一个工具，被老板当做一种被物化的资源，通过压榨供应商、压榨员工，通过为用户提供低成本、低价格的产品来获取因信息不对称而产生的利润，但是在互联网时代，企业较容易与客户实现连接，其价值链被重构，用户成为了企业价值创造的逻辑起点和逻辑终点，将用户的价值放在首位才能切实提供用户需要的产品，但是，在人性逻辑中我们在思考、解决问题以及交流的时候很容易以自我为中心，习惯将个人的利益放在首位，如此，我们将很难为客户提供他们真正想要的产品或服务。以用户为中心就要求我们有同理心，能站在客户角度思考问题，能洞察他们在某一场景下的所思所想、所思所求，能考虑到用户的痛点和收益。

怎么能做到？笔者认为核心还是在于个人的修炼。其一，以致良知之功减少私欲，让利他之心多一点；练就一颗足够真诚与纯粹的心，塑造出用户喜欢的良知产品。其二，心在哪里，注意力、精力及理论成果等就在哪里；如何让用户获得注意力转移成为关键，心即理，回归一心，发挥本心良知的价值，感受客户的真实需求，塑造良好的客户关系，在萌发一个想法或做一件事儿之前想想它能给客户或合作伙伴带来什么价值，这些价值是不是持久的，这些价值的实现是不是以牺牲他人利益为前提，等等。

互联网商业中出现了很多平台企业，平台建设的关键是汇聚资源，企业唯有以开放、共享、共赢的互利合作思维建设平台方有可能连接更多的资源，使平台健康；心学的本质是关系的连接，致良知是为了减少私欲，更好的与他人发生关系，以开放协作、互助共赢的心态与外界发生连接。平台建设的另一个关键是建立起促进供需匹配的对接机制和流程，心即理，知心知性，按照需求和已有的资源设计一个资源愿意输出，输出的资源又恰能满足对方需求的机制和流程。例如滴滴平台打滴者与司机之间的精准对接方案，海尔平台与创客之间的相互促进机制。

越是困难时期，心学的价值就越明显；现在的商业环境比以往任何一个时期都复杂，大数据、云计算、人工智能、3D 打印、物联网等全面袭来，这时企业该如何面对？前进之路该如何探索？我们的心态该如何转变？

商业使生活更美好，塑造美好的商业环境和生态环境是我们的使命，阳明心学的“事上磨”的思想就是让我们在艰难的时刻在事上磨练心性，展现出内心的光明，不断前行；尤其是创业者在创业前两年，问题不断出现，前进方向要摸清、商业模式要探索、团队要建设、产品要开发等，创业者唯有以知行合一的思想认知提高执行力，即知即行，即行即知。阳明先生讲：“人须在事上磨，方能立得住”，创业者能不能成功关键是其要有在艰难的时刻尤能看到希望，并能让团队成员也能看到希望；历事才能练心，事越难，我们才能在事中拥有强大的力量，立志前行，越挫越勇。

阳明心学的“致良知”思想让商业健康发展，“心即理”思想让商业发展有理可循，“知行合一”思想让我们能快速探索出一条符合环境的前进方法和发展之路，“事上磨”思想让我们有心志迎接各种突如其来的挑战，在各种复杂情势面前能不慌不乱，把控局面，阳光前行。

# 第二部分

# 用心学回归商业本质，助力企业转型、创业成功

# 第三章　致良知，恢复企业存在的价值

## 一、心欲升级是驱动商业进化的主要力量

简单的欲望由简单的商业形态来满足，复杂的欲望由复杂的商业形态来满足。

心学中的“心即理”就是将理融于心，认为宇宙万事万物的“理”就是每个人心中的理，理藏于心，物与我同为一体，即身、心、意、知、物是浑然一体的——“身”指视听言动感；“心”指意的发源地；“意”就是心在外在环境影响下的反映或感应；“知”感应或反映出的内容。从这个方面理解“欲”就是“心”接触或不接触（即本能）物而产生的一种“意”，在不同时间段、不同空间、不同内外环境所感知的“意”的内容和程度亦有所不同。

人类因为有欲望和因为欲望而行动的动力，所以有存在的可能，即欲望是行动的前提，欲望被满足的过程就是人心被满足的过程。因此，

人的行为根源处就是人心欲望发起时，管理人的行为就是管理人的欲望。当一个欲望实现后，在他人驱动下或外界某种环境刺激下，新的欲望就会产生。因为每个人都有一颗时而向上、时而堕落的心，处于堕落时期则需要引导、需要刺激（或激励）才能产生新的行为。

而欲的层级理论（马斯洛层级需求理论，见图3－1）将个体的欲望规律进行了阐明，甚为经典，一直沿用至今。马斯洛需求理论把个体的欲望需求分成生理需求、安全需求、爱和归属需求、尊重需求和自我实现需求五类，依次由较低层次到较高层级排列。除此之外，马斯洛还提出了认知需求和审美需求，这两个需求在尊重需求和自我实现需求之间，并且审美需求略高于认知需求。人类的大多行为都受到这些需求欲望的指引。

大多数人在一生中都没有充分挖掘出个人潜能，基本都处于生理、安全以及爱和归属需求中，而心学文化可以让你认清自己、认清世间多数事物和现象的本质内涵。只有从“心”出发，直击本体或客体，静心感悟与思索，追溯事物发展的本源，抓住与事物发展有关人群的本心，才可以探索出某个事物或现象的本质，而这些却需要我们一生去修炼。

在上述的七大需求中，一个人在同一时期可能有几种需求同时存在，但是总有一个需求占主导地位，并且这种需求对行为起决定性作用；此外，高级需求的实现需要建立在低级需求之上。

有了这种认知后，就容易理解笔者在前文所述的那句话了：因为每个人出生后，成长环境各有不同，包括家庭经济状况、社会环境、父母的资历情况、家庭成员的健康状况等，个人所处的环境决定了他的内心诉求。个人欲望是由个人的内在需求决定的，这种内在需求有的处于显性，即每天需要解决和面对的需求；有的处于隐性，需要在外界环境的刺激下产生。

欲望驱动进化，进化是由低级到高级，由简单到复杂；也有由复杂到简单的进化形式，这是在业态相对复杂，消费相对萎缩，情势相对紧急状况下的智慧之道。个体对环境有巨大的适应能力，环境（社会环境、经济环境、人文环境、家庭环境等）的进化会引起个体的进化。整体环境的进化是由多个个体的推动而形成的；而个体的力量是由其内在的“意志力量”驱动的，这种意志力量的来源就是我们的“心”。

性者，心之理也。当某一外界诱惑因素能够极大地诱发并驱动个体心性的萌发和表达时，个体的主观能动性就会极强。因此，个体的诸多思维活动就会向能够解决个体心愿诉求方面偏离。同时，这种能动性也是思维规律的表现。新技术的出现就是为了解决人类的某一诉求，当这种诉求吻合大多数个体的诉求时，新技术就会长期存留下来，并且随着社会的发展，技术也会跟着需求迭代。

人类生存于大自然中，大自然给予人类馈赠，使人类得以长存和发展；而每一次新技术的出现都会使人类对自然资源更有效地利用，包括时间、空间、物质、能量等的有效利用。蒸汽时代，人类利用蒸汽产生的动力驱动机器，取代人力；从此，手工业从农业中分离出来，正式进入工业化时代。工业时代解放了双手，提高了生产效率。此时，以内燃机为动力的内燃机车、远洋轮船等机械设备也在不断地涌现。这些机械加快了商品的流通和文化信息的传播，同时大大降低了人力劳动成本，符合个体的惰性。

100 多年后，人类社会的生产力有了重大突破，电的发现和使用，使人类进入了电气时代。电灯、电报、电话、电视等与电有关的产品相继出现，也促进了人类制造技术的发展。这种以电能作为一种主要的能量形式，支配着社会经济的发展，并且以电能为载体的产品一直持续进化至今。“目本说色，耳本说声。”（《传习录·上卷》）电的运用恰恰满足了人类“极声色之享”的欲念，因此可以一直延续至今。

“需求”是“心”受环境影响并扩充的产物，回顾人类社会的发展，驱动社会发展的不竭动力多数是“人心之欲”，而且是最根本、最底层的驱动力。而人类在发展进程中，不断地创造新的技术、新的制度、新的理念来提升供给的效率和广度来满足自身不断增加的需求。

农业时代让人类有了较为充足的食物来源，蒸汽时代让人类可以使用自然资源制造机器设备，开展工厂化生产和交通基础设备的扩展，工厂化生产可以批量生产大量产品，交通设备可以扩大产品的使用范围。大规模的生产与贸易就在这种情况下产生了。信息化时代的到来是依托于电气而又借助于互联网技术，耳永远喜欢听美妙的“丝竹之乐”，而且越动听越好，没有极限；眼永远喜欢看到更赏心悦目的物品或图片；生产产品永远是成本越低，效率越高越好；互联网技术的利用和普及就是朝着这些“越好”的方向进行的，这些“越好”就是性，就是理，就是人类那颗心的诉求。“心包万理，万理俱于一心，不能存得心，不能穷得理；不能穷得理，不能尽得心。”（《语类》）人类的进步，商业的发展，都是自然的规律，也是思维的规律，理存于这些规律之中，对规律的探知就是对理的探知，而探知这些规律与理就需要从“心”开始。

互联网技术引入中国后，给中国已有的市场带来了巨大的冲击，使企业的经营方式和管理模式都发生了巨大变化。同时，人民的衣、食、住、行等多个领域内的商业业态也发生了诸多颠覆性的变化，这些变化的根本原因就是人类获取信息的方式和服务效率变了。以前获取信息的方式是口口相传、地面推送，现在信息的接收和存储都集中于网端，电脑、手机等信息化设备是信息的载体。因此，互联网的本质是连接，是信息的连接，是服务的连接，是关系的连接。那么，连接的目的是什么？

信息的获取是为了满足个人的求知欲和求窥欲，以及其他能帮助个人决策和有助于个人生活的重要手段。服务的获取是为了解决个人的基本需求或欲望；互联网的出现使个体获取信息的方式和服务效率得到了改善；关系的连接也是为了满足个人的社交需求（即爱和归属需求），而连接就是为了获取，获取就是为了满足个人的心欲。互联网扩展了连接的范围，增大了获取信息的可能性，扩充了个人的心欲，因此，备受大众青睐与追捧。

## 二、企业是以服务人心为目的的盈利性组织

从前面的分析我们知道：

①商业的产生是历史发展的必然产物；

②商业的产生是为了满足个人或群体日渐升级的心欲；

③商业为人心服务，人心是商业发展和进化的底层要素。

人因为有心，总有欲念。新技术总能为人欲找到归宿，比如：人要取暖，火炉就诞生了；人要食物，农耕就普及了；人要四海看世界，方便的交通工具就产生了；人要解放生产力，各种机械就产生了；人类需要获取大量的信息与贴心的服务，互联网就悄然地来到了我们的身边……

人是商业与社会发展的核心，我们身边所拥有的一切都是以人心之欲产生并存留的；一切已存在的物质的价值都是服务人心，也是为了服务于社会，服务于人民的。

社会中各个事态的发生都是人与其他个体/集体相互作用的产物，人类在活动的过程中产生事，事的本质还是人，人不同事不同，事态之所以繁杂是因为人心的繁杂。换句话说，心与心的相互作用产生社会中的各种事态，商业业态也是一种事态，因此，可以得出图 3－1 这幅商业与心学关系的简图。

以“心”为核心向外扩展，从而影响到商业发展的方方面面，人为事，事态的产生源于心态（这里的心态是指由心智、心愿、心境、心性等各种由心所引发的、内在的影响事态发展的因素），心态是由各

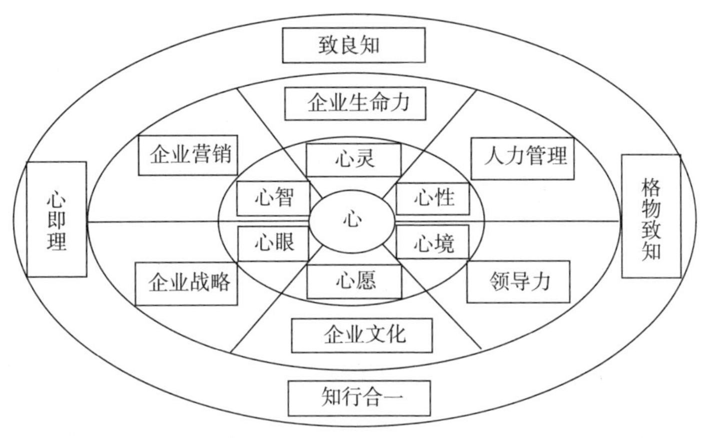


**图3－1　商业心学全景图**

种内外在因素共同影响的。马云、马化腾等成功企业家的成功皆是内在要素吻合时代发展的需要，外在要素又恰好能促成其内在要素的表达，而共同促成一个伟大事业的成功。一个人，一颗心，一颗心影响一群人，共同完成了一个伟大的使命。这种心欲的实现需要信念、需要感召、需要心力。

企业发展以人为核心，围绕企业目标人群开展相应的价值活动，关注客户价值，重构客户价值，并为目标人群提供一体化的价值体验，将用户、员工、合作伙伴与企业的命运联系在一起，构成心心相连的命运网络共同体，从心出发，共同创造价值，分享价值（见图3－2）。

员工、用户、合作伙伴共同为企业创造价值，价值源于心，心归于价值，中间的这个价值之心是由员工、用户 、合作伙伴共同组成。如此企业就会有源源不断的造血能力和生命活力。例如，海尔提出的

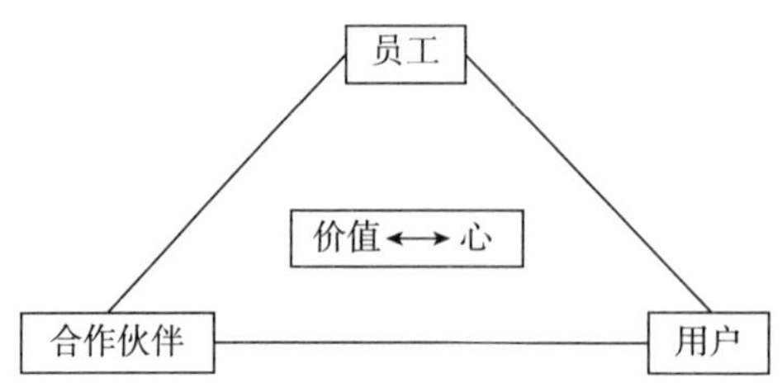


**图3－2　价值网络心系体系**

“人单合一”共创、共赢的价值创造模式就是把员工和用户紧紧联系在一起，共同创造一个符合用户真实诉求的价值产品。用户用心参与产品的价值创造与体验，产品从群众中来到群众中去，所以这样的产品一般会得到较好的市场反馈。而这样的价值网络心系体系颠覆了以下三个方面：

①传统企业的价值创造一般以企业为核心，企业拥有什么资源就去创造什么产品，而现代企业必须将用户和员工以及合作伙伴的位置放在前列，企业必须让他们受惠，企业才能受惠；企业的价值创造由员工、用户、合作伙伴共同决定，而不单单是企业。

②企业只有满足用户和合作伙伴的心，才能满足自己的心。

③以前，员工和企业是雇佣关系，员工按时完成老板交给的任务就行，而现在员工、用户和企业之间的关系紧密，是命运共同体。例如，海尔就将员工的命运和企业的命运联系在一起，提出了“员工创客化”这一理念，即海尔不会为员工提供一个岗位，而是提供一个或多个创业机会，并采用“动态合伙人制”，员工参与项目入股，如果干得好，股

份可以保留甚至扩大，如果没有能力，就退钱并退出，从而达到一种自创业、自组织的动态合伙机制。

你的心，我的心，心心相印。企业在经营过程中的诸多环节都与心息息相关，企业这颗心由企业领导者塑造而又服务于用户、员工、合作伙伴及竞争对手。那么，要想塑造一个有活力、有情怀、有格局、有生命力的强大企业，企业领导者就需要将心学融入企业发展的方方面面；企业在经营过程中需要以心为核心，紧紧围绕“致良知”“心即理”“知行合一”和“格物致知”等开展企业的价值活动。在这些心学理念的指导下，企业引入正确的、符合企业发展需要的人才，制定合乎经济和社会发展的企业战略，开发合乎用户需要的产品，建设一个能推动企业正确发展的企业文化。

归心的过程就是归本体、归本质的过程。本体强调本质与现象、共相与殊相、一般与个别的关系，是探究天地万物的产生、存在和发展变化的根本原因。那么，在如今创业泡沫、资本泡沫、O2O 泡沫、金融泡沫、人心泡沫等影响社会经济发展的情况下，我们不妨思考一下“企业是什么”这个问题。

**· 企业是什么**

我们通常认为，企业是以盈利为目的，从事商业经营活动，应用各种资源能力（如土地、资本、技术、劳动力等能够使其开展经营活动的个体或非个体），向市场提供一个或多个产品或服务的经济组织。

企业产生的主要目的是服务于人心、服务于社会生态，生态中的各个物种或种群之间相互服务、相互制约、相互合作、心心互服，从而使个体之心稳定，社会正常运转。企业得以留存是因为顺应了人心，顺应了社会。社会中的每个个体都向往安宁、和谐、有序的社会环境，企业正常而有活力的发展可为社会的正常运转注入能量。经济的增长由企业群带动，领导者亦需要为企业的发展开辟道路，制定相应的发展理念。例如，稻盛和夫就将企业的发展理念设定为：在追求员工物质和精神两方面幸福的同时，为人类社会的发展做出贡献。这个发展理念是将员工的“物质与精神”利益放在首位，将社会的繁荣发展作为责任，对企业领导者来说这也是他们的责任，是领导者致良知的发愿表现。但是当互联网技术在中国成熟后，企业的文化思想和经营理念亦需发生变化，用户成了企业发展的核心，企业的组织结构也由“正三角模式”变成了“倒三角模式”。所以，在新环境下企业的经营理念应设定为：在追求用户、员工和与企业发展密切相关的组织或个体的“物质和精神”幸福的同时，为人类社会的发展做出贡献。（该理念普遍适用于大多数企业，但是每个企业的经营理念也可有所不同，具体可以根据各自的产品属性和经营业态以及企业文化来确定相关的经营理念。）

如此，我们不妨重新定义一下企业，即企业是一个经济型组织，这个组织的目的是：

①满足他人的价值欲望和个人的财富欲望，赚取个人生活所需的必备资源；

②展现个人价值和能力的场所；

③让人心安定的心灵归所；

④让社会安定、经济增长不可或缺的组织。

社会可以正常而有序的运转是因为在社会生态中有一个稳定人心、展示人念、节制人欲的庞大机制，每个个体都可以在这个机制的激励和约束下稳定地生存。企业是一个小的社会生态，在这个生态中同样有稳定人心、展现人念、节制人欲的企业机制，毕竟心不能总被长时间地压制，也不能过度地释放，压制过多会有反抗，释放太多会为所欲为，一切刚刚好就好，不盈不余，恰到好处，是为中道。机制的设定是为了服务人心，同类型的企业在不同环境下设定的机制会有所不同，不同类型企业的机制的设定亦有所不同。但机制的设定目的都一样，即稳定人心、展现人念、节制人欲，这是本质。本质的东西往往是底层的东西，往往会被诸多现象所遮蔽，故需要回归心体，用心感悟。

因此，笔者给企业这样下定义：企业是一个以服务人心为目的盈利性组织，在这个组织中，企业既要服务好内部群体（即员工和管理层）的心，也要服务好外部群体（即用户和合作伙伴）的心；然后用他们的心去感召更多的心，形成心心相连的命运共同体，只有用心服务好这些心，企业才能更好地生存。人心万变，因此企业形态也有千万种。

那么，如何服务好人心？怎么用最好的思想理念和最好的产品服务人心？笔者简单思考如下：

人心，可大、可小、可创造，可虚、可实、可纯洁，可善、可恶、可破坏；一心万变，变生百态。企业管理管的就是多颗心，心越多，越难管，因此需要制度和流程，让其自驱动、自运营；制度未能跟得上企业的发展需求或人心需求时，过分地追求利益而忽略良知时，破坏之心就占上风，随后就会引发诸如产品不合格、企业不诚信、工厂污染物排放严重等一系列有碍于人民健康生活的行为或现象。这种情况下，受益的是企业或个体，这时企业领导者的私心占上风，失其本心，导致前文所述的各种环境问题。加之，当前中国经济出现一系列泡沫现象，急需一服良药来拯救并促进其前进，于是500多年前的阳明心学在这个时候就发挥了作用。

人心正，则社会正，社会正，则世界正。那么，人心该怎么去正？这就需要致良知来指引个体的前行。在阳明心学这个体系中，良知始终贯彻其中，这里的良知是一种至善的心体，是天道，是天理，是一种每个人都内存的不灭火种，可温暖自身，照亮别人，并可为企业的发展指明道路。

越是繁华的社会生态，我们的真心就越容易被他人的习气、欲望、私心、假象等遮蔽人心的外在迷杂之物所污染；越是多变、多态的经济环境，我们的真知与真求越难体现在企业的经营实践当中。良知是道，道会指引企业走向正确的发展之路。致良知的过程就是求道、求企业发展之道的过程，具体包括：致出企业的存在是否有利于目标客户群；是否真真切切地为他们提供了良知型价值或良知型产品；企业的战略是否以为人民服务为核心思想；当企业发展出现问题时，领导者是否能够从根本上解决问题；企业的商业模式是否将“致良知”与“知行合一”

思想融入其中；企业是否具有大爱、大善、大信的经营理念；企业的发展是否以致良知来指导员工行动等一系列正念、正知、正行问题。

## 三、致良知，回归企业存在的意义

在阳明先生看来，良知即是心体和性体，心体至善，性体亦至善；良知既是至善之性体，又是性体的昭明显现。良知作为天生具有的先验的形而上存在，不仅是心的本体，又是宇宙的本源或一切现象的本体，是人存在状况最原始的本色。因此，企业经营管理过程中回到致良知，就是回到管理的本质和经营的本源，无须外求，只需要时常开启良知智慧，去致良知即可。良知人人具有，本体却无形无相，太虚无形，企业管理者唯有在静时去呈现一个空虚状态，思考自己，思考企业，思考过去的经历，反复求索，犹如阳明先生在龙场悟道一般，恢复、探知自己及企业存在的价值，恢复无形中的那个良知，从自己的天然本性出发，感召自己的心灵本体。怎么恢复无形中的那个良知？

### 1. 知道企业各个成员的心是什么，要往哪里去

心就是自我本体的存在，能生能现，身体的视听言动皆由心所主导。所以，企业经营管理者只有在知心后才能知道怎么去管理好心，即既要清楚老板的心，也要清楚员工的心，更要清楚自己的心。而人群中的心，有共同的属性，即群的心性，而群体中的每一个人又有私心，其中：共同的心就是符合群体特征的价值观、愿景等；私心的探求要根据

每个个体的生活经历及生活环境确定。将之运用到企业的管理实践中就是要明确企业的行业细分发展战略，并根据企业属性和服务宗旨来确定企业需要什么类型的人才去服务企业的战略。

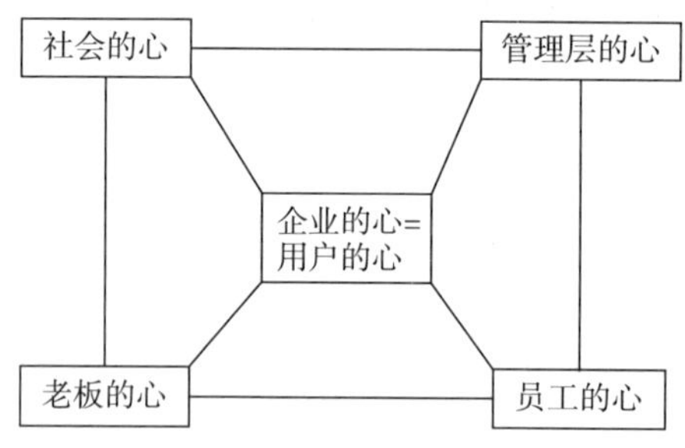


**图 3－3**

企业战略很大程度上是由“老板的心”和“社会的心”共同决定，老板的心影响企业能够做多大，能够走多远，亦影响企业的文化氛围和企业的生命活力。而老板心的影响因素是老板的视野、格局和心境，任何一个能够做大的企业其老板的视野、格局和心境一定很大。比如，2016 年 11 月 11 日，是腾讯成立 18 周年纪念日，马化腾宣布为了感谢员工过往的努力付出，腾讯向员工授予每人 300 股腾讯股票，作为公司成立 18 周年的特别“感恩礼包”，按照当日的股价计算，本次授予股票总价值约为 17 亿港元（约为 15 亿元人民币）。这是令人尊敬的马化腾至高格局与心境的体现，一般老板很难做到。如此，不仅让很多员工的心有所归，也让外部人员更愿意到腾讯公司来工作，更给马化腾本人带来了无数的名誉资产。这一做法激活了员工的心，激活了企业的生命力，想必由马化腾带领的腾讯公司必然会走得很远。总的来说，这一做法节制了员工的人欲，放大了马化腾的格局，马化腾是值得敬佩的老板。

社会的心是由社会环境和国家的经济政策共同决定的，是民众普遍的心愿诉求，是国家的发展方向，是国家的愿景、梦想。可以说，社会的心与我们每个人息息相关。

而一个企业的心不仅仅包括社会的心、老板的心，还包括员工的心和管理层的心。

员工的心是企业最大的心，不仅是数量上的大，而且是影响上的大。企业只有留住员工这个最大的心，才能稳定地向前发展。很多企业在经营的过程中会遇到以下问题（与员工有关）：

①员工流动性大，导致企业的一般成本增加；

②企业只有老板一个人操心，员工几乎不关心企业的发展；

③员工在企业中没有归属感，员工之间的矛盾时常发生；

④企业业绩目标不能按时完成，新品开发周期较长等。

以上问题就是企业管理层未能及时了解员工的心，不能留住员工的心，不能将员工的这颗心关住而导致的。因此，企业管理者的主要任务是归员工的心、关员工心、激发员工的心以及定员工的心。

任何一个企业或团队涣散或凝聚力不强的根本原因是管理者不关注员工或团队成员想要什么。越是发展好的企业，越关注内部员工的心。中国企业员工的基本诉求一般有：

①基本工资报酬。在生活水平日渐提高，工作压力日渐增大的今

天，任何一个员工工作的基本需求都是为了提高经济收入，改善生活水平。很多创业公司在创业初期打着梦想、情怀、未来等“高大上”的理由来降低或不发放员工的工资，这不失为让员工归心的方法。但是，此法不可持续，因为当你没有资本满足自己的基本生活需求时，你拿什么去谈梦想？毕竟很多员工都很现实，他们的工作目的首先是为了混饭吃，这是他们的心。而很多员工工作不努力的一个重要原因是他们所做的事与他们想做的事不契合；同时，在高回报、高报酬的情况下，很多员工即使劳累、委屈，也会很努力、很勤奋地工作，甚至可能会给企业带来意想不到的效果。

②有不断的成长和晋升空间。员工的心往往比你想象的更大，他们除了想要一份稳定、可观的收入外，更希望有一个竞升平台，展现自己的心志。

③几乎每个员工都希望得到老板或上级的尊重和信赖，这是马斯洛需求的基本点，同时大多数员工也希望在企业中有稳定感、归属感、自豪感等。要想让员工拥有这些“感”，企业就需要完善各项机制，使员工可以归心和定心。

管理层的心影响着企业的发展速度。从个人私欲角度看，管理层的私欲一般是希望得到尊重需求和自我实现需求；老板为管理层服务，管理层为员工服务；管理层是企业目标实现的领军人，老板要做的就是让管理层的心欲与企业目标结合起来。心若同，力则大；心若坚，力则久。

### 2. 用“致良知”方法让企业各组成要素成员恢复心体、成就心体

致良知的过程就是恢复心体、成就心体的过程。

阳明先生说：“知是心之本体，心自然会知。见父自然知孝，见兄自然知弟，见孺子入井自然之恻隐，此便是知良知，不假外求。若良知之法，便无私意障碍，即所谓充其恻隐之心而仁不可胜用矣。然在常人不能无私意障碍，所以需用致知格物之功，胜私复理，即心之良知更无障碍，得以充塞流行，便是致其知，知致则意诚。”（《传习录·上卷·徐爱录》）知是心之本体，本体之心欲知则需致，致后自然知，不需要向外寻求，知内而致体，常人在社会生态中良知不免会被私意障碍，用致良知之功夫，去除蒙蔽心体之象，则良知便可显现。所以这个至善的心体——良知，是每个人只需致便可知的。

恢复心体就是弄清楚自己是谁，到底想要什么，喜欢什么工作，你的使命是什么等自求自知的过程。问问自己目前所做的工作是否有违初心？自己的兴趣点有没有和工作内容结合起来？企业领导者或管理者在经营管理的过程中有没有将用户和合作伙伴的利益放在第一位？有没有采取一定的措施或设定一定的机制将每个员工的价值发挥到最大？有没有为了私欲将企业的利益置之于外？做事有没有尽心尽诚？管理者有没有从本体之心出发去发愿行事？等等。

成就心体就是企业中任何一个成员在做事的过程中有没有按照自己的良知之心来做事，用已恢复的心体去保持它、坚守它、应用它。天生

我材必有用，我是什么材只有自己最清楚；如若不知，则需用“致良知”和“知行合一”的方法来发现自己的心体，并将之运用于工作生活中。

马化腾的那个“感恩礼包”就是他致良知后的表现。马化腾知道公司的价值是由每个腾讯员工共同创造，不能归属于个人，也不能归于高级管理层；他的良知行为感召了无数员工，使员工的心更能归于企业，这是至善的心体，也是心体的昭明显现。在胡润研究院 2016 年 6 月 7 日发布的《大城小爱慈尚会 2016 胡润慈善榜》中，马化腾以 139 亿元捐赠首次成为首善。这是他对中华民众的贡献，是他为人类社会发展做出的贡献。

领导者通过致良知，找回本心，依据初心发展，提高自己的领导力、影响力。马化腾的做法就是提高自己领导力和影响力的做法。致良知，致的是本心，做的是合乎本心、合乎良知的事，以良知连接更多的人与事，连接的自己的内心，与自己的内心对话，连接自己与周围的人或团队，带领团队以身作则，关注团队的内心世界，知道自己存在的价值、知道企业存在的价值，知道自己的使命、知道企业的使命，以良知之心，增强责任心与社会责任感。

致良知给每个人提供了一份自知自觉的精神食粮，致良知就是激发人的潜能和善意的过程。正如彼得·德鲁克讲的，管理的本质就是激发人的潜能和善意，这个管理之法通过致良知就可以很好地实现。

企业存在的价值是为了让社会生态正常运转，也是为了让人民生活得更好。社会正常运转则需要稳定人心，企业存在的主要目的就是为了稳定人心。

企业经营管理者在经营管理企业时，时常致良知，想着客户价值，想着员工成长，想着人民生活，想着社会责任，回归到企业存在的重大使命，激发潜能，激发善意，通过致良知找到转型升级的方向，通过致良知找到产品的本心价值属性，通过致良知引导好员工，念念不忘致良知，则企业的环境必然充满着温馨和关爱。

# 第四章　心即理，回归企业经营管理的本质

笔者认为商业形成过程其实就是心促使其发展进化而成的业态；任何一个商业理论都可以从心找到发展进化的源头与迹象，因为万物源于心，心即理，世间万物之理全在我们的心中。阳明先生说："人者，天地万物之心也，心者，天地万物之主也。心即天，言心则天地万物皆举之矣。"（《阳明全书》）又说："天下之事虽千变万化，而皆不出于此心之一理。"（《阳明全书》）在迅速变化的商业环境中，各种新思维、新理念、新技术、新物种时常显现，让很多管理人员不知所措，其实多数是因为他们在当今的商业环境下过于浮躁，不能静下心来认认真真地观察商业变化的现象，找到变化的本源和本体。因为仅仅看到了多变的现象，未能分析现象产生的底层逻辑，所以这些多变的商业现象就很容易迷乱你的心。毕竟，心很容易被表象所蒙蔽。

用一个故事来说明此理：有一次，阳明先生和他的友人谈话，友人以一个佛教的故事向他请教。故事说，佛把手指伸出来问众人："见

否？”众人说：“见之。”佛又将手笼入袖内，问：“见否？”众人说：“不见。”于是，佛就批评众人“还未见性”。

友人不明白佛要揭明的本意是什么，便问阳明先生，阳明先生回答：“手指伸出来可见，笼入袖中不可见，因而有见与不见之分。而人的本性不同于此，它是常在的。一般人只在有所见、有所闻上用功夫，不在不能见、不能闻上用功夫，这是不对的。”

现象不是永存的，大多数人在这稍纵即逝的现象中只是凑热闹式的观看或旁听，那是没有什么现实价值的，任何一种现象都不是凭空出现的，也不是任意臆造、想象的，而是有其必然的客观根源。符合逻辑的现象不一定发生，但是不符合逻辑和常理的现象，发生的可能性极少。

现象在常识经验中是指物质的表面性质，是心作用于事物而表现出来的，是可以被我们的视觉和感觉所感触到的，如物体的形状、颜色、重量和味道等现象的发生是个体与外部或内部环境相互作用而产生的，也可以认为是心体与外在环境所产生的，心通过视听言动感来和外在的一切发生感应。常识经验中，现象之物是由感觉要素定义的，现象与物之间并没有什么不同，比如我们看到的、听到的、触到的、闻到的一切都是意识中的现象。意识又是心外现象与体内感官和大脑物质相互作用的产物。

但是，任何一种现象都是生活的过客，只能丰富我们的生活而已。毛主席曾言：“感觉只能解决现象问题，理论才能解决本质问题。”理论是对规律的探求，是对事物真理的探求，而事实真理就是心体或性体与现象内容的符合，或是性体与现象规律的符合，是对深层现象的挖掘，是一种内求与内知。

“心即理”就是一种内求与内知，心包万理，万理俱于一心。凡事从心上找根源，心若昭明，万理则通；现象源于心，本质又是现象或事物的本体。换句话说，本质就是心体，对心体的探索就是对本质的探索。

笔者已经强调在现在的商业环境中，急需阳明心学来重塑企业的发展，尤其是在如今的新旧经济结构调整和传统企业转型期，在这个关键时期，企业如果不能紧抓时势，让企业这颗心不能跟得上时代的脉搏，让它回归企业的心体和经营的本体，那么该企业或迟或早会被时代所淘汰的。

目前，很多企业将大量的时间耗费在外在的环境，比如在市场、技术和政策条件以及目标计划管理、绩效薪酬管理、会议管理上下功夫，而忽略了企业发展的内在要素——产品和人。

人的主要存在意义是创造符合良知的产品，产品的创造主要是为了服务人心。个体存在于社会生态中，需要处理好人与事、人与人、人与内心之间的关系，通过致良知就可处理好人与内心之间的关系，通过事上磨就可处理好人与事之间的关系，而人与人之间的关系，一方面需要通过致良知实现，另一方面需要通过管理人心来实现。在企业中，企业的主要目的是创造价值、解决问题，而人心多样，管理者首先需要做的就是使企业中所有人同欲同心，这个过程不免需要激活人心，而后通过人心的动能为企业创造价值，但是由于人性之恶，管理者也需要管理人欲。

所以，经营管理的关键在于激活人心、运用人心、管理人欲（见图 4－1）。

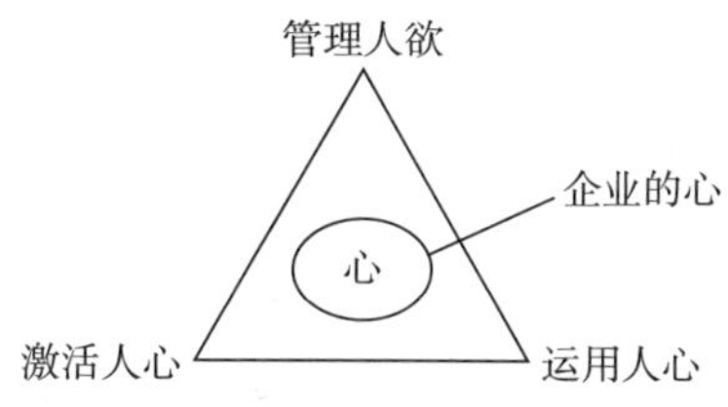


**图 4－1**

心原本寂然不动、纯净无瑕、空虚灵明，只是在外部环境的作用下而有了心性、心欲、心智等影响个人成长与发展的内在要素。企业经营管理者就是以“企业的心”为核心，并围绕企业这颗心，构建起能促进企业之心发展和释放的机制或模式。也就是说，企业的心需要人去释放（企业的心指能支撑起企业发展的核心元素，这些核心元素包括企业的核心产品或服务、企业的核心文化、企业内部各个群体的心志等）。用企业的心去吸引相关的人才，然后用相关的人才去释放和扩充企业的心，让它影响更多的用户或员工。这里的关键在于，企业的心要有足够的吸引力和生命力；老板和管理层的心与企业的心要牢牢相系；由老板和管理层去激活员工和用户的心，然后运用他们的心去感召更多的心，进而扩充企业市场和企业影响力。

那么，如何激活人心？

在任何时候，企业中的人才是企业最宝贵的资源，一个优秀的人才或团队，在企业发展进程中起着相当大的作用，甚至还可以改变企业的命运。所以，对人才的充分运用一直是企业的重点和难点。

激活人心首先要激活组织，互联网环境下企业组织扁平化成为常态，在开放、协作、分享的思维理念下，企业的组织应去科层化、去中间层，让员工直接接触用户和用户交互，感受用户的需求，并将需求快速地转化为产品。在此背景下，员工的心不是被管而是被用，被充分地引导地用，并让他们有成就感、归属感等心灵上的愉悦。所以，活化的组织就应该有活化的机制，并以之快速地应对市场环境，掌握先机，快速迭代，众志成城，攻克难关。比如，海尔的“人单合一”、腾讯的“内部市场化”、韩都衣舍的“产品小组制”、王永庆的“利润中心制”等都是一种激活组织的模式。

这种激活人心的组织其实就是阿米巴柔性型组织，该组织通过市场效益相挂钩的独立核算机制进行运营，然后培养具有创业型人才的经营管理人才，并让大组织分割成若干小组织，让每个小组织充分发挥其灵活性和能动积极性，以便更好地响应多变的市场环境，满足小批量的个性化需求，从而使企业的组织足够的生态化，对市场足够的敏感，产品多元化，从而创收更多的利润，这就是阿米巴经营模式的核心。在这个组织中，不仅激活了人心，也充分运用了人心。人心是厌于被束缚和压制的，每个人都喜欢充分发挥自己的能力，阿米巴经营模式就是一种从集权到分权的管理模式。在这个小组织中每个人都有一定的职责，而且这个职责又是至关重要的，个人的成绩直接影响组织的成绩，使每个人都是为了荣誉而战，放大了个体的责任感和荣誉感。

所以，运用人心就是运用人心中向善的那些点，如责任感、荣誉感、好胜心、孝心、爱心等。运用向善的心去构建向善的体系，让向善的体系去驱动一个以良知为魂的新的商业文明的形成。这里笔者强调了一个良知，是因为在当今物欲横生、充满诱惑的商业环境中很多商家就利用人心中的那些弱点去经营管理企业。例如，很多商家利用欺骗手段或利用人心中的色欲、贪欲、名欲或金钱欲来吸引用户。所以，企业经营管理者需要以良知为魂，用致良知的方法摈弃心中的那些恶念，从根本上铲除那些恶欲，恢复至善的心之本体。阳明先生说："善念发而知之，而充之。恶念发而知之，而遏之。知与充与遏者，志也，天聪明也。圣人只有此，学者当存此。"（《传习录·上卷·陆澄录》）阳明先生的这句话概括地说就是存善去恶，阳明先生认为这是天赋予人的智慧。其实，存善去恶的过程就是管理人欲的过程，管理人欲其实就是引导人欲，人欲引导得好就是创造价值，人欲引导得不好就是一种破坏。

好的管理就是好的引导，领导力就是激发员工意愿的能力。一个善于引导员工并让之自主地发挥能力、创造价值的领导才是一个称职的领导。

人欲是人的一种本能，把这种先天的本能引导到一条正确的路上，让其在该路上输出他的能量，是一种开悟、开慧式的管理。这种管理就是通过向内用功来解决问题的，内求胜于外求，内是根本，外只是内心向外扩散而形成的。老子讲："六亲不和有孝慈。"六亲不和主要是因为人失去了天性，被外在的诱惑迷乱而失去了本真。但是如果恢复了天性，回归了本性，人就不会钩心斗角，反而可能创造出惊人的成绩。

天理即人欲，人欲是心的一种本能，能把心管理好就能把人管理好。心正则一切正，心纯则一切纯，心善则一切善。人都有自私之心，怎么能够把自私之心管理好，让自私之心变为利他之心，让疑妒之心变为相信与诚信之心，更多的是靠内修。

比如，格力在中国市场上的知名度是比较大的，格力品牌自诞生到现在经历了20多年的风风雨雨。在20世纪90年代，格力空调销售提成比例非常大，销售人员的收入远远超过技术人员，这就让一些技术人员坐不住了，吵着要转去做销售，但是技术是企业发展和进步的核心，技术人员都跑了，企业必然不会生存得太久。面对这种情况，朱洪波（当时是他执掌格力）就做了一个惊人的决定，大幅度调低销售提成比例，这在当时可是一个相当大胆的决定，因为这种决定很容易引起销售人员的离岗。果不其然，很快就有大批销售人员跳槽到中山汇丰空调，并扬言三年内打败格力。但朱洪波坚信技术（产品）是第一位的，他不认为好的产品会没有人要。事实证明，他是对的。通过调整销售提成后，技术人员不再东想西想，而是安心搞科研和产品，通过这一举措也为“好空调，格力造”这一口号奠定了基础。朱洪波的这一举措就是管理人欲的措施。人的欲望是无止境的，管理企业就是对人欲的管理，企业的管理一定要将人欲和企业的核心战略结合起来，让人欲服务于或有助于企业核心战略的发展。

再比如，《西游记》中孙悟空可以说是个奇才，他技能超群，武艺卓越，他的也心就比较大，弼马温的职位满足不了他，蟠桃会未邀请他，他的心就不平衡，于是开始反叛，开始大闹天宫，致使三界不得安宁。管理也一样，在企业中有能力的人心一般比较大，如果企业不能提供令他满意的职位、待遇和文化氛围，他就不能长久地留在企业中创造价值。孙悟空的心最后被如来给征服了，又被观音给引导到了一个向善的路上，去发挥他的价值。因此，任何一颗心总有它的归属地，关键看怎么引导它、运用它。在孙悟空刚登至天庭的时候，如果玉帝等人将他的心引导好，那也就没有后来的大闹天宫这样的破坏了。笔者认为，不管什么样的人，都可以被很好地引导，让他发挥出其应有的价值，从心出发引导才能做到恰到好处的引导。

心即理，理通则事可成。对心的探知就是对理的探知，理就是对现象的本质及其规律的正确表述。现象源于心，规律也要用心去体悟，对现象的揭示就是对心的揭示。

## 一、心愿，企业文化制定的核心

企业文化是心愿的全方位表达，心愿为企业文化的塑造指明了方向。心愿是个体心中最深层的夙愿，是一份对美好事物或美好前景的向往，涵括愿望、抱负、理想，是个体前行的动力源。一份美好且适合企业发展的企业文化在企业发展进程中起着至关重要的作用，它是企业内在气质和灵魂的体现。

企业文化主要是创始人心场能量的体现，创始人通过企业文化的塑造来吸引志同道合的有缘人一起完成其愿景和理想。企业文化建设的目的主要是通过心场能量感染和引导企业各个成员的行为和意念。每个人的心都希望找到归宿和寄托，只有这样个体的心才能定。企业中的每个人都可以通过企业文化找到认同感和归属感，它使企业中的每个人有凝聚力，激发员工的积极性和创造性。从某种程度上说，企业文化也是企业的核心竞争力，一个企业只要人不走，它就可以持续发展。

而以心为中心的企业文化建设，可以说是企业的起点，也是企业的终点，是经营企业的核心。毕竟文化、制度、模式等的设定都是为了服务人心，服务从心开始，而心愿这个人人都具有的内在要素，又可以为企业文化提供诸多方向，并且由心愿出发而制定的企业文化，也会合乎企业中的用户或合作伙伴。

在如今的生活中，我们都希望一个“共”字，有责任我们都希望共担，有困难我们都希望共同克服，有任务我们都希望合作完成，毕竟人多力量大，智慧多，完成一项任务或工作的时间会更短。另外，在目前互联网思维和互联网技术日益成熟的条件下，我们对“共”的理念也更容易接受，或是我们更趋向于“共”的理念，而且互联网技术可以连接一切，这样“共”的理念也就更容易实施或实现了。

图4－2为SSCC型企业文化模型［SSCC分别是共担（Shared）、共享（Shared）、共识（Consensus）、共创（Co－Create）的英文单词首字母］，该模型以心愿为源点，是由内向外逐渐产生影响的企业文化模型，

是由认知层到影响层再到行为层的递进式模型，从本源出发，直击本体。

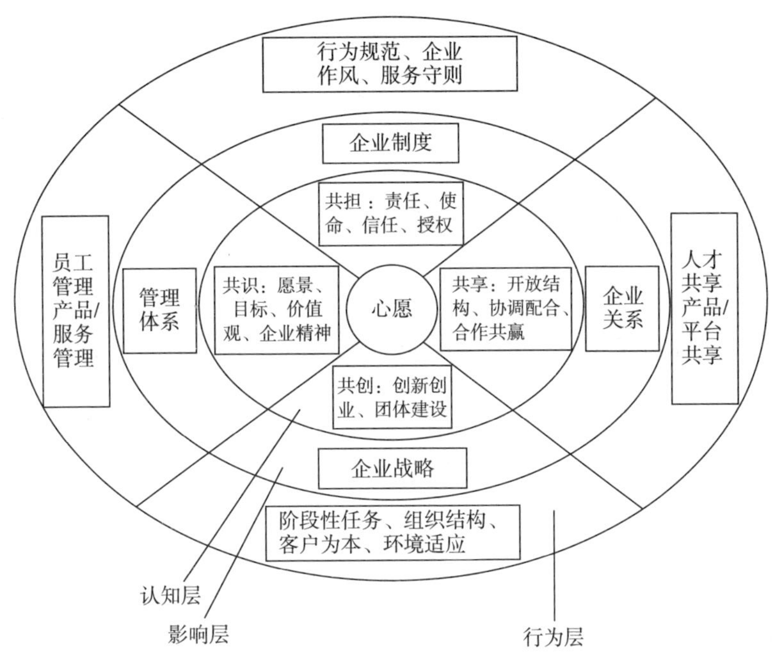


**图 4－2　SSCC 型企业文化模型**

在“共”的心愿理念影响下，企业文化塑造从共同诉求出发，将“共识、共创、共享、共担”的理念作为企业全体成员的核心思想，提高企业中全体成员的认知。具体来说，“共识”包括共同的愿景、目标、价值观和企业精神，并将之达成共识；“共创”包括企业中全体成员有创新创业、创造革新和团体协作的意识；“共享”包括企业有开放的结构体系，各个企业之间进行协同配合，并以合作共赢为企业发展的理念；“共担”包括全体成员为了共同的愿景和使命而共担责任，并且管理层以信任和授权的方式开展企业的价值活动。

①共识

企业愿景是企业文化的基础，企业愿景在很大程度上决定了企业为什么存在，愿景的美好程度是由企业家的发愿能力决定的，愿景更多的是企业家的一种内心的渴望，是企业的发动机，适合或有助于企业发展的愿景能够激励人心，能够让个体实现自我能力的超越；甚至还能起到吸引和保留人才的作用。每个企业的愿景基本上是不同的，企业愿景的设定要以社会经济环境和政治政策相结合。通用电气 CEO 杰克·韦尔奇曾说：“所谓领导者就是能够为企业创造一个诱人的愿景，能够通过沟通和宣传，使每个人理解和接受这个愿景，并且能够激励和鼓励大家为了实现这个愿景而努力奋斗。”这就是对愿景最好的诠释。好的、合乎人心的愿景能够让企业成员感觉到这种愿景更是一种责任和使命。

目标是清晰的、可衡量的、具体的阶段性任务，目标分为短期、中期和长期，目标为团队成员指明了方向。

价值观是个人的价值追求，其对个人的行为有着相当大的影响，是一个人在生活实践和环境经历中而形成的一种价值理念。企业价值观是指企业的经营目的和经营宗旨，是全体员工共同的价值追求。企业的价值观可以确定企业做什么、不做什么，对企业及员工的行为起到导向和规范作用。

企业精神是企业的灵魂，存在于无形，是企业根据自身的性质、时代环境、行业面貌、价值观念而形成的企业全体成员的精神状态。

②共创

在商业环境变化快速、传统企业面临转型、新兴事物时而出现的今天，共创成为每个企业的基本认知，每个企业时时刻刻都在进行着创业，每一天都是企业新的开始，领导者最好以创业的心态带领团队前行。同时，创新和快速更迭（更迭产品、知识、技术等）的企业才能在这样的环境下活得更久。因此，企业中每个人都应有团体意识、协作意识、危机意识和革新意识等。

③共享

共享是一种能力，也是企业家的一种格局，企业共享是企业健康发展的必然选择。共享可以为企业带来无穷的客户资源、合作伙伴资源和数据资源。数据在今天的商业环境中变得越来越重要，企业的战略决策、产品布局、业务流程优化等都需要借助于数据，企业也只有开放共享才能既帮助其他企业和合作伙伴，也能为自己积累数据资源。任何一个企业要想做大、做强，必须要借助于互联网技术、云计算和大数据，构建开放的系统架构。例如，腾讯通过“微信 +”的开放战略、接入了诸多移动终端、PC 终端以及智能终端，开放核心资源，打造创新生态，助力企业发展，有效推动企业创新创业。

④共担

共担是一种责任，企业中各个成员的共担意识，可以使各个成员之间团结一致，共同为了企业的愿景而努力工作。在共担的思想理念下，企业领导者就需充分信任企业成员和合作伙伴，并充分授权给用户和合作伙伴，企业唯有这样做员工的能力才能有效地发挥，工作动力才会更强，也唯有这样做企业才能快速发展。例如，58同城、百度等企业都有城市或区域授权服务商。这样做，既为企业带来效益，也为合作伙伴带来利益，是一种共担共赢的生态模式。当然，员工也要为企业的绩效负责，做到权责分明，有责必咎等。一个伟大使命或愿景的完成，亦需要企业中的每个人都有共担意识。

“共识、共创、共享、共担”在当今的环境下成为重要的发展理念，对创新创业和企业的生存发展有极大的帮助，新的认知促进新的思想理念的形成，而认知又影响着心智模式和行为方式。任何一种大的变革都需要从“心”的层面出发，重新构建符合环境的、有助于企业成长的新认知，并以这种认知驱动商业的进化。

而改变一种认知或思想，对于思维固化的人是比较困难的，认知跟不上时代的需求，行为必然会滞后于其他人，这就是很多传统企业倒闭的主要原因。改变观念或认知靠的是心境，一个人的心境可以通过致良知来提高。致良知的过程就是回归心体的过程，而回归心体的过程就是提高势能的过程，一个人的势能越大，其所具有的影响力也就越大。

一个“共识”（愿景、目标、价值观、企业精神）对企业的管理体系的影响无疑是最大的，企业要想正常的运转就必须得进行相关事务的管理，以便企业可以有效地进行采购、生产、销售等工作。一切流程化与工序化的作业模式都是管理的结果，可以说人类就是因为学会了管理，才有今天这有序、繁荣的景象。

愿景是用心看到的未来，价值观是用心体悟到的生活，企业的愿景、价值观及企业精神和目标决定了企业的管理对象和管理模式。有什么样的愿景，决定了企业会拥有或管理什么样的产品或服务。例如，阿里巴巴的愿景是让天下没有难做的生意！能够连接天下的也只有互联网了，所以阿里巴巴必须要借助于互联网技术来实现它美好的愿景，基于该愿景而诞生了淘宝、天猫、支付宝等为了让生意好做而必须产生的产品或服务。价值观决定了企业的管理模式，包括人力资源模式、产品或服务模式。例如，海尔的价值观是：a. 是非观——以用户为是，以自我为非；b. 发展观——创业精神和创新精神；c. 利益观——人单合一，双赢。基于这样的价值观，海尔建立起了“倒三角”的组织管理体系和“小微”的创业体系。

一个“共创”（创新创业、创造革新和团队意识）对企业的战略制定有较大的影响，企业战略的制定需要审时度势，观察和思考资本市场情况、中国经济转型前景、政策环境如何变化等。笔者认为，在目前的商业环境中创新、创业这是每个企业要时刻牢记的，在创业中前进、在创新中发展是这个时代不变的旋律。那么针对这些意识，必然会对企业战略的制定有较大的影响。我们甚至可以将“共创”作为企业发展的核心战略，进而结合具体的行业状况和资源状况等制定更加细化的战略。

企业的战略状况在某种情况下也影响着企业的经营状况和生存时间，战略的准确性和前瞻性主要看企业领导者的格局和视角。例如：

企业是保持开放还是保持封闭；企业管理是以员工/用户为中心还是以自身为中心；企业是否有超前的市场感应系统？企业是否以奋斗者为本；等等。当然，企业的战略也自然会影响着企业的组织结构，组织的设定是为了高效地完成战略目标。例如，在生态战略下，产生了“管理型组织＋项目型组织”的双重架构，既有专业定位的管理型组织，也有跨界协同的项目型组织。战略制定必须源于市场环境而又要高于市场环境，高于市场是为了开创新品，做出符合时代发展的产品。

一个“共享”（开放结构、协调配合和合作共赢）开创了一个时代，BAT、海尔等企业是这个时代的代表，它们的成功也是因为其有一个共享的理念和系统。任何一个生态型企业必当是以开放共享为主要发展理念，在共享理念的主导下企业之间的协调配合和合作共赢成为常态。共享是对社会生态中各项资源的有效利用，是最为经济的发展模式。当今时代企业的发展主推共享理念，发展共享经济，那么如果一个企业足够的开放（包括人才共享、产品共享、平台共享等），其企业关系必然会很好，这样一大批企业就会汇聚于你的企业生态中，良性发展成为必然。

一个“共担”（责任、使命、信任、授权）成就一个企业，共担理念是企业发展的催化剂，可以使企业稳步而又快速地发展。在共担理念的影响下，企业应有相应的制度来承托每位成员所共担的责任和使命，并制定一系列与企业发展相关的行为规范和服务守则。

## 二、心境，企业领导力的增强剂

多数人由少数人来领导，少数人由多数人推崇。

一个人的心境有多高，其领导力往往也会有多强。心境高，其实就是心场能量高，心境高者其拥有的自然力量也就越多。笔者认为，广、博、宽、爱、容、融、智等都是自然的力量。

笔者认为通过“致良知”方法可以提高领导者的人格魅力。而提高领导力的过程就是修心的过程，修心是每个企业家的必修课，修心为正，势则高，势高则境广。

康恩贝集团董事长、阳明教育研究院理事长胡季强先生认为领导力就是“真理的力量＋人格的力量”，他认为真理的力量就是心中的智慧，就是我们认知和把握规律的能力，人格的力量就是心中的能量，就是感召力和影响力。笔者认为，真理的力量就是“心即理”的力量，就是我们对天理和人性把握的能力；人格的力量就是“致良知”的力量，人格最顶层的力量就是“致良知”中的至诚和至善。阳明先生说：“惟天下之至诚，然后能立天下之大本。”诚能生慧，慧而以天下之命为己任；心境之大，故天下之大；至善又是心之本体，故亦为真。

胡季强先生认为康恩贝企业和华为企业之间的距离就是他和任正非先生的距离，就是两个人心胸的差距、领导力的差距。诚如是，一个企业能走多远，能做多强/多大，关键在于企业领导者，在于他的心境，在于他的心场能量。

笔者通过对阳明心学的反复推敲，以及对大量企业领导者的察知，总结出了企业领导力进阶模型（见图 4－3）。该模型中，事心、人心、道心分别代表三种心境，并依次增强，如图 4－3 中的三角形由下至上心场能量越大，领导力也越强。当然，社会中拥有事心、人心、道心所对应的领导人人数也是依次减少的。

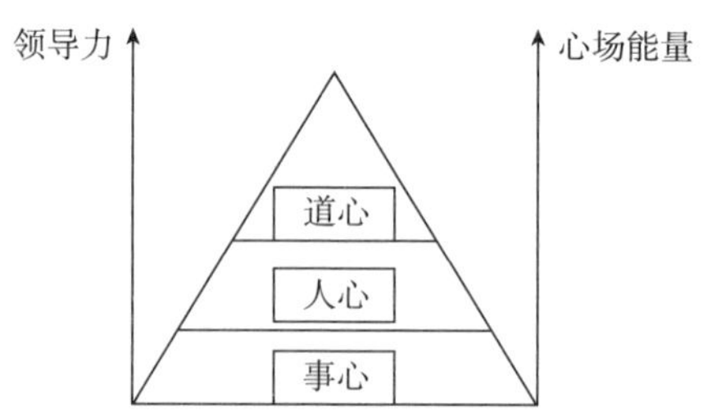

（事心、人心、道心分别代表领导者的三种心境）

**图 4－3　企业领导力进阶模型**

从内部开始，剖析影响事物发展的内在因素，从心之本体出发，抓住内核，重构一切可质疑的事物，并以一种至诚的心态开辟出另一条道路。从意识开始，到认知改变，发现自己思维模式的规律，善用心体，塑造出迎合时代发展的思维模式，培养出新的行为习惯，进而影响到企业中的其他人员，并让这种认知与行为服务于企业的发展。

内求于人心，并知晓人心的领导者是较常见的领导者，把控人心、运用人心，是领导者的基本素质。当今环境中，较多企业领导者都停留在这个阶段。但是，人心在内，看不着，摸不透，人心万变，又怎么去知晓，怎么去把控？很多人心里想的和实际做的完全不符，因此很多领导者就只能从“事”中领导，全心全意地把心放在某一件事上，包括企业中各种大小事务的思考决策、流程规划和执行落地都需要领导者来操心。但当事情越来越多，领导者所面临的决策、规划等也越来越多，于是领导者头都大了，每天疲惫不堪，有心无力！

具体来说，事心就是以管事或做事的方法来领导他人，是以“事”为核心的管理方法，让人为事服务。传统企业大多是这种管理方式，是以某件事或项目为核心来计划项目的进程，并组建相应的团队来推动该项目按时完成，在组织的过程中，指挥并协调控制项目的正常而有序地进行。这种管理要求领导者在项目开始前对生产工具、生产条件、生产要求进行标准化计算和设置。在这种情况下，工厂为了让项目高效地进行，必须选用最优秀的人，对劳动过程中的过程和时间进行量化分析，然后确定合理的工作量和工作程序，并对员工进行相应的培训，使其掌握相应的技能，让项目顺利地进行。该流程化和标准化的管理模式忽略了人在组织中的重要作用，很容易让人感到枯燥、乏味、压抑、没有动力，并且在极端情况下可能会有集体反抗、动乱等事件的发生。而且随着组织体系的变大，管理越趋向于流程化，对流程中各个环节的要求也就越大，其中任何一个环节一旦发生变动，将对这个工序产生莫大的影响。但是，在企业项目规模比较小的时候，对人员数量要求比较少，此时还是趋向于这种“事心”的管理模式。这样的小规模组织易变，事态可随时调整，对个体的压制也不会太大，很多中小企业还是采用该种管理模式。

以“人心”为主的领导方式，是在以“事心”为主的领导方式上进化而来的。以“事心”为主的领导方式，是领导者的私欲过大，以自身利益最大为主要目的，在传统的工业时代，只要项目按照特定的要求完成，企业的利益一般就不会受到影响。因此，那时的企业主是以企业为中心而开展价值活动，那时人只是项目的工具。在这种情况下，领导者的领导力主要取决于他对项目的熟悉程度和规划情况。也就是说，以“事心”为中心的管理模式，对领导者的领导力要求不大，领导者只需有较好的耐心和协调能力就可以胜任工作。

人心是企业发展的原动力，心力足，则企业必然会蓬勃向前发展。在以人为中心的管理模式中，企业对领导者的领导力要求比较大，领导者需要准确地知晓人心，把握人心，并恰到好处地运用人心。说到底，其实就是引导人心，以领导者的商业洞察力、人心洞察力、战略思维力建立有效的决策方式和管理模式，并以自身的优秀领导力基因（如有效沟通、诚信正直、承担责任、同理心、知人善任等）强化企业内部竞争力。因为在当今环境下，互联网/物联网技术渐渐实现了万物互联，消费者可以很容易地接触到大量产品，并且可以很轻易地选中一个并下单，如此消费者的选择权变大，选中或放弃一个产品变得容易，这对传统企业的管理模式冲击很大。因此，企业不得不以用户为中心或以人为本开展一系列价值活动，专心地打造产品，目的是取悦人心，促进消费。

因此，现代企业之间的竞争已经从原来的以设备、成本、资源等为核心要素的竞争，进化到以用户、体验、效率、文化等为核心要素的竞争。说到底，体验、效率、文化等都是服务人心，“芳心一获，赚钱不愁”成为现代企业生存逻辑。

以人为本的管理理念，让领导者的私欲有所降低，也就是领导者以实现他人价值为先，而后才能实现自身的价值，利他的心境要多一点。一个人利他的情怀越大，其心场能量也就越大。企业在经营过程中，则需既实现用户价值最大化，又要实现员工价值最大化，而实现这两者价值最大化的同时，也是实现自身价值的最大化。因此就诞生了一系列人性化的经营理念，如“以奋斗者为本”“以用户为中心”等。

海尔的“人单合一”的经营理念就是将“事心”和“人心”很好地利用，该经营模式既可将项目很好地完成，同时又实现了员工价值的最大化，其归功于海尔领导者的超强的领导能力。所以，领导更多的是引导。

“道心”是个体心境中最高的一层，拥有道心的人，同时也是领导力最强的人，那么道心怎么实现呢？阳明先生说：“心一也，未杂于人伪谓之道心，杂以人伪谓之人心，人心之得其正者即道心，道心之失其正者即人心，初非有二心也。程子谓人心即人欲，道心即天理，语若分析，而意实得之。今曰道心为主，而人心听命者？”（《传习录·上卷·徐爱录》）心本自然，道心之体的能量是最大的心场能量，道心能量之所以最大，是因为它没有夹杂人为因素（即私欲），它能守住本心，回归本心。道心即天理，对天理的正确把握就是道心的正确运用。

“此心无私欲之蔽，即天理。”（《传习录·上卷·徐爱录》）天理的获取就需要时时刻刻不忘去人欲，“善念存在时即是天理”（《传习录·上卷·陆澄录》），此善念也是天理。“心即道，道即天。”（《传习录·上卷·陆澄录》）认为心中有道，道就是天。

所以，最好的领导者就是将企业中的用户和员工的利益放在首位，时时刻刻为用户和员工着想。企业领导者最重要的就是“去人欲，存天理”，以天然的道心，汇聚大量的资源，而后服务于用户和员工。换言之，就是以无我的心态去经营管理企业，并且在经营企业的过程中，随势而变，因时制宜地制定企业战略，然后设定一系列制度，以驱动战略的实现。“无我”的企业就是“以天下之命为己任”的企业，大多数世界500强企业，都是将天下的繁荣或为天下人民过得更好为己任。例如：宝洁的使命是让我们生活得更好；惠普的使命是为人类的幸福和发展做出技术贡献；沃尔玛的使命是给普通百姓提供机会，让他们能与富人一样买到同样的东西。一个以“国家大任”为使命的、具有道心的、无私欲杂念或私欲杂念很少的领导者，具有更大的感召力，也会有诸多有志之士，追随他。一个国家领导者也必须具有道心，以道心领导一个国家走向更好的道路。

私欲存得越少，个人的心场能量就越大。格物致知、诚意、正心、修身等也是恢复心体的功夫，心之本体就是最大的能量，领导者必为之。康恩贝集团为员工做到三件事：a. 推行事业合伙人制度，将胡季强先生控股90%以上的康恩贝集团，改造成康恩贝人共同持股的平台；

b. 推行员工持股计划，让公司基层骨干通过有保底收入的投资获得可观的收入；c. 捐款1000万元设立员工困难救助基金。这三件事都是去私欲的表现，是回归道心的表现，是把握天理的表现，也是致良知的表现，能做到道心的领导者，会较容易将企业做强、做大。

## 三、心性，企业人力资源管理的良药

心性，在中国古典范畴中指“心”和“性”。孟子提出了“尽心知性”之说。阳明先生也说：“性是心之体，天是性之原，尽心即是尽性。”（《传习录·上卷·徐爱录》）又说：“心之本体即是性，性即理。”（《传习录·上卷·陆澄录》）。尽心知性，是知本体，知变化，明理的终极方法。《中庸》里说：“唯天下至诚，为能尽其性；能尽其性，则能尽人之性；能尽人之性，则能尽物之性；则可以赞天地之化育，则可以与天地参关。”就是说，“至诚”是开启万物灵明的一个方法，人只有真诚才能参透自己是谁、想要什么、要到哪里去等人生重要的存在性问题，才能参悟世界万物的演变规律。所以在尽心的过程中，“诚”是基础，“诚”后而能知心之本体。人之性、物之性、天地之化育都是尽性的结果。

具有了以上认知后，我们可以大胆地对人力资源进行重新定义，笔者认为，所谓人力资源管理其实就是心性资源的管理，因为人的问题实质上还是心性的问题，对人的管理其实就是对心性的管理。

公元1508年，阳明先生被贬至贵州龙场（今修文县）。当时的修文县环境异常艰苦，几乎到了无食无衣的地步。在这样的艰苦环境下，阳明先生凭借自身超强的意志力和不断的向内求生，意识到人生不仅有外在的荣辱得失需要超越，更有内在的生死之惑需要解脱。在异常阴湿寒冷的山洞里，阳明先生依然坚持苦修圣贤经典，不断地将自己融入艰苦的生活中，努力做到物心一体。忽于一夜，阳明先生大悟格物致知之道，认为心是万物万体的根本，认识到“圣人之道，吾性自足，向之求理于事物者误也”。认为每个人都可以成为圣人，都有自己的先天力量，人之心体本与天地万物为一体；后天因为有私欲遮蔽，故不能显现，在社会生态中，有的人遮蔽的深，有的遮蔽的少，因此需要“至诚”来恢复心体。所以，人力资源管理就是充分运用科学方法，对人进行回归本体的分析，对事进行回归本体的分析，使人和事皆能尽其性，而后协调人与事之间的关系，激活人心、稳定人心、运用人心、展现人念、管理人欲，使人尽其才、事得其人、人事相宜，以实现战略目标的过程。

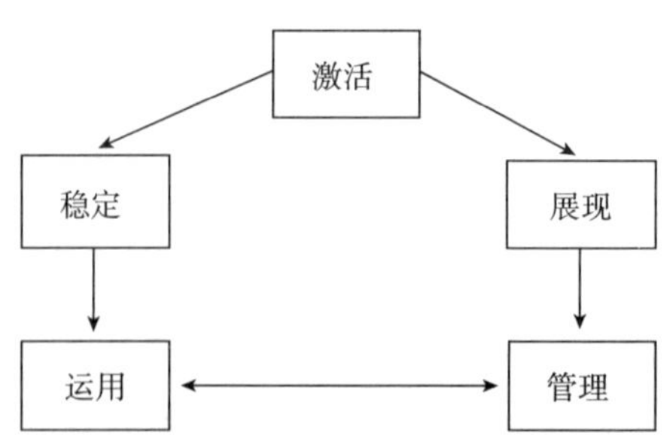


**图4－4　人心管理流程图**

①对人进行回归本体的分析

笔者在前面说过，回归本体就是回归本质与现象、共相与殊相、一

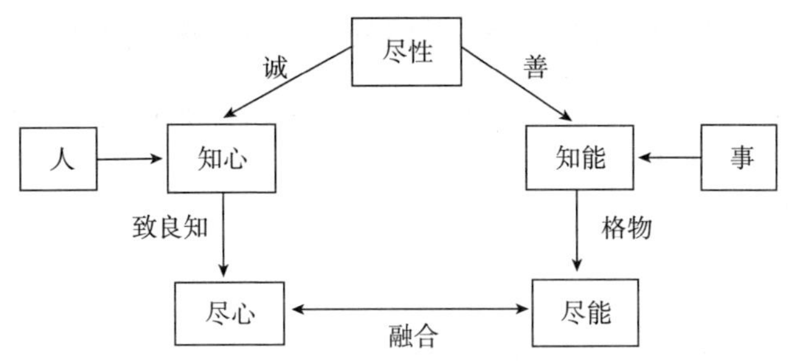


**图 4－5　人力资源管理流程图**

般与特别之间的关系；对人进行回归本体的分析就是对人独特的、先天的、本能的、与众不同的一些资质的挖掘，找到他与其他人的共同点与差异点。有的人，别人很容易判断出他的特有能力（或资质），因为他在之前已经挖掘并利用了；有的人，人力资源培训中心运用正确的工具去开发其潜能。

回归本体的过程就是知心尽性的过程，人力资源管理者在对人进行回归本体分析的过程中，其过程尽量让被测评者发动个体“至诚”的心体，完成相关测评；唯诚方能知性，诚者动其心，致其事，晓其心。

②对事进行回归本体的分析

事态千变万化，多式多样，大多数事态（或项目）的出现都是多人之间相互作用而产生的。对事或项目的分析就是对人的分析，我们只要看：某件事或项目的特征是什么？发生的具体背景是什么？是由什么类型的人（群）推动产生的？该事或项目的出现又服务于哪类人？能持续多久？会对哪类人产生影响？它与哪些事或项目有哪些共相和殊相？如此等。

我们对事进行回归本体分析的时候，需将善意适用其中，至善是心之本体，运用善的能量去挖掘事的能量，事的特征或能量才能被很好地挖掘出来。

③尽心

《传习录·中卷·答陆原静书（二）》中说：“性一而已；仁、义、礼、知，性之性也。聪、明、睿、知，性之质也。喜、怒、哀、乐，性之情也。”这些性、质、情都是人之性，只是由于每个人在后天的生活环境和个人际遇等都有所差异，故每个人身上具有的这些特性也有所差异，而尽心的过程就是发掘他现有哪些特性，以及这些特性的深浅，而后尽其心。

诚而知其心，善而知其能。人之心、事之能都需要“尽”方能显现其价值。人欲尽其心，必先激其心。从激活人心到稳定人心的过程就是让心体有所归宿的过程，稳定人心主要靠的是薪酬福利管理和绩效管理等，管理者在稳定人心后必须让个体在企业中充分发挥其价值或创造价值。因此，企业管理者须有相应的平台或机制让员工在企业内能够展现他的念，也就是说，只有当员工的能力在企业中能够发挥，员工的创造性或新颖性的想法在企业中得以实现，员工才能长久地留在企业中。任何一个员工离开企业，根本原因是他的心在企业中无法释放或满足。

领导者让员工展现人念后，还需要恰当地对之进行管理。只有恰当地运用人心，将人心融入其价值活动中，这样员工才有兴致高效地完成一件事。毕竟如果一个人去做他喜欢的一件事，其往往会充满激情地运用其力量或智慧快速地完成之。如果他对某件事不感兴趣，领导者只有创造其兴趣或采用其他办法让员工去完成一项任务，只是需要额外的成本。

激活人心靠的是组织，靠的是机制，靠的是诱惑，本质上还是为了解决如何充分发挥或挖掘员工能动性和潜力的问题。准确来说，激活人心分为激活内部人心和激活外部人心，其中：内部人心的激活是为了让企业内部有活力、有生命力；外部人心的激活是为了吸引顾客或创造顾客。前段时间，阿里再次发动社交之战，一夜“出名”，这次阿里通过支付宝再次启动它的社交梦。此次，支付宝推出来一个“校园日记”、“白领日记”和“海龟日记”的生活圈子，只有被邀请的女生才可以发布状态，男生只有芝麻信用在750分以上才可以评论状态。瞬间在该圈子出现了各种大尺度、少儿不宜、无节操等极具诱惑力的图片，一时间引起了上百万少男少女的围观。支付宝此次想以高端人士为切入点，让其中的女性群体发送状态，并通过点赞、评论和打赏等环节将陌生人、社交、金融三者串联起来，试着通过该方式打破以往支付宝生态封闭的状态。支付宝通过该机制的设定，一方面，激活了女性群体的虚荣心；另一方面，将女性群体进行了初步筛选，提高社交质量，更有机会获得赏钱，其实就是为了激活女性的心，并诱惑男性，聚拢各种精准人群，以实现支付宝的社区社交梦。

但是，在生活圈子内为什么会出现各种不雅照片呢？主要还是人性的驱动，一些女性上传一系列网络图片，吸引眼球，进而获取赏钱。其次，也有人在好奇心的驱使下发布状态。于是，支付宝在一夜之间忽变本色。支付宝此次的社交路上激活人心的机制设定得合情合理，但是由于设定与之相对应的稳定人心的机制不全面，使人性被过度地释放。例如：图片上传后无审核机制，缺少基本的管理策略；产品稳定人心机制偏于男性，而忽略了女性的力量；该产品无相应的惩罚奖赏机制。

所以，在个体尽心的过程中，一定要有致良知与之相随，以良知之能来规范行为。切勿为了吸引大量顾客、为了满足个人欲望、为了完成公司的考核指标而采取诸多不妥的措施，影响个人的声誉。简言之，尽心的过程中需要良知来正心正行。

④尽能

事尽其能，每个项目都有其行业属性和行业情势。那么，在该行业中此项目是否有发展前景？该项目要解决行业中的什么问题？该项目有没有其他企业已经或正在解决？你的解决方案有没有什么特色？是否真的有存在必要？如果存在，会对什么行业有哪些影响？该项目会让哪些群体生活过得更好？如此等等，都是管理者在分析项目前需要考量的问题，这些问题都是为了解决事的问题。

知其性而尽其能，晓其理而明其状，尽能的过程就是尽理的过程。人在组织中的作用就是创造价值、解决问题，但是创造什么价值？由谁来创造价值？该价值能够持续影响多久？这些都是为了解决“事能”的问题（事能指事所具有的一系列价值的总和）。要想最大限度地发掘事能则需使用格物之法，格事之理，穷尽其能。

当管理者将“事”和“事能”等问题都考量清楚后，就需分析

“事”与“事能”是否相匹配。“事”是基础，“事”能发展多大、多久，看的是“事”的基因。“事能”的力量有多大，也要看领导者的战略眼光。

领导者在以事为核心的战略制定和解决“事”与“事能”的问题的过程中也需运用“心即理”的心学方法，使“事”更真，“能”更大。从心上找根源，让事回归本体，让能回归心体，本体最真，心体能量最大。

⑤融合

“心”与“能”融合的过程就是人与事相匹配的过程，也是心体与事能相融合的过程。

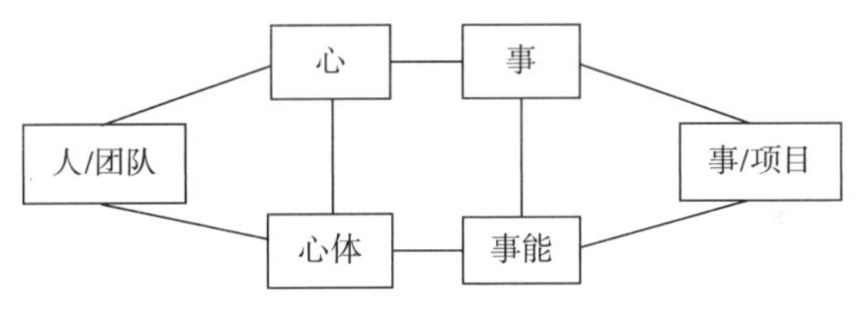


**图 4－6**

人力资源管理的核心工作就是对具有一定基础和特质的人与一定环境下的事进行挖掘、匹配与管理的过程。所以，管理者对人和事都进行了回归本体的分析后，以及对人尽其心、对事尽其能后，关键还是对人和事进行融合，使人尽其才，事得其人。具体来说，就是企业拥有哪些资源，该资源是否有利于项目的顺利进行，要使项目完成又需要哪些资源，企业中的这些资源能创造多少价值（包括已存在的现实价值和潜在价值)。这就需要人力资源评价工具对之进行评价分析。其次还涉及价值分配问题，包括分配方式和分配标准等。此外，你还需要通过薪酬考核、晋升等机制，使员工有物质和精神保障去尽其心。而后通过人心与事心的发掘和匹配使员工保持积极性、主动性和创造性去高效地完成项目。

## 四、心智，企业营销的关键

互联网时代到来后，产品繁杂，同一功能的产品也有诸多可供选择的品类，线上、线下购买产品的渠道增多，企业要想在竞争中取得胜利，单靠以往的搞搞促销、做做广告、请请明星代言等方式已然不够，主要的还是得占领用户线上或线下的消费时间，并抢占用户心智或改变用户的心智模式。只有从这两方面入手，企业在营销的过程中，方有可能达到事半功倍的效果。

况且，未来商业是互联网生态时代，大数据、物联网、智能化等技术更使得信息的流通和传播变得简单，同质化、单一化的产品很难在市场上占据较大的份额。在这种情况下，唯有当用户有相关产品需求时能够想起你（即知道产品)，并产生一定的情感依赖，企业方有可能将产品销售出去。

另外，在当今的商业环境中，很多企业大多面临这样一个问题：企业在产品营销上投入很多资源和力量，产品、渠道、价格等方面做得也不错，可是销量依旧不好。或许最大的原因在于企业将大量的资源花费在市场上，但是营销逻辑或偏重点可能有误；忽略了促成消费或交易的重要因素——消费者的心智模式。

个体的心智模式决定着他的行为模式，行为模式又强化着他的心智模式。企业营销的主要作用就是影响消费者的心智，让他在“意之动”之前不由自主地想到企业产品。因此，玩营销玩的就是心智，包括心智路线（用户可接受）、心智份额（用户接受的量）、心智时长（用户接受的时间长短）以及心智度（用户转化率）等（见图4－7）。

这是营销的底层逻辑。心之本体原本寂空，心智亦为空，是纯粹的天然状态，就像智能机器内无任何存储数据，不能知道机器的行动。随着个体的成长，在外在环境的不断刺激下（包括父母的影响、老师的影响和个体的所观、所听等），个体有了信息的存储和情愫的感应；人之情结、信息在对已知事物的沉淀和存储下，通过生物反应实现感觉、联想、推理、归纳、回忆、想象等思维活动而进行一系列的言语和行动。

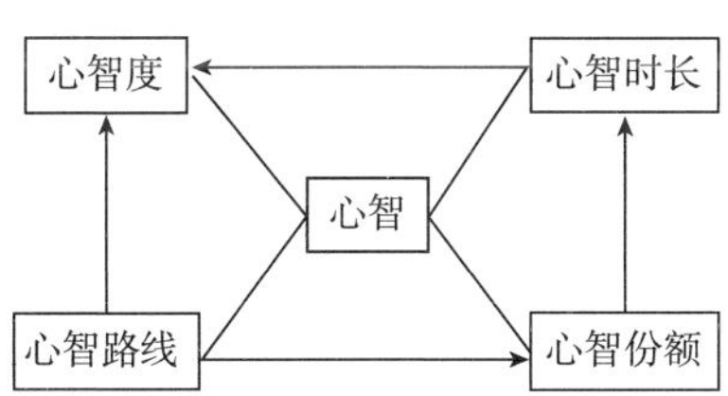


**图4－7　以心智为本的营销简图**

所以用户接受什么样的信息？这样的信息能被多少人接收到？用户接收信息的途径有哪些？这些信息能不能触发用户的底层情愫？用

户接收信息后会不会传播或购买？如此等等，都是营销人需要考虑的问题。

心智路线首先是解决用户对信息的可接受性问题，营销人可通过线上或线下相结合的方式传播产品信息；其次，心智路线是解决用户在某一场景下看到的是什么、想到的是什么以及行为是什么等问题。移动互联网时代，传统的营销效果越来越差，取而代之的是基于移动互联网更加有效的场景化营销模式。在碎片化、可视化、可量化的即时场景下，借助移动互联网的平台和入口，精准定位和挖掘用户的场景需求，创造温馨的场景体验，并让消费者在场景中产生强烈的参与感，着实会引导并感化用户的心智路线。

心智份额是指某个产品或服务信息在用户心智中的占比多大，以及有多少人了解它、知道它。心智份额关键还看产品的场景覆盖面有多大，场景下痛点的挖掘是否真实，解决场景的痛点是不是最优，用户、产品与服务之间是否可以无缝连接，有没有构建与消费者共鸣的情感要素等。

心智时长是心智内容之间相互影响的结果，指某一产品或服务在用户心中停留时间的长短。心智时长的关键要素是体验，体验好的产品可感化用户，使用户满足并受益的产品，用户就会长期地使用。产品或服务体验的升级要从能感触用户之心的要素（即视听言动感等）入手，包括给用户营造身临其境的场景体验，或给用户尽可能地营造真实的现实场景环境，实现产品或服务与用户的亲密接触，以及通过一系列故事或文化与用户形成情感上的共鸣等。一般，心智份额与心智时长呈正相关关系。

阳明先生说："知是心之体，心自然会知。"（《传习录·上卷·徐爱录》）"知"就是一种与心体相对应的体验和共鸣，也是一种良知。当某一场景体验触及良知后，用户很容易购买某一产品或服务，并较容易产生高溢价值。海底捞能够在国内产生如此大的影响力就是因为其服务关注到每一个你意识或意识不到的小细节，并能长期坚持。海底捞的服务人员用其良知触及了消费者的良知，并产生了心的感动，因此有源源不断的用户流。

阳明先生说："至善是心之本体。"至善的心有最大的能，在于可感召灵明之一点心渊，用"至善之心"所塑造的产品必然会影响诸多用户。所以，最大的营销就是从心体出发，一心一意地做好产品，让产品成为营销的利器。主一是一心在天理上，以事格理，从心求理，让产品与心之诉求融合在一起，亦是一种至高的境界。

心可染，智难变。在产品定位的时候考虑产品的单点化突破，例如产品功能化，传播符号化、情感化等都是占取消费者心智的方式。在产品塑造的过程中，站在消费者的心智空间（包括心智环境与心智对象等），思考产品的功能点，挖掘出对应群体的心体属性，以及研究出所在行业的整体状况和行业本质。

找点的过程就是求简的过程，就是占领细分市场的过程。一般中小企业资源技术等都相对不足，企业必须采取聚焦化策略，找准突破点，单点突破，优先抢占用户的心智空间。

《定位》中说，人们需要什么，其实在脑中已有基底，营销者只需要把消费者大脑中已存在的认知或需求找出来，然后去操控人们心智中已存在的认知，去重组消费者已存在的关联认知。不要试图改变人类已存在的心智，为什么？因为智的形成是日渐养成的，是经过数百次重复训练获得的，是经过长期沉淀而慢慢生成的慧，是根。智的改变可不是一日之功，这也是近两年很多创业者和资本家都试图用金钱培养或改变消费者心中的某些认知，但是大多数无果的原因所在。

所以，营销必须从消费者的底层要素——“心”出发，探知消费者已存在的心智（具体实践可借助大数据进行分析），然后通过场景的塑造，重新找回消费者想要的感觉，并驱动消费者产生联想或回忆，让消费者重回感性的一面，并在环节中自然地引入某种产品或服务，消费者在感性的环境下很容易产生购买的行为。

企业营销，回归心智，这是企业营销的关键。

## 五、心眼，企业战略制定的利器

此处的“心眼”与我们日常所听到的“长没长心眼，留个心眼等”有所不同。这里的“心眼”是战略意义上的心眼，是一种从心出发的意作用于眼上而看到的前景；这里的心眼是领导者致良知后的心眼灵明，犹如孙悟空的火眼金睛，能看透万物的本质，知晓其发展的驱动力和事态的本源。用心看世界变化，用心抛开云雾，剔除杂欲，则世事明了。故阳明先生说："学者惟患此心之未能明，不患事变之不能尽。"(《传习录·上卷·陆澄录》) 心明则世事明，万千变化只是心有所变，心若不变，则万事寂然。心力着眼处即是事物变化处，企业发展跟随事物变化，则企业方有不灭之理。

而企业的战略就是领导者开启心眼，看清商业环境的全局现状和发展趋势后，根据企业所拥有的资源，制定一个符合企业文化的长远的战略目标和规划。

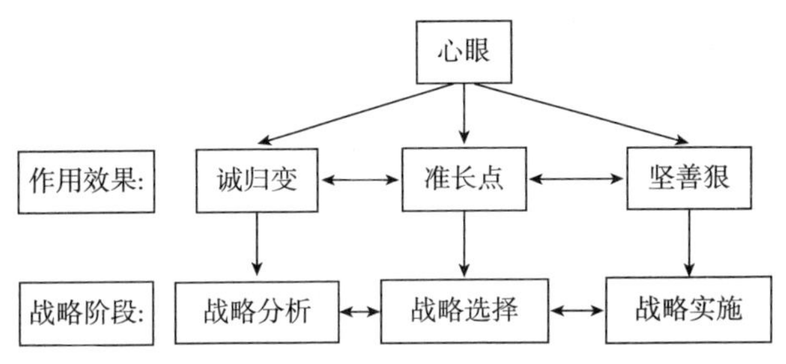


**图4－8　企业战略制定心学图**

眼能看到什么，关键是心想让眼看到什么，眼原本晶莹剔透，可览世间万物，感知世间的一切真实本源，只是心在现象环境中被蒙蔽了太多，在实际情况下看到什么，主要看心给眼的作用力有多大，这些力只是为了抹去心中的污垢。根据笔者对阳明心学的研读，给眼施加的力主要通过"诚、归、变、点、准、长、坚、善、狠"等方式使看到的更加彻底、更加真实、更加有力。并且笔者认为："诚、归、变"影响着领导者的战略分析；"点、准、长"影响着领导者的战略选择；"坚、善、狠"影响着领导者的战略实施。(以上分析仅仅是笔者通过对阳明心学的研读而做出的总结，更多的是内修之法。)

①战略分析

战略分析其实就是对心的觉察，准确地说是对心（人）所处环境的觉察。这个心包括用户的心和企业的心（企业的心包括社会的心、老板的心、管理层的心和员工的心），战略分析的结果就是为了让这些心吻合时代的变化，其中分析用户的心和社会的心是关键。

战略分析时要运用战略思维，战略思维对于一个企业的长久生存起着至关重要的作用。战略思维主要是指一体化、全局化、长久性、系统性思维，主要作用是明确企业在各个阶段的发展方向，提升企业的核心竞争力，便于企业制定战略决策机制等。企业中的相关人员在做战略分析时，仅仅围绕“诚、归、变”这三个字进行，其中：“诚”是指心发之意要诚，分析的过程其实就是格物的过程，格物的关键在心不在物，虽世间万物，人一心若诚，万物皆在我心。阳明先生说：“功夫难处，全在格物致知上，此即诚意之事。意既诚，大段心亦自正，身亦自修。”意诚是为了正心，客观地分析企业面对的内外部环境，看清内外部环境的真实状况，知道企业的优势、劣势各是什么，思考企业目前所拥有的资源在未来3~5年是否还有一定的价值，企业目前经营的业务是不是能契合消费者的心理诉求、有没有发展潜力，等等。

毕竟，企业是迎合时代发展所需的产物，环境分析得准确，企业的战略定位才会更准。因为企业发展到一定程度，其业务往往不是单一的，尤其是在互联网时代，中大型企业的多元化经营成为常态，但是企业在多元化业务面前也应该有个核心业务支撑企业发展，哪个业务作为企业的核心业务就要看战略分析的结果。战略分析在于格物，格物在于穷理，按理行事就是顺势而为。

而“归”是指企业领导者在做战略分析时，需要回归企业文化本身，企业文化是企业的灵魂，企业的发展一定不能与企业所主导的文化相背离，企业在发展过程中，经常度量能做什么，不能做什么。此外，在做战略分析时，还要回归行业本质，大多数行业都已有数十年的沉淀，都有它的行业属性、行业特点以及行业规律，任何偏离行业本质的企业很难走得长远。

在这日益不确定的商业环境中，变已成为了一种不变，企业的用户需求变得不确定；现在的用户说变就变，企业要想培养一个忠实的用户，着实困难，他们的需求变得更加随机。其次是竞争对象的不确定、技术变化的不确定、政商环境的不确定等，在这种情况下，“变”就变成了企业的战略方针，“变”的思维也成了一种战略思维。因此，企业的“战略分析—战略选择—战略实施”应时常进行。于是，“变”就成了战略分析的起点，也成了战略分析的终点。

②战略选择

战略选择是战略分析后的决策过程，在互联网时代下，用户成了企业经营的逻辑起点，当今时代用户思维也成了企业经营的核心思维。而战略的选择就应以用户体验为中心，从“用户”这个点出发，构建相应的战略方案，围绕用户极致化体验，进行相应的战略组合。

如果说战略分析是心眼审视环境进行环境的格物过程，那么战略选择就是心眼定于一物的再格物过程，是为“点”，这个再格物过程偏重于两点：“长”和“准”，“长”是指长远，“准”是指准确。马云最近又说了一段比较经典的话：“世界上聪明人太多，比聪明你已经没有机会了，比勤奋估计更没有机会，你只能比未来，我认为10年后中国社会会出现这样的事情，我必须去做。”马云这段话的意思也表明企业的战略选择一定要立足长远，利用超前的意识去为超前的事做准备，一些人之所以能够预知未来，是因为他看得清、看得准、看得远。看得远是为了优先获取行业机会，在未来的市场上优先占据垄断地位，而垄断的本质还是要形成差异化竞争，另开辟一条道路也是差异化竞争的体现。“准”是企业获胜的前提，企业只有在正确道路上奋力前行，才会到达阳光之境。总的来说，企业的战略选择应以“一个中心，两个基本点”为前提，借助当今环境的发展趋势（包括国家大势、行业趋势、市场趋势等），因势利导，做出符合趋势的项目，获取有利的战略地位。

③战略实施

战略实施是战略分析和战略选择后的行动过程，是企业知行合一的体现，阳明先生的核心思想表明：知而不行，是为不知。有知有行才是一个领导者最大的力量。

笔者在前面强调，心眼灵明是致良知后的体现，领导者通过致良知后可判断出什么能做，什么不能做，什么是善行，什么是恶念。战略的实施以良知的践行为前提，领导者在良知的引导下，发善意，将用户、员工和合作伙伴的利益放在首位，以此进行战略的分解，然后根据分解后的战略确定具体的阶段性规划和目标。而后，执行者坚定不移地采取相应的措施、借助相应的资源，完成相应的目标。

在企业发展的过程中，企业领导者根据具体的经营现状和外部环境，确定相应的战略计划和战略目标，战略目标一旦确定，领导者或相关的执行者最好坚定不移地去执行，勿起动他念之心，不管在战略执行中遇到什么困难，领导者心必坚而又坚，一般领导者心若动摇，其他执行人员也会军心不稳，战斗力则会大大减弱。最终的结果只会是，战略只是形式上的战略，不会产生太多的实际效益。

“狠”是指领导者在战略实施的过程中，敢于放入资源去促成战略目标的准时完成，敢于为了组织的利益而做出自我利益的牺牲，敢于在企业发展的关键时刻做出相应的战略激励。这种“狠”是一种魄力，也是一种格局。例如，京东集团在确定自建物流后，投入了大量的资金，截至 2016 年 9 月 30 日，京东物流已形成了中小件物流网、大物件物流网和冷链物流网的战略布局，并且拥有了 7 个智能物流中心、254 个大型仓库、550 万平方米的仓储设施、6780 个配送站和自提点，完成了 2646 个区县的覆盖。而京东最新发布的 2016 年第三季度财报显示（按美国会计准则统计），京东集团当期净亏损超过 8 亿元人民币。这些数据充分表明京东在战略目标确定后的“狠劲”和“坚劲”之大。

## 六、心灵，企业生命力的增强剂

心灵是人类存在的保鲜剂，是一个生命场，可感召别人，影响他人。心灵是一种神圣的东西，是一种心的感受器，或是心的认知元。我们的喜、怒、哀、乐、信、卑等是心灵受环境感染而发出的一种让他人可体知的能量。心灵本是灵明纯洁的，是一种至善的心体，是一种可以传递爱、恨、情、愁的底层心体。阳明先生所说的致良知就是对精神知觉的自我反馈，会对我们的认知、情感、意志、行为等产生影响。而心灵最美好的时候是个体充满“爱”的状态的时候，心灵处于爱的状态最富有能量，这个时候个体的灵感力、创造力、认知力都比较强。

世间一切烦恼与苦恨都是个体心灵受到外在环境的污染后的状态，“致良知”就是拭去那些污垢的最佳方法，致良知后的心体是处于爱的状态的灵明状态，心灵蕴含着一种本能、一种与生俱来的力量，在这种力量的指引下，个体可以在异常艰难的情况下依然坚强地生存下去。例如，阳明先生在龙场悟道的那段时间，生活条件和个人的身体状况都极其不佳，能在这种环境下依然修炼着自我、体悟着人生，应归根于阳明先生的心灵的力量。心场能量就是心灵赋予个体的力量。个体在这种力量的作用下，可拥有极强的领导力和凝聚力。

阳明心学就是一种可回归本我，活出本真，获取生命能量的内功之法。

个体的生命力由心主宰，心有多强大，生命力就有多强。个体生命力的强弱主要看看他在极度艰难的环境下的生存状态，通常赋予生命力强大的主要因素是爱、信仰、信念、坚持等。而企业的生命力也是由企业的心主导，企业之心的强弱是指企业在不断变化的环境中的适应能力，以及企业所拥有基因的强弱程度（关于企业基因之说，笔者在《商业生态》一书中有详细说明，里面提到了商业基因之创业、商业基因之商业模式、商业基因之转型、商业基因之生存等），在商业环境快速变化的今天，企业更需要有顽强的生命力支撑其生存。具体来说，一个具有强大生命力的企业在外部形态上需灵活，在内部形态上有心之灵明。

①外部形态灵活

外部形态灵活是指企业的战略灵活、组织结构灵活以及经营方式灵活。不管是战略、组织还是经营方式本质上都是为了服务于员工、服务于用户以及企业中的其他人员。而战略、组织和经营管理方式最好以释放个体/组织心灵中最美好的、具有力量的要素为原则。

从这个角度讲，企业的战略制定又回到了笔者之前所述的“诚、归、变、点、准、长、坚、善、狠”为原则而进行相应的战略调整。企业的组织结构则需主导“扁平化”的设计理念，这样的组织结构下企业的感知市场能力以及应对变化的能力才会更强。例如，小米在扁平化的组织模式下，很容易走进客户的心里，跟消费者进行零距离交流，跟消费者融合在一起，让消费者变成小米的“员工”，并参与小米产品的设计、研发和传播。经营方式的灵活体现在领导者的经营方式要根据企业在不同阶段所拥有的资源以及外部环境的具体状况而确定符合环境的经营方式。例如，早期华为一直是中央集权的经营方式，当企业资源不足的情况下，应集中资源形成强大的火力去冲锋，各个击破；当企业的品牌资源、资金以及客户资源等都足够的时候，就需要转变经营方式，缩小作战单元，采用“班长作战”的经营方式，让前方听得见炮火的人指挥战斗，提高一线的综合作战能力，让真正干事的人有权，这样就需要缩减组织层次和规模。

②心之灵明的内部结构

心之灵明的内部结构要有心之灵明的企业文化支撑，这种企业文化重点强调爱和良知，因为只有爱和良知才能唤回真实的自我，才能激发个体的潜能。

因此，企业领导者在企业文化制定以及具体的决策过程中应以“爱”和“良知”作为两个基本点。首先，心愿是爱的表达，企业文化重塑的过程中就是一种“爱”在文化上的表达的过程。其次，这种灵明的内部结构还应该提倡沟通、协作、开放以及自我批评的企业文化。例如，华为的核心价值观就涵括保持开放、自我批判。这种价值观驱动华为由小变大，是华为不断成长的内在驱动力；而且华为的“以客户为中心”、“以奋斗者为本”、“长期坚持艰苦奋斗”的经营哲学也是一种“爱”和“良知”的价值体现。因为华为知道企业价值创造依托于客户和奋斗者，让他们心之灵明就是让企业心之灵明。

如此，企业内部的各个成员以及企业本身才能真实地面对自我，勇敢地展现自我，不屈地革新自我。

# 第五章　知行合一，复杂商业环境下的企业生存之道

## 一、用“知行合一”思想找到企业的发展方向

“心即理”是一种内求，倡导我们从心上格物，从心上探知理，从心上对理扩充，从心上运用理，从心上重塑企业发展之道。“知行合一”则倡导我们有知有行，即知即行，将心上格到的理充分运用到生活或商业实践中，唯有这样理才能成为真正的理，理的价值也才能在我们的实践过程中充分地展示出来。

如果从商业模式角度来看“知行合一”，价值主张和价值认知是“知”，价值创造和价值传递是“行”；只有“知”或只有“行”的商业模式是不成立的。商业模式得以成功或得以发挥价值在于模式的践行，商业模式是指导企业经营的准则，而企业的经营重在“知行合一”，也重在企业中所有成员都具有“事上磨”的心态，因为给企业创造利润的关键人群绝大多数是那些行动力极强的成员。

当今时代能够长久生存的企业一定是那些符合“知行合一”的企业，也就是说，唯有“知行合一”的企业，方能在多样变化的环境中生存。企业经营过程就是不断地由知到行，由行到新知，再由新知到新行的不断往复、周而复始的过程，这是一种由知到行的转换，也是一种由行到知的探索。企业中执行力强的人必然会积累诸多经验，如何让这些经验有价值，关键是这些行动力强的人员要注重从行中探索新知，而不仅仅是一个专业的研究人员去探索新知，毕竟只有实践过的知，个人的体悟才会最深，在最深的体悟中才能发掘有价值的真知。阳明先生有言：“行之明觉精察处，便是知；知之真切笃实处，便是行。若行不能精察明觉，便是冥行，便是‘学而不思则罔’，所以必须说个知，知而不能真切笃实，便是妄想，便是‘思而不学则殆’，所以必须说个行，元本只是一个工夫。”阳明先生强调知和行同样重要，知之笃实便是行，行之精察便是知。在多变的市场环境中，企业领导者以及其他成员既要精察，也要笃行，因为任何一个伟大的企业绝不是想出来的，也不是只靠蛮干而干出来的。常言说，坐而论道，空谈误事，实干兴邦，实践出真知。

“知行合一”是极为有效的企业生存智慧，企业不断向前发展的力量来源于“即知即行”。“即知即行”是一种自我革新，是一种实践探索。红领集团就是在这种理念下逐渐发展为当今工业化定制的智能化企业的。红领在成立之初，依靠批量生产、贴牌代工、商场销售的传统模式经营管理企业，几年后张代理认识到该模式不是未来制造业发展的方向，在2003年红领集团开始研究服装的个性化定制，并下决心沿着该路走下去。但是在用工业化实现个性化定制这条路上红领是先行者，没有指导思想，没有经验，也没有成熟的技术，不知道路在哪里。即便是在这种情况下，红领依然实现了C2M个性化定制，它一点点地探索，在探索的过程中不断地寻求契合发展的指导思想和属于自己的方法模型，在不断的实践过程中发现只要以“源点”为轴都是对的，没有源点的都是错的，最后形成了互联网环境下的“源点论”思想。在探索的道路上难免会有非议，据说一次会议后，张代理上了一趟卫生间，落在后面，偶然听到东北分公司的一个经理说：“原来都说董事长有神经病，我不信，听他讲了一下午发现真是神经病。”但是张代理依靠强大的内心，依然向前摸索，一旦下定决心，几乎没有什么可以阻挡他向前发展的步伐。知后的行是铁心的行，行前的知是试错的知。就是这样，红领用了12年时间探索出了互联网工业化个性化定制的方法论。即以“源点论”为核心思想，利用大数据、3D打印和智能制造以及精益管理思想，与互联网深度融合，实现了全产业链协同的个性化定制模式。

红领的成功，源于领导者有知有行、即知即行、知行合一的强大的内驱动力。在12年的时间里，张代理不屈不挠，勇于探索，默默前行，在此期间，他承受着巨大的事业压力和他人的冷嘲热讽，在磨炼中艰难前行。假如在这么多年的探索道路上，张代理有一丝放弃之念，想必也不会有今天的红领集团。任何一种成功绝不是偶然，其后必有某种因素，驱使这种成功成为必然。“知行合一”、“事上磨”的思想必会引导诸多人让成功成为一种必然。

所以，“知行合一” = “即知即行 + 知而必行 + 行而必知”。企业领导者可将之设定为企业的核心价值观，以这种价值观驱动企业中的各个成员重知重行，并以此提高个人的心力和心性，以此思想促成企业的战略目标快速落地和成功转型。

转型的过程就是一种知而必行、行而必知、即知即行的探索过程。企业转型之前首先问问自己：为什么转型？要转成什么？转型的方向是不是自己真正想走的方向？有没有破釜沉舟的转型决心？企业要不断地内求，不断地内知。很多企业之所以转型困难，一方面是因为它在转型前“不知”，即不知道路、不知方法、不下决心、不敢付出，因而也就“不智”；另一方面是行动上不果断、不及时，经常是一拖再拖，最后只能慢慢等死。所以，当企业需要转型时，对内外部环境进行分析后，要确定相应的变革方向，并围绕这个方向做长远布局，从事到人，坚持方向，不轻易动摇变革之决心，付出不亚于任何企业的努力，直到柳暗花明那一刻的到来。

另外，企业在经营管理的过程中，难免会遇到困难，迷失方向，在这种情况下，企业领导者首先要从自身找原因，去反思自己的管理手段是不是有碍公司发展，目前的管理方式是不是限制了员工能力的最大化发挥（包括能动性、创新思维等），有没有因为自己的私欲过大而将用户和员工的利益置之不顾，等等。企业在遇到困难、业绩不佳或迷失方向时切勿总是将之归结于他人的不力或外部各种不利因素的影响。行有不得，反求诸己；知有不得，为之在学。企业领导者只有及时找到自己的不足，才能有针对性地采取措施，完善自我，以应对外来突袭。

“知行合一”是一种发现问题、解决问题的探知与前行的理念和力量，也是一种自我变革、自我反噬的决心。企业经营方式的转变和管理思想的提升，就需要“知行合一”和“事上磨”的理念来驱动。

“知行合一”的过程也是企业顺势而为的过程。“格环境，知环境，顺环境”是企业经营的秘诀，只有这样企业才能长远发展。例如，服装时尚品牌“ZARA”素有快时尚之称，它能够快速推出时尚漂亮并且价格低廉而又迎合消费者的服装。这种“快时尚”品牌之所以在1975年成立到目前依然发展得很好且备受消费者喜欢，并且已经拥有1900多家店遍布87个主要城市的商业中心，主要原因就是其在经营过程中不断地去“格环境，知环境，顺环境”（此处的环境包括消费者市场、商业经济环境、技术环境、人文环境等）。

“知行合一”既是一种有力的经营思想，也是一种具时效的、长久不衰的经营管理方式。领导者践行“知行合一”既是对自己的负责也是对企业的负责，从思想的传播到制度的完善，再到实践管理，都应将“知行合一”深入到具体的流程和文化中，提高企业的综合底蕴。

“知行合一”也是为了将我们每个人心中格到的理和觉醒到的良知进行充分的践行，让理念和良知在实践中发挥价值，显现心之本体，挖掘潜在力量，创造出属于自己的那个应有的奇迹。笔者认为，人本为自然之产物，只是借助母体和家庭使其成长；人类幸集自然之灵（灵感、慧能)，偶得自然之智（解决问题的能力、想象力)；其本应有自然之境，可感知自然之变化，凭其心之本能与自然赋予的灵与智可在所谓的社会中成为足够伟大的人，而“致良知”、“心即理”、“知行合一”思想就是一种最有效的发掘并应用自己能力的方法。

创业就是一种最为有效地激发自我潜能、发挥自我价值的方式。近两年，创业氛围和创业环境渐佳，有志之士纷纷加入了创业行列，每天都有一大批项目获得投资/融资，也有很多项目半路夭折，项目夭折或成功在某种程度上与天时有关，但更多的是取决于创业者本身。比如，创业的目的是什么，所做的项目是不是在自己擅长的领域进行，所找的人是不是能迎合项目的成长，所创的这份事业有没有用心培养、用心浇灌、付出自己最大的努力，每天所做的事是不是切实有助于项目的发展，有没有为了个人的利益将大量的精力放在于各种论坛上讲故事、赚流量、鼓吹项目、吸引投资人的关注等。在创业者用心、尽心创业的过程中，创业的潜能也会自然地显现出来，在潜意识力量下，将自己的价值充分地发挥出来，辅助创业项目的成功。当然，在创业的过程中，必然会面临诸多问题，这就需要创业者有较强的学习能力，需要什么知识就去学什么，学好了就去用，不会了继续去学。这种往复循环的过程也是知行合一的表现。

案例是行的结果，理论是知的结果；理论服务于商业运营而又创造案例，进而升华理论。“知行合一”是商业进化最强大的力量之一，而“事上磨”是为了加速企业的发展，是一种务实、奋斗的知行状态，是一种鼓励探索、鼓励实践的价值理念。在该理念的助力下，更能助推企业的进化、发展与转型。

迷雾中找方向的最佳策略就是运用知行合一的思想，制定知行一体的发展策略。企业应运用“知行合一”的思想理念，发挥创造力，提高执行力。必须将阳明先生说的“行之明觉精察”和“知之真切笃实”融合，因为企业家往往迷失于“战略重要，还是执行重要”这类伪命题，殊不知提出战略的目的就是为了执行，执行的目的就是为了实现战略目标。在这里笔者强调：知行合一不只是说到做到，不只是言行一致；知行合一更多的是精神与物质一体，意识与行为一体，思想与价值一体；使个体或企业在复杂的商业环境中，快速得到符合企业生存的有益于人民的正确的价值思想体系，统一思想、统一路径、统一行为，使企业持续地为其存在而发展（创造价值）。

## 二、多变环境下企业进化即发展

进化与发展自古都是社会发展、人类文明中不变的主题。企业在发展的过程中伴随着进化，而企业的进化又推动着企业的发展，两者相互促进，相互协同。

商业文明归功于商业的进化，在商业大环境中，无时无刻不在进行着各种交易、各种战争、各种诞生、各种死亡，这是生态环境中的正常现象，也是一种动态循环的复杂系统。在这个系统中，企业只是系统中的一员，而在该系统中的生产、经营以及各种价值活动都要考虑其所处的商业环境，企业唯有顺着相应的环境去做各种选择和规划，方有存在的必要性。而就是这种选择和规划，才能促进企业不断地向前发展，从而进入良性的求生之道。

在技术飞速变革，商业模式不断更迭，经营管理逻辑不断升级的复杂多变的商业环境中，企业要想继续在该环境中生存就得不断进化，进化成适应环境所需的模样，不激进，不迟延，时代需要什么，企业就恰如其时地进化成什么，与相关企业、与社会、与人类共同存在，如此才能获得源源不断的生存能量。个体依托于环境生存，而环境（系统）的正常运转又依托于个体的能量供给，个体的能量获得在于不断地与时俱进，因此有了企业是时代进化的产物之说。

“农耕时代—工业时代—电气时代—信息时代”，这是社会的进步，也是社会形态的进化，更是人类文明的进阶。与之对应的是“商品的简单交易—商品的规模化生产—商品的全球化交易—商品的个性化定制规模化生产”，这是与企业相关的商品的生产与交易形态的进化。一个时代对应着一种文明，一种文明催生着一代企业，这是时代的召唤，也是生存压力的驱使，是一种自觉或不自觉的因为生存而转变的时代变革。在这种时代变革下，在外，需要政府的大力推动，并制定相关的政策来指导变革的进行。例如，在新旧经济转变、企业与互联网融合的过程中，政府的“互联网＋行动计划”、“大众创业、万众创新”的口号都是有效的推动改革的方式。在内，需要广大的企业家、政客以及创业者提高自身的心力和心性，用自己切实的思考和行动来驱动变革的快速完成。尤其需要具有超前的战略眼光和先进的经营管理理念以及超强的行动意识的企业家群体，有勇有谋地去探索和引导，并为其他企业的发展和进化指明路径。这是时代的驱使，也是先行者的力量。任何一种进化都需要一个过程，任何一个发展都需要一种模式。进化之所以需要一个过程，是因为在这个阶段企业需要寻找进化方向，确定进化路径，完善进化机制，确定价值链的上、中、下游企业的具体功能和作用，进而形成一种能够自运转、自更新、自演变的生态。这条路注定是曲折的，这里必然充满了各种令人感动的企业文化故事，有心酸、有忧愁、有惊悦……而就是在这条进化之路上，逐渐形成了一个符合时代的发展模式，其他企业根据这个模式，慢慢地进行着转型，以此驱动国家渐渐走向繁荣之路。

历史上，不管是社会形态还是企业形态，都经历了一系列的变革和进化。大多数进化是环境的偶然变化因素引起的，而每一次持续的发展都是发展思想或模式匹配了市场需求的结果。在几千年的商业进化过程中，从手工工匠到生产方式的流水化，从业务的单一化到多元化，从家族制企业到股份制企业，从一张张账单到业务经营的数据化……一层层升级，一次次变革，都自然地契合了人民的向往，顺应了时代的潮流。可以说，每一次变革和创新，看似偶然，实则必然。

“自然选择主导着进化的方向，突变的方向是不确定，一旦产生，就在自然中受到选择作用。”（《物种起源》）环境的发展需要什么这是必然；某一个想法的诞生，这是偶然，多个偶然的想法受到社会环境和经济环境的选择而得以检验想法的实际效应。因此，要想诞生更符合时代要求的想法以及要想让该想法有价值，就需要思想者或实践者，看清大势，明白情势，知晓私势，掌握事物发展的客观规律，深入群众，切实地提出有益于人民的思想，做出有助于人民的事业。

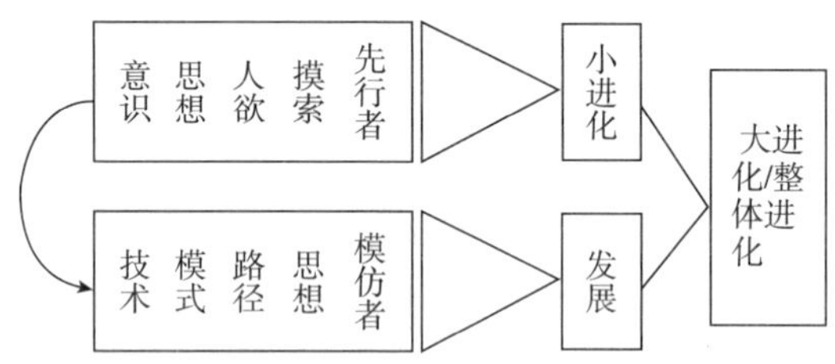


**图 5－1　进化逻辑**

在社会安定、民族团结的大环境中，绝大多数进化都是部分带动整体、个别推动一般的。中国企业中，绝大多数都是私营企业，或是说，中国经济的增长或转型，绝大程度上是由民营企业推动的。而民营企业的形态，绝大程度上是由企业领导者决定的，企业领导者的某种意识、思想、格局、性格特点以及对生活的某种向往影响着企业要进入哪一行、经营业态如何、未来朝着哪个方向走以及最后要成为什么等，这些要素是由企业领导者或创业者的生活环境、个人理想、个人际遇以及某种心智决定的。

人类是一种具有超强感应能力和灵性的特殊物种，人类的心之本体原本就可以感受到自然的某种引导，人类就是在这种引导下而不断地进行着发明、创造或与心体感召有关的其他行为。就是在这种行为下，企业不断地获取某种创新能量，创新的能量又在促使着企业的发展。

也可以说，人类在某种自然的引导下，激发了其潜在的意识，或潜在的能量，这种意识又促使其形成某种思想。笔者经常讲，就个体而言，我们生活中很多事的发生都可以用“愿意”二字解释。我们常常做一件事，其实不必需要什么理由，只是想去做；我们看到的、听到的甚至是做到的，都是我们的心受到某种力量的牵引而达成的。而这种行为又恰能解放我们的心，符合人性。故而，在思想、意识以及心理的驱使下，我们就会想方设法地、充满激情地去摸索和检验这种思想的实效性。如果这种思想或理念是善意的、利他的、发自心体的、符合时代发展需求的，那么他在实现构想的过程中会很幸运地遇到很多人助力其完成构想。

大多数情况下，人类就是在这种力量下，逐渐进化成我们想要的生活。当然，只有这种力量还远远不够，还需要知行的力量去坚持不懈地、充满斗志地、敢想敢为地去完成属于他的、有益于人民的梦想。这种思想上升到一定的境界，也可以说是属于民族的、属于社会的责任和担当，笔者将这类人称为先行者。

先行者是推动行业进化的主要人群，无论在什么时代，在每个行业总有那么几个人充当着先行者的角色，往往在他们的身上也有着先进的、强烈的、能带动行业发展的内在因素促成他们成功，这些因素包括敢于做梦、敢于行动、敢于拼搏、领导力强、创业力强、认准一件事绝不轻易放弃等。其实，这也是另一种“知行合一”的力量。先行者在行业的最前方不断地摸索，不断地试错，克服着一系列由于创新前行而带来的困难，总结这一套新的思想体系和发展体系，探索着一切为了完成某个产品而需要的技术，最后形成一种完整的行业体系，其他跟随者或模仿者学习着这些先进的思想、模式以及技术带动相关产业的升级或发展。多个行业/产业在这种知行者和模仿者的带动下，促进着整个行业或整个社会的发展。

因此，在任何时代下，创新创业尤为重要。只有人们的创造性得到充分的发挥、心力得到最大的呈现，企业才能富有激情地发展着、进化着。

企业在一直运转着，技术在一直变化着，人心在悄然地转变着，需求在不断地升级着，因此企业也必须跟着这些环境的变化，转变其经营模式和管理模式。传统企业的管理思想中，有太多的控制成分。控制欲每个人都有，但是放在当今的商业环境中，控制欲太强的领导者很难将企业做强、做大。笔者在前文分析了，当今时代企业文化的打造要以共识、共创、共享、共担为基石，这是互联网技术或思想在国内成熟后，在多变且复杂的环境中，企业经营管理必备的一种思想。因此，思想的进化是企业进化的前提条件。

企业是时代进化和发展的产物；反之，如果企业不进化或不发展就不会存在企业。“人”在“止”之上而形成“企”，人必须阻止或遏制企业的停止，企业才能是企业，“业”也才能持久地“务”下去。停滞不前的企业必然灭亡。

其次，落后就要挨打，只有发展人类的生活才能更美好，这是历史给我们的教训。有这种教训在，发展就成了硬道理，于是我们努力着、学习着、探索着、发展着，在不断的发展中打造我们向往的生活。

我们生活在一个相当复杂的大环境中，环境中存在着各种物种，它们总是在竞争着有限的资源，在竞争的压力下，企业只有更好才能对资源有控制权。所以在这种生存压力下，企业不得不发展，不得不进化成别人想要的模样。进化是为了发展，发展的目的是为了不被打败，每一次科技或思想的进化都是对个体劳力的极大解放，都是对个人主权的极大提升，都是对个体欲望的一次升级，与之对应的便是个体思想的改变以及相关制度的重塑。从农业时代到工业时代，机械代替了劳力，极大减轻了人类的劳动负荷，与之对应的是奴隶制度也渐渐被解除。机械代替了人力，使企业的生产效率和生产负荷大大提高，人类不再担忧生存问题。从工业时代到电气时代，电气设备解决了人们日常的沟通和信息传递问题，汽车、轮船等使人类的双脚得到了解放，于是人类较容易地出省、跨国，又一次满足了人类的“征服自然”之欲望。从电气时代到互联网时代，用户主权得到了极大的提升，生产与交易方式也得到了改善，使人类的“喜快、喜公平、喜开放、喜沟通、喜懒等”心性再次被解放。

每一次进化都是个体（或群体）的价值需求被刺激显现或放大显现的结果，进化的阶段就是价值创造满足价值需求的阶段；价值需求层级越低或越简单，与之对应的价值创造就越简单或越容易被满足。

每一次进化都是系统性的进化，简单要素的进化不是进化而是改变。从思想到理念，从企业文化到相关制度，从战略转变到组织转型，从商业模式升级到技术与经营管理的升级等都需要渐进式地走向转型进化之路，不急不躁，沉下心，体察商业环境，制定企业战略，建立企业文化，改变组织模式，升级商业模式，重塑企业发展之道。

但是发展之道的重塑可不是说说那么简单，企业本来就有自己的发展模式（包括思想、理念、业务模式、经营方式、管理模式等），这些早已渗入到企业中的每位成员之中，企业要想易之，不仅需要耗费大量的资金、人力等资源，还需要解决新旧模式的转化之法等。但是也不得不转化，否则企业就无法持久地生存下去。于是，企业领导者及员工就必须从心底意识到转型的重要性，提高思想意识，增强心力，探索契合时代的、符合企业发展的模式和路径；从根源处发掘企业各个要素的底层发展逻辑，按照规律，有效地进行转型升级和供给侧改革。

## 三、心力是创新创业与供给侧改革的核心力量

商业的进化必然伴随着创新创业、改革以及商业业态的转变，但是商业业态该转变成什么样子，商业业态的转换工具有哪些，这些工具哪些是比较成熟的，哪些还有待进一步探索升级，还有笔者在上节提到的商业模式、战略规划、组织结构、企业文化、经营管理方式等在转型中的变与不变都需要企业经营管理者深度考量。而从心发之处考量这次转型，探知规律，发掘本质，比浮在表面上看万千现象要好得多。

世间万物变化无常，皆是心浮于表面而变化无常。阳明先生说：“天地气机，元无一息之停。然有个主宰，故不先不后，不急不缓，虽千变万化而主宰常定，人得此而生。”（《传习录·上卷·薛侃录》）用心探知世间的万千变化，此皆不出于一心；从某个事态或业态的变化现象中静心地审之、思考之，则万理皆可俱于一心。

在商业生态中，企业中的各种变化总是趋于可达到平衡的一方倾斜。换言之，进化是因为生态中存在不平衡或存在某种势能驱动个体或组织的进化。一方面这种势能来自外部的竞争压力和环境突变，另一方面来自个体的心力（或心体之能）和组织的体性特征。

①外部竞争压力

外部竞争压力的存在也可以归结于组织的体性驱动。组织的体性特点与个体的人性特点差不多，都具有潜在性、复杂性、价值性和专属性。西方学者马斯洛提出的“自我实现人”假说中的那些需求在同一时期很难同时显现，只有在特定的环境下才能刺激与环境之间相匹配的某种需求，其他需求则隐于人心。复杂性是指人性中存在的性善、性恶、道性与马斯洛的各级需求的相互影响使人成为一个复杂的矛盾体，人性中存有的自私、懒惰、向善、贪婪、色欲等在复杂环境中呈现交错复杂之态，只是有的呈现出来，有的处于隐性状态。价值性是指这些人性特征中的每个点都能在特定条件下对人类的生存起到关键作用，另外人的价值性也是对个体存在意义的一种表述，专属性是指每个人在其所处的环境中而逐渐形成的一种影响或伴随其一生的性格属性。

这与个体之间形成竞争压力的原因基本类似，均是个体（组织）与个体（组织）之间或个体（组织）与环境之间的相互作用引起的。竞争的形成潜在原因是个体的人心和人性驱动，有竞争就必然存在不平衡，而自然选择或进化的目的主要是为了达到生态平衡，生态中的这种相关性与连续性就是进化的内在动力。所以内在规律的呈现大多与人心和人性有关，这种规律也是心体的本能（或心力）存在。人在环境中以心求理的态度总会驱动进化的形成，而知行合一的态度总会使个体快速地适应环境；致良知则使环境生态进化为一种文明的状态。

②环境突变

环境突变是环境在某种突发状况下而发生的大规模的变化，如自然灾害、社会动乱等。这种情况下的进化是不连续进化，进化的方向和进化的形态都会发生很大的改变。

③内在心力的心体之能

一方面，心体之能是心体受到外界刺激而形成的某种思想或某种行为的能力；另一方面，是指人性中的潜在力量。性善使人类的生活温馨而充满爱，个体与个体之间相互帮助、相互关爱、相互尊敬、相互欣赏等都是人性的善能。儒家思想的建立就是基于“人性善”而深化的，这种假说成为个体在社会生活中的道德规范，让个体/组织有所为、有所不为。性善之说也使个体或群体在每次的大变革下能团结一致，相互影响，共同驱动改革与进化的顺利完成。性恶是个体在强大的生存压力下得以生存的根本力量。性之恶者可谋其有利者而存之，这是个体自我生存的本能。人类为了满足自我的生存或成长的欲望和马斯洛的各层级本能需求，自然而然地便会产生争夺，进而衍生出邪恶与暴力，“法”的建立就是为了遏制这种性恶的力量。但是这种力量也是逆存的本源，是变革的本源，是心体不满现状的创新的本源，更是社会进步、商业进化与发展不可或缺的力量。而马斯洛的各层级需求也使个体的这些力量更加坚、更加久，更加难以摸透。（这些观点笔者在这里简单提出，后续将对之进行详细的解读。）

心体之能的另外几点来源要从心学中探知，包括程朱理学、陆九渊的宋明理学、阳明心学等皆是心体之能（即心力）的根源所在。笔者在上一节对之也进行了简单的说明，第四章将对心力进行详细的解密。

总的来说，个体/组织是推动商业进化的重要力量，而这些力量的根源在于一心。唯有探知本心，方可理清万物、万象的呈现与进化之理。唯有知晓心力，方可了解世间万物生长与进化的根源。而进化的主要力量来源于创新创业和改革，在新旧经济转换、供给侧结构性改革中，个体/组织更需要回归于商业发展路径的本源，利用心力，回归心体，找准创新和改革的关键驱动要素和创新与改革的方向，定初心，下决心，下狠力，努力完成新一轮的进化。

毕竟，供给侧改革的关键是做到供需的精准匹配，在供给跟不上需求且产能又过剩的环境下，准确地了解需求，并根据需求推动生产，根据生产定向消费。而要想准确地把握需求就得深知人心欲望的变化规律以及人性主导下的行为规律，而对这些内容的深度了解就得回归于消费主体与价值创造主体的本心、知心，知进化 ，并以心力提高认知水平和执行速度，较快实现供给侧改革。

同样，创新创业也要归根于心，创新来源于心灵的闪动，创业来源于心力的执着。创业是建立在创新基础上的创业，但是创新受到人们现有认知、行为习惯等方面的影响，使得创新不易，而创新后的实用性也使得好多创新没有价值。正如彼得·德鲁克所言，真正重大的创新，每成功一个，就有99个失败，有99个闻所未闻。那么，怎么让创新的灵感来得快，让创新的实用性有所增强？笔者认为主要还是需要回归本心，清楚地知道自己想要什么，别人想要什么，自己是否有能力实现自己和他人想要的，以及其他自知自觉的内容。

创业，创的是业，依靠的是强有力的心力。因为在创业的过程中难免有诸多困难和挑战，其中充满了各种悲欢喜怒、内斗外斗、蒙骗角逐、激情苦闷等，而在这种压力和复杂的创业环境下，个体要做到坚持初心、不放弃，就得借鉴阳明心学的“知行合一”、“事上磨”、“致良知”等思想，实践于创业过程中，立正念，坚持正行，以心力推动创业的成功。

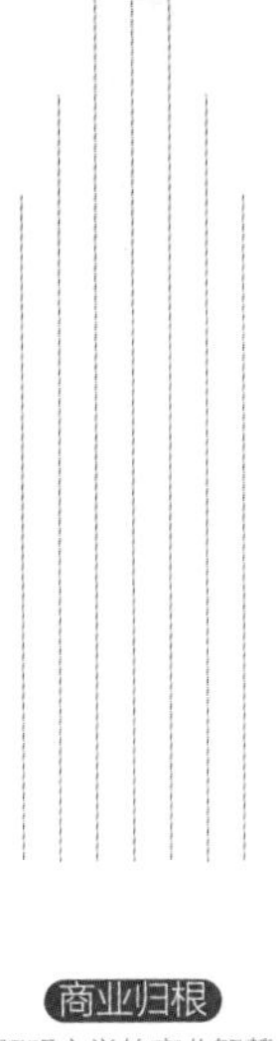

# 第三部分

# 心力之商业进化

# 第六章　商业进化的内在心力逻辑

## 一、重归心体，发掘本源，探求心力

在这个世界上，每秒产生的现象成千上万，有生活现象、商业现象，有平常的、有离奇的、有世俗的，百态千象，扑朔迷离。一个鸡蛋，看透了就是一个世界，看表象仅仅是个圆圆的鸡蛋而已。

心学与现象并存，从现象中可以感知心的变化历程，也可以从个体或群体的心智的属性特征中探知某一事态的发展方向。说到底，都是由内向外的延伸，心的表现形式是个人的行为；行之前所想的、怎么想的是由个人所处的环境以及个人的认知决定的。“人心如面”，心之所想或多或少影响行为以及喜怒。世间万物事态繁多，我们每天所经历的事和所面对的问题也影响着我们的心情，情绪由心而定，怎么想与心路有关，也与心境有关。而且不良的情绪也会影响我们做事的状态，当做事的状态不佳时，也会影响我们做事的结果。

一切问题的产生或影响几乎都可以归结于“心”的影响。事的出现是因为你对之有所关注，也就是该事激起了个人底层心里的兴趣或情愫，所以它才会变成了事。试想如果我们对一件事不闻不问，不将之放在眼里，那么它跟没有存在没什么区别。

柏拉图曾说：“宇宙万物都是‘观念’的幻影，一切都在模仿观念，‘思慕’观念。”观念影响着事物的发展进程和最终形态，亦即影响着行为路径。个人的观念包括生活观念、人生观念、爱情观念、事业观念等，观念越强，其对行为的影响越大。因此，企业文化的建立目的也是为了改变个人的价值观念，促进企业的发展。适合企业发展并有助于留住员工的企业文化才是有存在目的的企业文化；而且企业文化在一定程度上可以吸引员工、消费者以及合作伙伴加入企业的生态中，也在无形中为企业创造财富。

无形资产的积累和构建是企业文化、企业品牌、企业基因等内在的、能够影响个体心智方向的内核打造过程。

不管风多大、雨多大，潇潇洒洒永不倒；

不管业多杂，事多难，心心相连击不垮。

任何一家百年企业，一定是一家注重内核打造的企业，企业中各团队人员协力为企业的发展献计献策，齐心出力，攻破企业在发展过程中遇到的各种困难，那么何忧事不可成？人是事业的核心，也是企业运转的核心，企业组织模式的设定一定以企业的业务结构和个人能力的激发与利用为核心。比如，华为是一家非常注重企业内核打造的企业，也是较早实行全员持股的企业，而全员持股是对人主观能动性的最大释放，是以人为本文化理念的价值体现。华为通过该机制的设定使员工充满了责任感、满足感和安全感等心理内在需求。

个人的生产力是其能力的体现，生产力除了靠专业技能外，更重要的是看个人的动力与持久力。比如，动力汽车能够走多远，除了看其加气量外，更重要的是看其机械性能。同样，个人的动力最终来源于心力，心力由心底而来，可大、可小、可有、可无，关键看怎么激发。

财富是个人最潜在的需求，也是个人最实际的需求，企业领导人合理地分配财富有利于聚心，合心合力才能创造更多的价值，走向更远的路，而股权的分配也是为了激发心力。外在物质的激励是最浅层的激励方式，这是基础，但是要想让企业创造更大的价值和财富，唯有从人心激发着手，提高企业各个成员的心力，激发潜在能量，企业方可在最困难的时候熬过去，也能慢慢走向繁荣昌盛之路。

以上是对心力的浅层简说，也很关键，但更重要的是对心与心力的系统化深入了解。

**心之力的定义**

（1）心是个体存在不可或缺的器官，心动，人则动，心死，人则死。人类因为具有心，故可视听言动。阳明先生讲，心发之处便是意。一切意念皆源于心，意念所到之处便是一物，心作用于哪一物，故哪一物便可显现其价值，物是何形、何色、何材质、何作用等都是心觉其有价值而有之。心若对一物视而不见或视之无用，那么其与不存在之物，没什么区别；而心觉物有价值的过程便是心力作用于其物所显现出的价值。

因此，心之力就是心发现某物具有存在价值的力量。

（2）在《传习录·上卷·徐爱录》中有言："如意在于事亲，即事亲便是一物；意在于事君，即事君便是一物；意在于仁民爱物，即仁民爱物便是一物；意在于视听言动，即视听言动便是一物。"物因有意、在意才能显现出其存在的价值，但是，事亲、事君、仁民爱物、视听言动皆是一个阶段性过程。那么，这个阶段性过程得以顺利进行或完成靠的是什么？笔者认为靠的就是心力。

因此，心之力就是驱动心作用于某一阶段性事物并使其顺利完成这一阶段性过程的力量。也就是说，心力的存在是使个体完成某一动作的根本原因，也是大多数事物得以变化的根本原因。

（3）心又是身体中最玄的器官之一。阳明先生有言："知是心之本体，心自然会知；见父自然知孝，见兄自然知弟，见孺子入井自然知恻隐。"这个心又是良知，是个体可以感知善与恶的道德意识，是心体之灵明通彻处，亮如明镜，它是我们道德和理性的根源所在，是能够判断是非、明辨善恶的心灵属性。这种心是使个体得以自我澄明、感知善恶的良能。

因此，心之力就是个体可以显现良知良能的本源力量，这种原力是个体在自然社会中可以长期、有序存在的根本原因。

（4）心借助于身体而显现其价值，但又是身体的主宰。阳明先生亦讲，身之主宰便是心。心对个体的行为有导向作用，心中意念为何，身体便会呈现出何种状态，个体的肢体活动受到心的影响，个体做什么、怎么做、做到何种效果都受到心的影响。

因此，这种主导身体活动的力量就是心力，这颗心可以使个体不急不躁、不忙不乱地处理一件事。心定则事定，心乱则事乱，在浮躁的社会环境中给内心留一份宁静；在多变的商业环境中，沉下心，了解各种现象的变与不变，使心能尽其性，事能尽其能。

（5）心之力的另一种表现形式就是个体可以致其心，而能“去人欲、存天理”；将心中过多的、不符合道德规范的心念遏止，用内心的那份良知来判断自身的言行是否符合天理，并通过该法来提高自己的德行，修炼自己的内心。

这种心力是规范自我、回归本心、提高心性的力量，于人，甚重。

（6）阳明先生认为：心的本体就是性，天又是性的根源，性即理也；人性就是天理，知晓人性也就知晓天理；只要格心，去人欲，明了人性，也就知晓万事万物的存在之理；万事万物的道理都存在于我们心中，格心自知，人心之理与万物之理相通相达，一切事物的变化只要从心出发，便可探知其变化规律。

而这种可以从心处感知事物万理、感知事物变化的能力也称心力。

（7）心之力亦指个人通过对心性、心愿、心境、心智等的影响或作用，而使个体达到某种能力、发挥某种效果的力量。

（8）心之力就是批判自我、审视自我、革新成长的力量。

（9）心力就是个体为了完成某件事而愿意花费时间和精力的力量，本质上是一种相信，是一种意愿。

总的来说，心力就是你与外界事物连接的能力，包括与个人的连接和与他人的连接，其中，与个人的连接靠的是致良知，与他人连接靠的是心即理和知行合一。企业家的主要能力就是连接能力，这种能力主要靠心力来提高，同时心力也是企业找回可持续发展之路与转型升级之路的良剂。可谓，心力有万物不难。

**重归心体，发掘本源 ，探求心力**

当今时代纷繁嘈杂，百态存生，灯红酒绿，渐入幻境。我们每个人在这样的环境中心体或多或少被染上了些尘埃，难入宁静。很多人在处事、看事、办事的过程中都呈现出浮躁的样子，看万千现象也只是看个表象，凑个热闹而已。

现象本身并没有什么价值，只有将自己亲身经历或亲眼所见的现象进行不同视角的思考，剥除表象，去除那些迷乱你心眼的杂物，发掘它的内在产生原因和存在机理才是最有价值的经历或是最有价值的现象，否则都是浪费时间，空虚生活。重视现象而高于现象本身，就需要在事事物中格事致理，挖掘现象的潜在价值，探求事物的变化逻辑，如此才是对事物的价值挖掘，而后才能对之进行很好的利用。

那么，怎么去挖掘呢？

世间万事万物之所以长久存在是因为它符合人类的发展需要，人类不断地使用它、利用它，所以它才会不断地被保护或被制造。存在只是为了更好地服务于人，已存在的、有价值的事物，我们要保留它、保护它。未存在的但是有存在价值的事物，我们要创造它、使用它。而之所以能够存在是因为心体与心体之间或心体与环境之间相互作用的结果。在远古时期，人类基本都需要坚硬之物来保护自己或用之狩猎，使自己能够生存下来。于是，石器之类的器物就被开发并广泛地被使用下去。

交流的过程就是心体与心体之间相互表达需求、交流感觉的过程，当两个或多个个体之间相互交流而达成某种协议或对某件事的一致行动的时候，个体之间就会齐心协力完成某一目标，如协同狩猎。而语言的产生也是为了解决交流的问题，是我们共同的诉求，于是语言就被不断地升级、完善，并存留至今。而这种诉求源于心，是源于心对环境的反映。

列宁在《哲学笔记》中说："人的思想由现象到本质，由所谓的初级到二级本质，不断加深，以至无穷。"他指出人类认识现象的层级不断加深，是一个永无止境的过程。如果是这样，那么现象是永远也捉摸不透的，一个现象尚且如此，那么世间万千现象如何识破？

因此，对现象的研究我们应该回归心体，从心上去格理，探知现象的呈现原因和呈现过程。从心到现象的过程是较容易挖掘和探求的，毕竟现象的产生我们无法去控制，但是我们的心却可以去控制。

1. 重归心体，发掘本源（本原）

心的本体就是性，性是一般事物发展的本源。性能够产生力，力能够发生动，动后就会有变化。变化回归到某一个个体就有了现象，这是现象产生的原因，由这个机理倒推，就可以明白事物的发展历程。

人对现象的研究可以从心体出发，探求现象产生的内在原因。人们通过视听言动进行交流，通过交流而进行各种实践活动，事物与事物之间的各种联系就是通过个体的价值活动来实现的。但是，身体之所以进行各项活动，是由于个体之心的主导。心之意而产生动，身体的各项活动，是通过心体与环境的相互感应而使心发出某种意，进而促成其行动的进行。因此，身之动是心的体现者，身如何去动是由心念和心性而决定。而《传习录》中说："仁义礼智是人性的本质，聪明睿智是人性的资质，喜怒哀乐是人性的情感，私欲虚伪是人性的障蔽。"人与生俱来的心性之一就是至善，至善是通过仁义礼智来表现的。孟子曰："尽其心者，知其性也；知其性，则知天矣。存其心，养其性，所以事天也。"尽其心者，知其性也。但是心如何去尽，性如何去知？

心的本体是性，故心需要将性向外延展，扩充成体。而后体用一源，回归心体，将本体显现。心之体即是理，心之用便是物，而那些理是尽心后方可显现，尽心就是个体在社会生活中将心体的本源、本质、资质、情感适时显现，将之障蔽适时拭去，而后方能尽心知性（见图6－1）。

从心中挖掘心体的原本状态和潜在资质，适时释放心体之情感。心性的本质是仁义礼智，它是个体至善的表现。孟子说："仁义礼智非由外铄我也，我固有之也。"孟子认为人皆有仁义礼智之德行，我们在现实生活中应求之、达之，将根植于内心的仁义礼智通过实践生活表达出

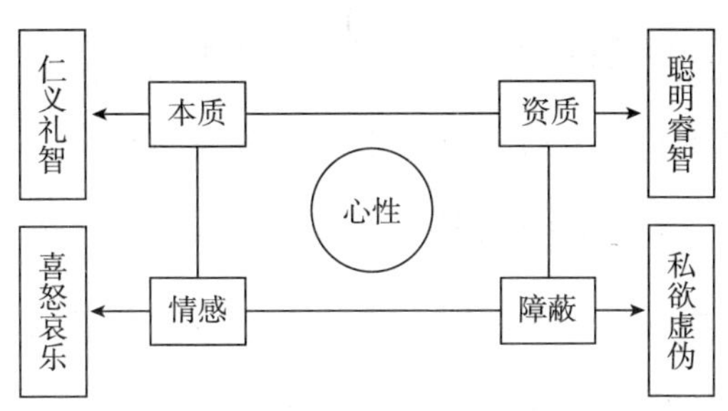


**图 6 -1　尽心知性全景图**

来，从而体现出个体的价值或将个体的存在性通过仁义礼智而显现。仁者，爱也。孔子讲仁是爱人，孟子讲仁是爱民，韩愈认为博爱之谓仁，道家讲慈爱。他们所提出的“仁”的思想，本质上是为了将心体的“仁”发掘出来，并植于意识中，而后时常显现出来。

“义”就是行正当之事，仁至义尽者，为人处世之法也。行义利事，给他人多一份帮助，行雪中送炭之事。羞恶之心，义之端也，疾恶如仇者义也，这是心的本质。同样，礼和智也是我们的本质，礼是我们对待他人的一种态度，与仁互为表里，具体表现在我们对待他人的礼节和礼仪上，同时辞让之心也就是礼。是非之心，智之端也，智是个体的理性知觉；因之而有自己的价值判断和行为准则。

个体通过致心而能回归仁义礼智的本心，通过仁义礼智之行可以回归本心。为仁义礼智之事，致本心之知，让心体达到灵明之境，这是回归心体的途径，而重归心体后个体的心场能量又是极强的，因为重归心体的过程就是影响他人、提升气场的过程。我们在行仁义礼智之事时就是在用本心去做事，本心越明，行为越会受到他人的称赞，同时影响的人也会越来越多，传递的能量也就越多，这就是心力。

董明珠是中国最杰出的企业家之一，在她的心中一直坚守着中国制造之心——为了中华民族的伟大复兴而在复杂的商业环境和重大的利益面前不失本心，她的心是为国的、是为社会的也是为民的。因此，她以社会环境和人民的身体健康为前提，不断地研发新技术，制造新产品，致力于让中国制造走向全球。同时，她也大胆为员工加薪，回归价值，回归本源，让价值回归价值创造的人身上，坚决抵制野蛮人敲门。在她的身上我们看到的是至善之心，是现实社会中难见的本心，私欲极少，个体的心场能量极大，因此在关键的时候，隔壁老王愿意前来帮助。

重归心体就是对自我的全面探知，就是在生活中运用心中的仁义礼智来进行价值活动，重归心体也是看清万物本源的主要途径。因此，分析人员在对某一现象进行分析时，首先锁定某一现象所对应的核心人群；分析现象所产生的原因，就是分析相应人群的心体，探知他的心体在某一特定环境下表现了哪些本质的心体，是仁义礼智中的哪些点，还是受到某一私欲的障蔽而产生的其他行为。

致良知也是一种重归心体的方法，因为良知本是心的本体，是人性之善的另一种表达，致良知就是致心体。

聪明睿智是心性的资质，心性的力量属性和自然的力量属性差不多，都是潜力无穷。心体本来就可以感受自然的一切美好，可以想象出诸多出乎意料的内容，可以创造一切可能的存在，可以解决一切自然留给我们的问题，这个资质潜力无穷；心体如同自然，但是有待发掘，因此说自然是我们的母亲。

人性的资质驱动人性本质的挖掘，人性的本质又促使人性资质的显现，两者相互影响、相互促进。越是回到心之本体的人越能发挥其资质，越是有资质的个体越容易回归到心之本体。无善无恶心之体，心之体的无善无恶的灵明状态是最诚、最原的状态，也是价值的绝对体现。也就是说，价值的绝对呈现就是心体的对外表达。当个体或组织认为某一事物会对个人、家庭、社会存在价值，因此相应的价值产品才能被开发出来，同时有持续的价值需求就会有持续的价值产品。

价值的呈现是心体对外感知的结果，心体的感知属性导致心体有情感属性。心体的喜善嫉恶是个体存在的必要条件，心体因有喜善嫉恶的功夫（善者近，恶者远），所以个体的正常生活才有保障。而这种喜善嫉恶的过程就是个体感知善恶、评判善恶、做出决定的过程。在这个过程中，个体就会产生情感的偏移和积累，在“善”的过程中产生喜乐之感；在“恶”的过程中产生哀怒之情。所以，喜怒哀乐也就成了个体的情感属性。

而就是因为个体的这种情感属性，才会使仁义礼智之行得以扩充，使得私欲虚伪之念得以障蔽。

问题只有在做事的过程中才会发生，解决问题最好的方法就是从根源上解决，不留后遗症，干脆利落。那么，怎么去找到问题的根源？关键在于找准事情发展的逻辑以及推动事情进展的人群，这两者是根源。很多事情无法进展下去，一方面是事情的发展逻辑有误，另一方面是推动事情进展的人不对，即人与事不匹配。

2. 功夫与心力

心之本体原本是明明白白的，原本是灵明至善的，然而由于心体的环境遭遇使得本心被物欲和私念所蒙蔽，逐渐变得昏暗无力。人类只有把蒙蔽本心的那些物欲清除掉，才能显现出心体的巨大力量，就如一个人在静心思考的时候会想出诸多不可思议的内容。

回归心体需要功夫，让内心回归到淳朴的自然状态需要功夫，并且除掉那些私欲更需要功夫，这种功夫其实就是对心体的探知所耗费的时间和精力。阳明先生主张在本体上着力，他主张的本体功夫，强调的是对良知本体的扩充，让良知致于生活的日常实践中，在生活实践中致良知，这是知易行难。因此阳明先生又提出“知行合一”的思想，主张知就是行，行就是知，知行一体，并认为没有行的知不是知。“知行合一”思想是致良知功夫的进一步提升和扩充。

而心力就是我们应用心学力量来处理生活工作中困难的能力，是通过心体的原本状态，加之外界环境的引导使个人综合能力提升，并使个体的价值充分显现的力量。

心力与功夫在某种程度上可以说是一体的，功夫强者，心力强；心力通过功夫得以显现其价值。功夫是一个做功的过程，心力是一个发力做功的过程。例如，在物理学中 W（功）=F（力）×S（距离），做功量有多少，一方面是由发力大小决定的，另一方面是由力作用于某一事物所走的距离决定的，可以说，前者由心力决定，后者由功夫决定。心力足者，不惧万难；心力足者，勇于挑战；心力足者，可排除万难，直至目标有成。心性极高，做事恒坚，故持久力便很强，走过的路也就很长，因此所做的功也就很大。

世间一切事不敢为、为不久、为不成者，皆是心力不强（关于心力的提高之法笔者在第五章将进行详细分析）。世间就是因为有心力强者，故可以开拓文明之盛世，这便是功夫，功夫是心力的体现者。“功夫”一词最早出现在魏晋时期，指在某件事上所花费的时间（即前文公式中的距离，在做功层面做功和时间呈正相关关系）和努力（努力就是心发的力的大小）。而程颐将“穷理”看作“知命尽兴的功夫”。同时“致良知”“事上磨”“集义”“主敬”等在某种意义上都可以称之为功夫，因为这些词可以是一个方法，也可以是一个过程。例如，阳明先生所说的“致良知”既是让个体回归心之本体的方法，也是一个将本体和功夫合而为一的思想，个体需要经过“修炼”或“致”的过程才能显现，这就是功夫。功夫用于商业生活，才可以达到一定的功效，用于商业中的经营管理，可使商业回归本质，减少泡沫，实干兴邦；功夫用于生活中，可使个体回归初心，减少浮躁，踏实做事。

任何愿景的达成都需要功夫和心力。愿景是内心的远方，愿景是心体的灵明。功夫发力处就是愿景的阶段性目标，发力于内，行动于外，而有变化。当今社会是一个巨变的时代，单靠个体之力已较难适应时代的变化，我们必须以合作共赢，共创互惠的思维共存于当下的环境，建立商业文明共同体；让个体在组织中发力，让组织为个体赋能，才是当下的功法；不同的个体融于组织，共建多元价值。让心体与心体之间相互连接，构建心心共存的生命共同体，这是心力的境界。任何一种想法变成现实都需要实践，实践是对自我的负责，也是对心体的释放，是愿景达成的必备条件。

**大多数结果都是心力影响的结果**

大多数问题都是心的问题，大多数结果都是心力影响的结果。

心是万物之源，心力存在的目的之一就是使个体走完从源头到结果的一段路程。在这个过程中，心力给个体持续地赋能，个体才有可能充满激情地利用各种方式完成某一项任务。

1. 大多数问题都是心的问题

心外无物、心外无理是阳明心学的一个观点，理在心中，心俱万理，不管任何事的存在或发生都是心力的存在或发生。心是个体存在的价值本源，心力是个体存在的价值之本。人心万变，难以捉摸，变化多端，有善有恶，而又集喜怒哀乐、悲欢情仇之情，故需要对心力加以引导和克制。人之初，性本善，引导的是善心；人之性恶，其善者伪也，克制的是性恶之心。向善、向恶之心使事物的发展具有曲折性，曲折是因为人心的不统一而导致的，人人有心，人心所处的环境和遭遇又有所不同，故每个人的人心又不同，个人的价值观和格局亦有所不同。种种差异导致各种矛盾的发生，而人心又在各种事件中强化或衰减某种认知。因此，个体的心智、心力、心愿等亦有所不同，就是这种不同导致了事态中一系列问题的发生。也就是说，矛盾的产生是因为：①意见、看法不统一；②行为法则及路线不一致；③共有的文化不协调；④事与能力不匹配；⑤分配机制不合理；⑥奖惩机制不合理等。上述问题都可以归结于外界环境不符合心的愿望或心与心没有感应场相吸引。例如，笔者在第三章提到的企业的心、员工的心、管理层的心、社会的心之间的关系，这些心之间的相互协调、相互统一是企业正常稳步发展的关键。我想要什么，你匹配什么；我期待什么，你实现什么；我苦恼什么，你解决什么；我们的共同属性是什么，共同期望是什么，共同路线是什么等是心作用于某一社会环境而产生的念或意，或进一步形成的感应场。念/意的相匹配或相吻合是使各个个体相吸引的关键，如不匹配或不吻合就会产生矛盾。

一件事情没有按时完成是心力不足，一件产品没有销售好是因为物与心不匹配或人与人不匹配。同样，人与人得以长期和谐相处是因为你的心和我的心长时间相互吸引。一切物质的存在或发展都是为了服务好人心，服务不好便会产生矛盾。我们在行事的过程中经常审视自己的良知，就是为了行为与良知相吻合，减少自我矛盾的发生；也是为了减少与其他个体之间矛盾的发生，毕竟一个向善的心体不容易与他人发生矛盾。

道德行为的是非善恶判断有赖于良知的自知判断，社会的道德规范得以正常实施是因为它符合我们的良知真理。不符合良知本心的事态较容易与他人产生矛盾。一切行为、一切理念、一切规范如果都基于良知，那么社会中的矛盾现象会少很多。

人之欲要么顺从，要么遏制。顺从则要匹配，遏制则要自我澄明。阳明先生提出“心即理”之说，表明心与理是相互衬印的：心正则理正，心明则理明。对理的探知或对心的探知是为了更好地服务人心，心性与理气本为一体，心即理，心即性，性即气，同时对理的探知还要从性出发，而又要迎合于气；气与场相通，至善的场是最大的场，也是最容易获得感应的场。人心向善，是心之本体，心即本体之心，理即本心之理，回归本体就是为了回归本心。由此，依据本心而设定的道德规范或规章制度才是最有效的、最能顺应民愿的。本心的自觉自知即是良知，一切有违本心的认知都是激发矛盾的根源，问心有误，故发矛盾。因此，如果问题或矛盾发生，请不要责他，反求诸己，回归本心，发现问题产生的根源，并从根源处解决问题。

2. 大多数结果都是心力影响的结果

大多数事态的发生始于心，大多数物质的存在都是心力影响的结果；心是事物发生的根源，事物发生成什么形态或物质存在成什么形态都是心力影响的结果。心力有多大就能做多大的事，心力有多强就能做多难的事。那么，心力是怎么影响事的结果的？一般来说，对事的影响要么从事物的本源价值处影响，要么从事物的发展过程中影响，要么从事物的最终价值形态中影响。

①心力对本源价值的影响

心力对本源价值的影响就是个体对事物存在价值的认知和重视程度以及对事物存在的良知化赋能的影响。对事物存在价值的认知程度取决于对相关事物价值的挖掘程度，价值存在于理，对理的探知就是对价值的挖掘。一切文明都是创造的文明，一切价值都是挖掘的价值。例如，一杯水存在价值的认知程度取决于对这杯水的价值挖掘方式和价值的利用方式。若认为水只能解渴，那么便会在渴的时候饮之；若认为水可以浇灌植物，使其进行光合作用，产生氧气，那么当你所处的环境空气质量糟糕的时候，于是便会急切地将之用于浇灌植物，改善空气质量；如果认为这杯水可以电解出氢气，并可用于清洁能源，或用之作为氢气球，可以带来一定的经济效益，回头又可以购买大量的水，于是你会迫不及待地将之进行分解。一杯水只是放在那里，只可供欣赏，若对之进行挖掘则可发现一系列本源价值，价值挖掘的越多，对之的重视程度也会越大，相应的心力也会越大。

心力强则探知理的欲望强，对理的探知越深，对事物的本源价值的认知程度也会越深，其产生的实际效益也会越大。理归于心，心力就是感知万理的能力。心力强，则心对本源价值的体悟能力也会越强。万事万物中，只要心之意发于一物，物便会呈现出其形态。心力作用于一物，物便会呈现其价值，这种价值的最大化呈现还需要将之赋予良知文化，也就是以仁爱、至善之心赋予产品以良能，可以是仁义礼智中的任意一项。例如，小米在产品研发的过程中给粉丝的参与感，江小白的白酒中无形中赋予时尚、青春、文艺等情怀。

对产品赋予良知文化之能，将用户心中的人文情怀激发，用良知之能感召用户，使其心体中的潜在良知被激发出来，在这种情况下，用户较容易产生购买行动。

用心力唤醒良知，用良知引导用户。产品需要被赋予良知，这其中少不了感人肺腑的故事，少不了精益的工匠精神，少不了对用户的人文关怀。这些都是用心感召心，最后又形成心心相连的情感共同体。这是以良知之能，唤醒用户感性的一面。而这个良知之能亦需要用心力去感知、去挖掘、去唤醒。

②心力对事物发展过程的影响

心通过主导个体的身体活动或主导身体完成某一阶段性过程的力量就是心力。心有多强，力就有多大；心有多纯，力就有多久。事物的发展过程中的每一个阶段都是在心力的影响作用下而使过程持续进行下去。人类每时每刻都在进行着各项活动，心力每时每刻都在伴随着个体，使个体能够持续地进行各项价值活动。如若一个人的心力不存在，那么他也就没有存在价值。个体的存在是因为有心力，心力的拥有是为了指导个体进行各项思维活动和身体活动。个体运动的过程就是事物发展的过程。例如，我们在做一个项目时，前期是创意完善阶段，这个阶段主要靠心力驱使大脑的思维活动来使项目具有可行性；第二个阶段是团队组建阶段，这个阶段的主要任务是做到人与事相协调、相统一，具体就是第三章所述的心与事相吻合、心体与事能相吻合等；第三阶段是项目的落地阶段，这个阶段主要看团队中每个个体的执行力，个体的执行力又由个体的心力驱动，心力强，执行力强；最后一阶段是项目的评价与价值分配阶段，该阶段是对每个个体进行价值的评估与分配，最好该阶段是由每个个体主导完成该工作，团队中的每个个体在该阶段既可以反思执行过程，充分了解自己、面对自己，规范自己的行为，提高自己的办事能力等。

心力坚，则事有成。事物的发展过程是由心力主导，那么领导者在操盘项目时，最好以激发个体的心力去促使项目的高效落地，尤其是在艰难的时候越要刻意提高心力。

③心力对事物最终价值形态的影响

事物的最终价值形态是什么，会有多大的价值性，能激起多少人对之的向往或喜欢，有多少人愿意为最终的价值产品而竭力奋斗等都是心力对价值形态影响的结果。心力对某一事物价值形态的影响可以从心对该物的图腾、构想和最终的价值效应来确定最终的价值形态，在这个过程中，心最好以利他、共赢和向善的方式完成对事物价值形态的构想、规划和影响效应。例如，在对某一水杯的价值形态构思中，我们既希望它有美观的外形，也希望它能有判断我们每天饮水量是否合理的智能化属性，更希望通过饮用经该水杯处理过的水，可使我们同时摄入人体所需的微量元素等。在该形态的价值规划中，我们希望该水杯问世后的一年内能够影响多少人、两年内能够影响多少人等，价值形态的影响效应可以是人们通过使用该形态的产品，可以使其减少肺癌或肝癌的发生，使人们健康生活。这是心的愿景，也是良知的感召，更是对心的关怀。

心力对事物最终价值形态的影响，看的是心的格局、心的视角、心的纯善、心的使命等，这些都是心体的境界，需要通过长期的修炼获得，而最终获得的是心力的提升；心力的提升反过来又影响个体对事物最终价值形态的判断，是良性循环。每个人（尤其是企业领导者）特别需要通过“致良知”和“知行合一”之行来提升自己的心体境界，升华人格，提高心力，创造价值。

笔者认为心力是个体存在价值之本，个体可以长期存在于自然生态中是因为其有发现价值、创造价值的能力。发现价值是个体的本源能力，毕竟只要人类存在就会有价值需求，价值需求是通过所视、所听、所言、所动、所感体现出来的。马斯洛对人类的价值需求层级做出了详细的阐明，笔者在第三章也做了简单的分析。总的来说，“生理需求”、“安全需求”、“爱和归属需求”以及“尊重需求”是人类的基本需求，“认知需求”、“审美需求”和“自我实现需求”是人类的高级需求，这种需求的增长具有无限性，可增长，可递增。需求层级越低，其表现形式会越具体、越稳定、越容易被满足；层级越高，需求越抽象、越多变、越难以被满足。而马斯洛将上述层级需求的个体价值活动称为“自我实现人”，个体的活动又受心力指引，主要目的是为了满足个体的价值需求。

心力为了满足个体的价值需求就会指导个体进行价值创造活动，当价值创造过程由团体协作完成时，又会产生价值评价与价值分配过程。

如此，就构成了从价值需求、价值创造、价值评价到价值分配以及价值实现的价值创造链条。价值链条的顺利完成就是价值需求与价值创造的平衡过程。而这种平衡得以实现的内在动力就是心力，心力追求价值平衡而使个体可以正常生存。当价值创造与价值需求相匹配时，价值链条就得到统一，心力价值就得到平衡，整个价值创造系统也就处于平衡状态（见图6－2）。当价值需求与价值创造不匹配时，价值创造能力不足，价值需求得不到满足，此时个体的心力就会增强，促使价值链条或价值系统得到统一。

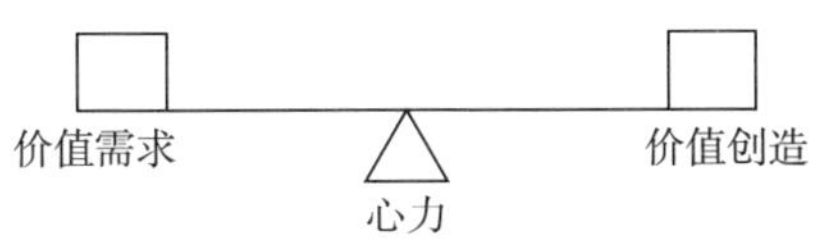


**图6－2　价值平衡内在逻辑**

## 二、价值需求和价值创造是商业进化的基础

商业之所以可以进化是因为个体的某种价值需求得到了普遍的满足，人类的价值需求可以得到满足是因为其具有价值创造能力。这种能力的获得或提升都是由心力产生或提升所致。商业得以发展、社会得以进步，主要归功于个体的价值需求得以发掘并满足。

价值发掘是“自我实现人”的基本属性，价值创造是“自我实现人”的基本能力。人类因为有价值创造的能力而使个体得以生存。通常来说，个体生存的好坏可以衡量出其价值创造能力的强弱，个体的价值创造能力越强，其生活状态一般也会比较好。在社会生态中，价值创造通常由公司或组织协力完成，而公司的诞生就是为了更好地完成价值创造活动，进而满足人类不断变化的需求。

人性和人欲决定个体始终在追求新的价值需求，而新的价值需求得到满足就会产生新的价值形态，新的价值形态得以普遍实现时，一个进化过程就得以完成。人类社会的不断进步就是因为人类的价值需求（欲望）不断地被释放和满足，人性特征就是在价值需求的指引下构成的，价值需求的复杂递增变化促成了人类社会进化历程的形成（见图6－3）。

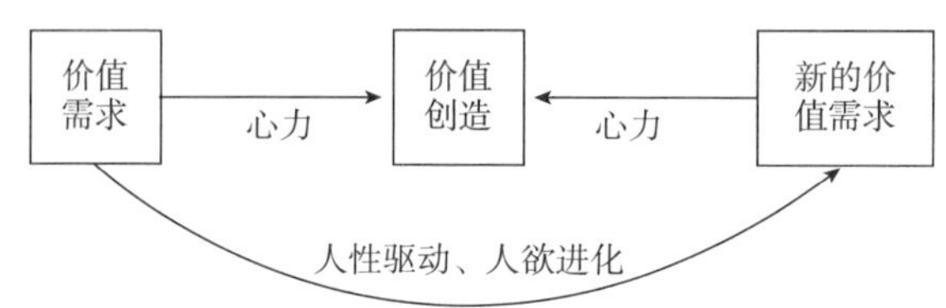


**图6－3　人性驱动的进化逻辑**

笔者认为心力的存在使个体有能力发现某物具有存在价值，进而让这种价值服务于人心，满足人类的生存和发展需求。假若个体不知道什么东西可以被我使用、什么东西会对我造成威胁，那么人类会很快消亡于世界。因此，个体的价值需求是受到心力指引，心力可以判断出个体在什么环境下有什么类型的价值需求，进而通过相关的价值创造活动满足价值需求。当价值需求得到普遍满足后，就会形成一种社会形态，在这种价值形态下，个体或组织又会按照心性以及环境刺激下的心欲追求新的价值需求。新的价值需求得到普遍满足后，就会形成新的社会形态，于是一个进化过程就顺利完成。因此，人类经济社会发展的历程与个体的人性特征的演变规律一致。

但是，新的价值需求得到满足靠的是相关的价值创造得以实现，若人类的价值需求得不到满足，下一个进化阶段就无法顺利完成。因此，一个时段的价值创造能力的强弱决定了这个时段的进化会持续多久。例如：农业社会人类的价值创造能力普遍低下，因此这个阶段持续了数千年；工业社会生产力相对较高，持续的时间就比较短。企业的发展也一样，企业要想在转型期快速完成进化，要么改变自身的价值创造能力适应时代的发展需要；要么改变价值形态的呈现形态，使其满足环境变化，又符合价值创造的能力。

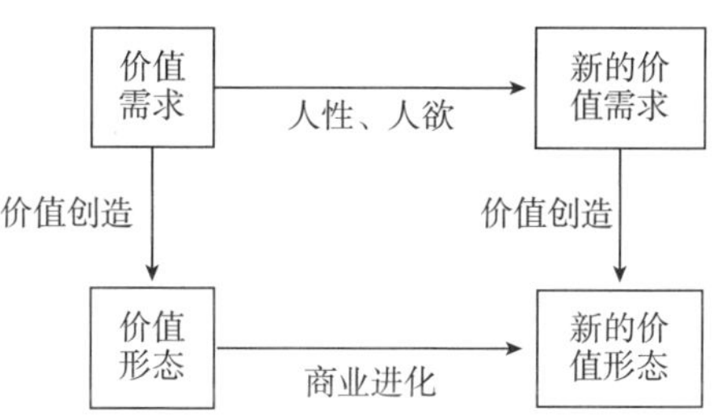


**图6－4　人性驱动的进化逻辑**

心力促使价值创造与价值需求得到统一或平衡，因此进化不止。企业的发展就是整体成员心力促进的结果，心力促使价值平衡，但最终的结果还是由价值创造的能力决定。个体的价值创造能力越强，其适应环境变化的能力也就越强，个体与环境越容易达到协调平衡。企业的价值创造能力是不同个体价值创造能力的总和，因此企业发展的关键是发展团队的价值创造能力，企业进化的基础是其价值创造能力的不断提高，当价值创造能力突破时，企业的形态也就进化了。

能力特征由需求决定，市场又刺激需求的产生。目前市场生态多变，需求易变，多变的需求是由人性和人欲的复杂性导致的，而多变的需求本质上是人心的多变。在农业时期，人类的价值活动主要是为了满足其生理需求和安全需求，那时人类的价值需求层级低，价值创造形态简单，人类的生存绝大程度上依赖于自然资源，价值创造主体拥有的资源（包括土地、矿产、森林等）越多，其价值创造能力越强，所获得的财富资源也就越多。这一时期推动商业进化的主要力量是不断提高的价值需求与相对落后的价值创造能力之间的落差。也就是说，当价值需求与价值创造形成落差或不平衡时，就会在商业环境中形成一种势能推动两者的平衡，这种势能是外在市场生态中存在的势能与内在的心力驱动，进化就是由内在心力和外在市场生态势能的双重作用下形成的。

在传统的农业时代到工业时代都是价值需求先于价值创造，那时的价值创造能力跟不上市场需求，企业的重点工作是提高价值创造能力，获取优质资源，汇聚精英团队，吸引优秀的职业经理人，满足市场的底层价值需求，提高资本的获益能力或股东收益。

在信息化时代，市场的底层显性缺失需求基本被满足，那些较高的、隐性需求（如认知需求、审美需求，自我实现需求等）慢慢地被具有高价值创造能力的企业挖掘并满足。此时，价值创造能力高于价值需求，企业就需要洞察消费者的需求，做出符合需求的产品。

在低层级需求满足的过程中，心力在外在环境的压力下而变强，强的心力促使个人提高自己的生存能力和价值再创造能力，并得以在艰难的环境中生存下来。当需求由低层级向高层级转变的过程中，个体的需求动机变得模糊分散、不强烈，在这种情况下心力羸弱，企业只有引诱和激发才能使用户、员工以及管理层的心力增强，就如笔者前文所述的激活人心、运用人心、管理人欲思想去做企业的经营管理。

信息时代，消费需求变得模糊，很多时候消费者不知道自己想要什么。因此，企业需要利用大数据技术挖掘消费者的潜在需求，并且需要以用户为中心，真心实意地服务用户，让其在平台上留下数据，而后想用户所想，解用户所难，找准企业的价值创造方向。但是如何解用户所难？当然是得知道用户的所需和所求了。用户需求主导市场结构的变迁。随着市场经济的发展，我国已明显形成高收入层和低收入层的两极化较为严重的差距，在市场需求细分化、生活方式多元化、场景连接多样化等形态下，就需要企业充分利用现代化科学管理技术（如大数据、云计算、物联网等）获悉或挖掘用户的潜在需求或底层需求，以此知心，进而开展相应的价值活动。

市场的变化总会刺激新的需求的产生，新的需求特征和新的市场结构会出现新的供应模式，就如今年营销界大谈特谈的“新零售”，在消费升级的大环境下，新零售只是应对多变市场环境的一种业态，消费升级的本质是需求和体验的升级。换言之，新零售的主要任务是用新型零售方式解决消费者升级的需求和体验，任何一项产品或服务的诞生都是为了服务人心，满足人欲，线上、线下融合的主要目的也是为了完成该任务，更好地服务人心。企业以线上、线下融合性思维，多场景、多终端、多应用捕捉目标消费群体的消费需求，并以场景供应、终端供应或应用供应等方式给消费者提供线上线下同价、高品质的专业化产品。如此，则可满足消费者线上消费便捷之需或线下消费场景体验所带来的愉悦之需。

## 三、技术进化决定商业进化的形态

“物竞天择，适者生存”，其一直是自然界中各个物种的生存法则。企业也是商业环境中的一个物种，企业的发展迎合市场环境是企业生存的不变之理。

农业时代，市场形态比较单一，市场中多数是手工作坊的形式，采用的是集中式交易管理。18 世纪 60 年代，英国爆发了第一次工业革命，蒸汽机的广泛使用使人类进入了大机器工业时代。此时市场形态变得多样，西方资本主义形态开始出现，企业股权集中化和股东价值最大化的企业形态开始在西方世界迅速蔓延。在 19 世纪 70 年代左右，西方爆发了第二次工业革命，人类开始进入了电气时代，发电机开始广泛应用，人类的生活方式变得多姿多彩，个体（组织）的价值创造能力不断提升，此时企业开始有能力大规模生产标准化产品，该市场形态中，企业在管理过程中出现了职能化分工形态，少数精英群体对企业的发展起着关键性作用，精英团队较强的价值创造能力和领导力促进企业向前发展。20 世纪 60 年代，西方爆发了第三次工业革命，计算机技术的广泛应用使人类进入了信息时代，信息时代使人与人之间的距离更加近了，使商品流通速度加快了，人类接触信息变得容易。此时，商业形态中客户变成了企业经营的核心，虚拟经济开始迅速蔓延。

每一个时代都有一个标志性的技术，每一个技术的产生都极大地解放了个体的劳动力，提高了整个社会的生产能力。由青铜时代的手工器件到工业时代的大机器和动力机器，再到计算机时代的互联网技术，都在不断地满足个人的缺失需求，并且极大地使这种缺失需求被高效地、完美地满足。

每一个技术产生后都将会持续很长时间，一方面接受市场的检验；另一方面当某种需求大受欢迎时，开始被广泛地流传，并持续很长时间。换言之，技术从萌芽状态到成熟状态需要一段时间，并且使技术广泛应用于工作生活中，也需要时间。在这个阶段，人类的生活形态和商业形态都受到该技术的影响。技术的产生总是迎合人性，符合人心，这是技术从业人员心力探求的结果。目前的直播技术也好，人工智能技术也好，无不在催生着一种新的商业形态。技术引导着一种生活方式，技术的进化是人类社会进化的主要组成部分，技术的产生也一定以环境现状为依托，以更好地解决生活中的某一显性或隐性问题。技术（产品）也要经受市场环境和市场竞争的选择，不适应的则被淘汰或被边缘化。在暂留的技术中还要不断地进行优化和渐变，以满足不断变化的市场环境。一个国家的技术水平决定着其生产力水平，中国制定“中国制造

2025”战略，就是重视技术的发展。在目前的信息化时代和国家重大机遇面前，技术是国之根，是企业之根。比如，美国一度以技术的先进性引领时代。我国的强国战略亦需要重视技术的研发和投入，技术强则国强，技术多样，则社会多样；技术引领商业的进化形态，对未来社会形态的探索需要从技术入手。因此笔者非常赞赏任正非、董明珠等企业家愿意花费大量资源开发新技术发展中国制造，这是在实施技术强国战略，是国之幸事。

技术的进化动力是心力影响，进化的结果是丰富人类的生活，进化的本源是人性的驱动。原始技术的产生是为了解放劳动力，以机械代替体力，工业革命的技术更加精细化、标准化，这种进化符合进化的规律：由简单到复杂、由低级到高级。

大多数结果都是心力影响的结果；任何一个新技术的产生都是心力影响的结果，因为可以改变生活（商业）形态；心力诉求在前，心力追求在后，探索和研究都是心力驱使，心力强则劳动成果丰富，改变是心力增强的结果。但是任何一个大的改变一定依托于技术，技术进化的未来取决于人类到底想要什么样的生活。但是从大势上看，当今世界全球化、信息化、智能化、生态化的发展大势，开发智能化技术，用于人类的健康生活和生态环境的保护与预测以及清洁能源的开发上，改善人类的健康与环境污染，并借助于智能化技术，满足人类浅层的、高级的个性化价值需求。当然，在商业的发展过程中，企业也可以利用技术改善已有产品，优化企业的生产结构和管理结构。在信息化时代，企业依托于技术进行创新，以先进的思想理念为中心，以技术创新为依托，加快发展新兴产业，促进企业与新经济实现融合，实现转型。

技术的发展必须以人类的健康发展为前提，以技术谋幸福；运用技术解决人类目前遇到的棘手问题，切勿以技术或应用技术去做有违道德、有违良知的事。因此，技术的进化与开发必须符合道德要求，尊重客观规律，以至善之心，开发新技术和新产品，推进科学精神与人文精神的融合。人类社会的未来必须走生态化发展之路，拥有生态化思维，制定生态化发展战略，实现人类社会的科学化与可持续发展。

# 第七章　推动商业进化的内在要素

商业文明的形成是商业进化的结果，每一次大的进化都将带来一次社会的进步，这归功于一部分勇于挑战、敢于探索的强心力人群。在人参与的自然生态中，有各个物种、各类组织、各种生态，生态中有各类组织，组织由个体构成，研究商业进化就需要从这三个方面着手。

## 一、心力推动进化的形成

心若有，力就存；心力驱使人类的各项价值活动（包括心力诉求、心力行动、心力良知良能、心力改变等）；价值源于心，心力有追求价值而获得生存或成长的本能。人类的每一次进化都是心力增强所致，心力是个体的本源价值，心力强则个体强。心力又是催动万物生长进化的主要力量，心力若存，生长进化不止。

在进化的过程中，个体的能量由心力提供，组织的能量由多个个体提供，生态的能量最大，一方面由多个组织提供，另一方面由自然赋予。反之，生态有自然赋予的能量，力量甚强，其可以为组织赋能，也可以为个体赋能，当然组织也可以为个体赋能。

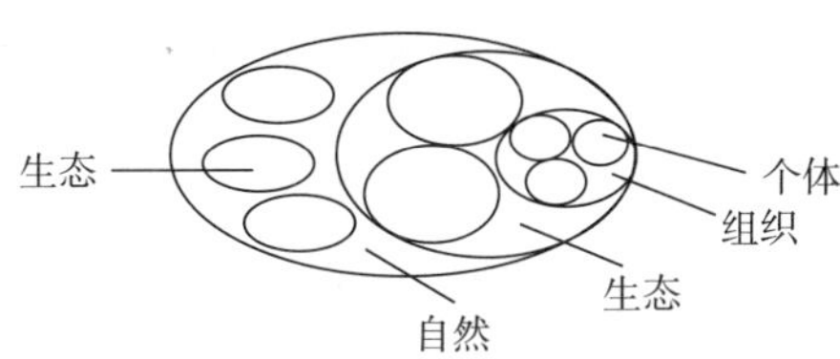


**图7－1　生态、组织、个体之间的关系**

能量提供进化的动力，在商业生态中，商业生态的能量绝大多数是由组织赋予，组织能量由个体提供。比如，淘宝是一个小生态，淘宝店是各个组织，客户是个体。各个组织的有机结合构成了小生态，在这个小生态中，各个组织的活力决定了小生态的活力，组织中各个个体的活力决定了组织是否有生产力，个体的活力由心力决定。反之，小生态又可以孵化组织的成长，组织又可以培养出个体的成长。因此，生态、组织、个体之间是相互影响、相互促进的协同关系。一般情况下，生态、组织、个体之间处于平衡状态，三者中任何一个发展过快或过慢时，都会存在失衡，发展过快就是进化，但是符合变化的规律和节奏的发展才是科学发展。为了使三者趋于平衡，组织或个体产生进化的动力，心力又追求这种平衡，故进化得以形成。

生物进化的法则是：物竞天择，适者生存。这说明组织或个体生存的原理由两方面构成：其一，个体或组织要想生存就不得不参与竞争，提高组织或个体的价值创造能力是其竞争获胜的根本，竞争的本质是心力强弱的竞争，心力强者容易获胜。其二，组织或个体必须有能力准确地洞察商业环境的现状以及演变方向，然后按照环境的要求进行改变。改变的方向准确就是进化，方向错误就是退化。这种洞察与改变皆受心力的影响，心纯、心真，以心之本体去观察万物形态，往往会观察得很清晰，很容易抓住事态发展的本质。而且改变亦是心力增强的结果，改变也是对传统的挑战，改变是对现状的不满或批判，个体的心场能量与环境不符时就会形成不满或不协调，于是心力就会引导个体进行符合心志或心愿的价值活动，改变也就自然形成。

## 二、心力对个体认知事物和行为结果的影响

心力是个体最本源的力量，生生不息，心力若有，进化不止。毛泽东亦云；“世界、宇宙乃至万物皆为心力所驱使。博古观今，尤知人类之所以为世间万物之灵长，实为天地间最致力于进化者也。”世间万物进化皆由心力驱使，要么是个体的自我心力驱使，要么是他人的鞭策力量或他人的心志力量驱使。中华民族从农业时代到现在的信息时代，一直处于动态的进化之中，每一阶段都是一个长久的积累过程，开始时基本都处于泡沫增长鼓吹阶段，而后又迎来一段时间的沉静和思考，再到最后的沉淀渗透，最后趋于平稳。这个过程是每个时代的基本现状。本质上归因于人类对新兴事物的好奇、吹捧到实践后的再认知与看懂。例如，互联网进入中国后，经过马云、雷军、周鸿祎等人的吹捧后，大多数创业者都选择互联网创业之路，很多企业也开始转型为互联网企业，

由此是带来了互联网经济泡沫。但是随着实践的沉淀后人们发现，很多互联网企业的发展状况并不怎么乐观，资本迎来了寒冬，很多互联网企业又纷纷转向实体企业，与实体企业相互融合，于是便有了虚实经济融合期。在这个过程中，很多人终于明白了实体企业是国家的根，互联网只是工具而已。

上述过程是一个变革进化的过程，新事物为什么会有如此大的吸引力，让大家一窝蜂地“闯”进去？旧经济为什么会受到冲击？这种变革的内在原因是什么？互联网到来后又带动了什么样的商业文明？如此等等，都是每个进化阶段必须面临的问题。

每一次进化都是对人心的释放或满足，进化的过程中，人类赖以生存的技术基础、社会形态和上层建筑等都在经历着一场伟大的重塑，旧有的体制、思想、规则和价值观等都在演化成熟，新的商业文明正在形成。这种文明代表的是一次效率的提升、需求的满足、个体的解放、资源的合理化利用等，是一种公平、开放、和谐、共创、共赢的文明，是每个人心中的向往，是符合人性的文明，只是这种文明切勿造成盲目的、不符合规律和常识的状态。比如，在社会生活中，虚拟经济不可能脱离实体经济而长期存在；互联网不会解决好吃、好用的问题，只会使商品呈现更多、购物更便捷、生产周期和生产成本更低、促进个性化需求得到满足、运营模式变轻、信息传递方式改变等。

物竞天择，适者生存。心力就是一种求生、求存、求更好的发展心，稳步不前的安逸心态只是心，心力必须是一种敢于突破现状、自我挑战的革新之态。因此心力必须增强，于是变化就自然产生。拉马克讲：“在自然界的生物中存在着由简单到复杂的一系列等级，生物本身存在着一种内在的‘意志力量’驱动着生物由低的等级到较高的等级发展变化。”笔者认为这种“意志力量”就是“心力”，意志源于心，力量亦由心影响，意志力量就是心力的力量，这种心力的存在使个体可以成长，使万物得以改变。

当心力成了人类价值存在的属性，变化就成了常态。大多数变化都是心力增强引起的，人之力莫大于心，因而人类就可以主宰社会中的大多数变化，进而引领着社会的进步。社会变化了，环境改变了，因此便有了自然的选择，自然选择的外在力量又驱动其他物种的进化。因为这种循环进化的过程，构成了社会生态生生不息之状。

因此，自然选择是驱动进化的外力，心力的自我变革是进化的内力。那么，这种内力具体是如何催动进化的呢？

1. 心即理是进化的根本力量

心知万理，现实生活中的“理”总是被有限地表达。当现实生活中的“理”不能使个体心欲得到不同程度的显现的时候，人类就会探知新的理，而新的理一旦探知出来，就会迎来一场新旧思想、体制、模式、形态等的变革和转化。而进化的关键便是对某一时期现状的洞察以及对这一时期人类共同愿求的探知。变革一定有原因，要么是对某一现状的不满或有更好的发展愿景，要么是现有环境压力使我们不得不变革。而这种变革必然会面临创新，创新是变革的基础。那么，怎么创新才会更迎合用户？这就需要体察相应群体的需求，需求是心的外在表达，对心的仔细探知就是对理的深入探知。需求分析者特别需要对相关群体之心的深入洞察，可以将自己融入相关群体，感悟他们的生活状态和生活痛点，也可以根据他们的外在表现来体察他们的行为动机等。

毕竟，人心万变，但人性不变。人心之上是人性，每个人总是按心行事，按性思考。人性中有善良、热情、忠诚、宽恕、忍耐、坚强、懒惰、情色、欲望、懒惰、憎恨等，每个个体都是将上述人性在某一环境中选择性表达，有的人显现了其中一个方面，有的人显现了其中的多个方面，没有显现的只是没有表达，在条件适宜的时候终究可以被表达出来。人之所以复杂，社会之所以缤纷，就是每个人显现的不一样。而这些内容的表达就是通过个体的视听言动表现出来的。

而理就是按心和性行事或说话的路径，进化总是沿着这些路径进行。理在不同环境下所存在的形式一般不一样，因此需要先审视环境，而后根据环境研究相应的心的形态，如相应的心愿、心智、心境等。对新理的探知就需要从这些方面入手。理知则价值形态明，当然该理还需要经过实践检验。如此，进化之路知矣。

2. 知行合一是进化的主要推动力

在相应环境下，明白相应的理后，也就明白了进化的路径，但是实践后得出的理论与实践前探知的理总会有所差别，这种现象在所难免，毕竟每个人心中的各要素的能力终会有所不同：有的人修炼的时间长，看得准，找得准；有的人资质稍微差了些，与最终的实践结果难免有所不同。那么，在这种情况下，践行者就需要运用即行即知、即知即行的知行合一的方法对理进行实践、纠偏、强化，毕竟有利于生活实践的理才是真理。

进化的实现就需要“知行合一”的思想去推动，在行动中求知，在求知中进化，以发展的眼光推动进化的进行。例如，从电气时代到信息时代的进化路程中，社会中需要一部分远见超强的人去探知未来的进化之路，也需要踏实肯干的企业家来对理进行实践与强化，最后形成一套完整的思想体系和方法论来推动其他企业的进化和发展。对真理的探知就需要知行合一的企业家群体，他们不仅有较强的学习力和思考力，也要有较强的行动力。这种能力使其能够较快地适应多变的市场环境，并为新市场开辟道路。行动后形成的方法总结就是真理，中华民族的伟大复兴就需要真理的力量去推动。因此“知行合一”思想就显得特别重要。

3. 致良知为进化方向指明道路

看清大势，把握大势，不仅需要心即理的思想去探知明理，更需要“致良知”思想回归本心，回归常识，而不虚盲费力前行。致良知，致的是心，行的是道，这个道就是真理，就是回归本心，回归常识的方法论，是一种切合实际的真知实干，不虚华，不盲目。致良知让行为更合实际，让思想更富有爱，因为致良知致出的是善，行出的是造福社会，造福民众的美德。

进化路上因为有良知相伴，所以在遇到各种艰难险阻的时候能够毅然地坚持前进；进化路上因为有良知相伴，所以更多的人愿意加入这条康庄大道，凝聚人心，奋力前行。因为良知赋予你的是一种信念的力量，更赋予你的是一种良能的影响力。柴静的《穹顶之下》真实地反映了一个家庭在雾霾影响下的生活状态以及对雾霾现状的真实反映。这里有她对美好的、纯净的生活的向往，有对现实生活雾霾的憎恶，有对人类未来生活的担忧……这部用良知完成的纪录片影响着千万人，唤醒了人民的良知，表达了大多数人的担忧，感召了无数民众，使其规范了行为，这是良能的力量，这个力量使中国企业家开发并传递清洁能源，走向了科技环保之路，这是良知为他们指明的方向，这个方向是为民利民的，使他们有了坚持的良能。

以上心学中的“心即理”、“知行合一”“致良知”就是进化的内在推动力，这种力量是本源力量；外力（自然环境、社会环境、人文环境）也是为了激发内力的产生或为了强化内力，以内力行不变之理，则进化之路永不倒。

## 三、个体进化的内在逻辑

在生物界中，各个物种的进化基本是通过两种方式进行：一种是渐进式进化，即由一种状态逐渐发展演变为另一种状态，状态的改变意味着原有种群的改变；另一种是爆发式的进化，这种进化是新的类型种群迅速取代原来的类型或类群。通常情况下，个体一般进行渐进式进化，一方面个体的渐进式进化受环境选择的作用，另一方面受个人的心力驱动。

毕竟，环境无时无刻不在发生着变化，个体只有顺应环境方可长久生存，同时个体的生存方式也受到环境的影响，生存状态是否良好在于其对环境的视察是否准确、深刻。环境影响个人的意识以及思维方式，而“心即理”的心学思想有助于个体更好地视察环境和个体本身，是对个体的全面了解及未来发展方向的全面把握，是对个体心力增强方法的一次探知。“心即理”是进化的根本力量，个体只有明进化方向和进化方法才能有效地完成一次适宜环境的转变。

个体的进化受心力驱动的另一个原因是进化总是顺着心性和个体的价值需求方向发展。心性表达在个体的行为习惯中，并总是由个体的欲望指引着其前进的方向。性和欲都是理，都是由心所发作用于个体后而促成的心力活动。明心明理，按照理的方向进化，就是心体想要的结果。

个体的进化还受到“致良知”的影响，致良知致的是心之本体，致出的是最真切的自己，致出的是良知良能，真真切切，明明白白。以良知行进化路，走向的是开放、协同、共赢、有爱、诚信的繁荣路，可以这种良能开辟世界发展之路，打造全球贸易经济强国，实现中华民族的伟大复兴。

上述“心即理”和“致良知”的心学方法引导个体的进化是“静”的进化方式，这种进化方式是一种内求内知，向心寻理、寻力，以心力促进化，静中求动，理不动，欲动，动中求静。阳明先生讲：“循理则虽酬酢万变，而未尝动也；从欲则虽槁心一念，而未尝静也。”（《传习录·中卷·答陆原静书（二）》）按照理的原理行事，则虽事态万变但根基不变，自然有应对之法。只要时间存在，只要个体的欲望存在，就总有各种想象的产生和新旧的转化；个体与群体或个体与环境之间的矛盾使现象得到深化，但是在万千现象中亦存在变与不变之法，一般本质性的、符合“理”的内容基本很难改变，变的只是用本质属性和“理”的原理解决问题的思维和方法。旧的是本质，是根本，不可失，不易变；新的是方法和思维，条件和环境不同，方法和思维就有变。个体或组织进化的关键是找到本质，寻求新的方法和思维。

“静”的是不变的属性，“动”的是变的属性。其实，万物本无动与静，有了欲念，也就有了动静。个体的进化就是静中求理，动中求变。

“动中求变”之法就是“知行合一”之法。“知行合一”也是个体进化的一种强大的力量，这种力量用到个体的进化与发展可操性特强。

图7-2为“知行合一”的渐进式进化图，讲求的是在知中行，在行中求新知，在新知中求新行，如此不断往复直至事有所成。这种从旧知到新知，从旧行到新行的变化之路就是“知行合一”的进化之路，是一种“动”的进化形式。这种方法尤其适合于企业内所有人员的行事与企业的发展，企业完全可以将之作为企业文化，毕竟多变的环境

中，各种新思维、新方法、新模式等不断产生，企业只有运用该方法才能在该环境下渐行渐知，通过该方法企业可以及时地了解商业环境的现状，并做出合理的、符合环境的策略。

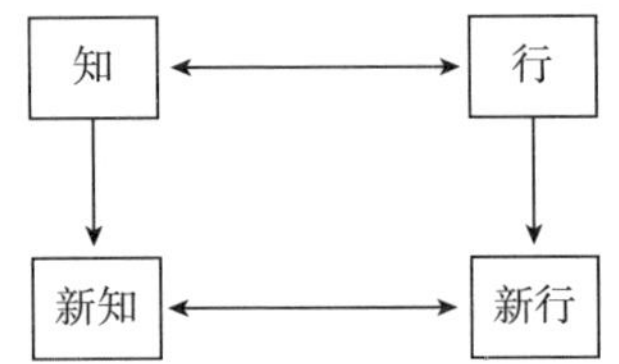


**图7－2　“知行合一”的渐进式进化**

当然，如果使用“动静结合”的生存进化方法（见图7－3），则虽诸事万变亦不会惊慌失措而不知所为。

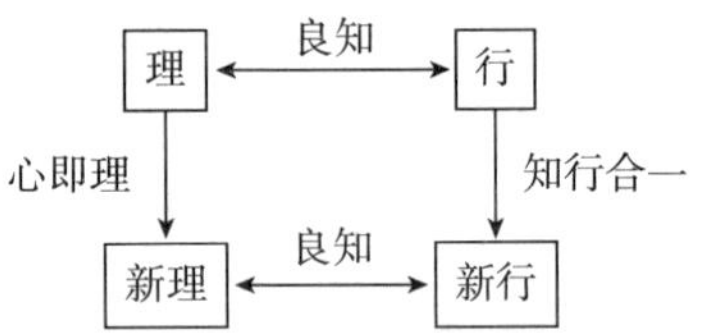


**图7－3　“动静结合”的进化**

科学发展，按理行事，理是心中的理，是符合现实客观规律的理，是在良知的基础上而得到的理。比如，张小龙的“让用户用完即走”的理念，就是符合良知的理念，不占用用户过多的时间，不绑架用户。如果理是良知的理，那么按理行出的事也就是按良知行出的事。只是个体在生活实践的过程中容易受到外在环境的诱惑和干扰，心难免会有所蒙蔽。故在行中亦需不忘致良知，按理而行即是动，动后的反悟理而得新理即是静，从新理到新行即是进化。从理到新理的探知过程亦需要应用“心即理”的心学方法，使理回归心体，回归本源，不偏不倚，高效认知。按照此法得到的新理才是真理，这种理是符合用户诉求的理，是私欲很少的理，是充满奉献、关爱和诚信的理，是开放、合作、共赢的理。而后按照新理行事即是新行，在新行中不忘良知，规范自我，走向最终的那个美好的愿景之路。从旧行到新行也是进化，这种进化是“动静结合”的进化，是从新理到新行的一体化的进化，同知同行。

从行到新行靠的是“知行合一”的认知理念，中间经历了行与知，亦经历了反思，故为“动静结合”。笔者在前面提到进化分为渐进式进化和爆发式进化，其中：渐进式进化就是渐行渐知、渐知渐行，不断摸索，不断前进的进化；爆发式进化就是新理较旧理（或新知到旧知）的跨越性比较大，颠覆性强。比如，如乔布斯对手机重新定义后而推出的苹果手机，此举对传统手机的打击性甚强，因为这种新理提出是以人性为基础的、以用户为中心的、以用户的体验为核心的新时代手机的认知理念。新理的提出最好以使用者的心理诉求为基准，从心出发，以使用者的心性、心愿、心智等为起点而对产品进行设计。

“动静结合”的进化方式的每一次进化都是认知的一次提升，也是个人修为或思想境界的一次提升。我们之所以认为环境变化快，根本原因在于我们的认知没有跟得上环境的变化。这种“动静结合”的进化方式可以使我们较快地融入环境，认知环境现状，并采用合理的方式应对之。

在很大程度上，商业的进化本质上还是个体的进化，个体进化后推动了商业的进化。商业进化的内驱动力还是个体，个体“知”的升级和“行”的影响，驱动个体的进化，个体以心力求进化，则奋斗不止，进化不停。

## 四、心力是个体认知事物之源

无善无恶心之体，心体本是纯洁无瑕，又如明亮的镜子一般，心体是至善的，但是人类为什么要去致良知，要去格物，因个体置于红尘世俗之中，其流行发用不免受到习俗、环境、境遇等因素的影响。在这个过程中，人类从最终的无善无恶慢慢地变成了有善有恶。这个过程就是心体的认知过程。

世间每个个体都是独一无二的，他的心体也是独一无二的，我们在与素不相识的其他个体初次见面时，面对的都是无善无恶的心体，只有两者进一步进行观察和沟通时，意念才会发掘对方是善是恶。不同的个体看待同一件事物所产生的善恶判断也是不同的，这个善恶的标准仅是以自身的流行发用为标准，是我们强加于事物身上的价值判断。阳明先生说：“心之体，以天地万物感应之是非为体。”心并不是真的无“体”，“体”的存在是感应后的存在，在阳明先生那里，感应是以良知为基础而进行的价值判断的感应。这个良知就是我们认知事物的标准，而心力就是个体可以显现良知良能的本源力量。也就是说，个体可以认知事物就是因为其具有良知良能，而这个良知良能是通过心力实现的。

阳明先生认为：“良知只是个是非之心。是非只是个好恶；只好恶就尽了是非，只是非就尽了万事万变。”世间万物本没有是非，有了判断是非的能力也就有了是非，是非的判断由心力影响。万事万变的事态中在一定程度上是由每个个体的心力差异而造成的，于是各个事物的发展程度亦有所不同，人与人之间的差别本质上是心力与心力之间的差别，心力强者，认知事物的深度和广度亦比较大，其精神境界一般也高于常人，解决问题、创造价值的能力亦比较强。

认知事物是一个由现象到本质的过程，人们获得认知或应用知识的过程是一个由心力主导的感觉与知觉的过程。即每个个体不会凭空对一件事做出感觉或知觉的判断，心之本能属性驱动视听言动作用于一物而对该物做出仅属于自己的判断。个体在不同的环境下，认知事物的深浅亦有所不同，本质上是该个体在特定环境下所表现的心力有所不同罢了。例如，我们在极其饥饿的情况下对树皮的认知比在“温室”里对树皮的认知程度就高，饥饿情况下个体为了生存就会尽最大的能力去了解树皮的是否可以吃，用什么方法可以吃等，而在酒足饭饱的情况下我们可能会对树皮视而不见，或仅是看看罢了。实际上，造成两者认知差异的原因就是我们在不同环境或条件下心力的不同。

心力也有发现某个事物具有存在价值的力量，这种力量也是个体认知事物的力量。任何一个个体可以长期存在的主要原因是因为他符合良知德性而存在（从个体的精神角度来说），这是良知赋予个体的精神存在。我们在做一件事后，它能够产生多大的影响，主要看它是否符合良知德性，因为符合良知的事具有较强的感召力和影响力。

人类越文明，其认知事物的能力也就越强，相应的心力也要求更高。最初，人类因为有八卦占卜能力而开启了初始的认知革命；农业革命后人类有了宗教、地位、金钱等的认知，从而欲望增强，德性渐现……每一次变革，其实都是认知能力的增强，认知能力的增强，本质上是心力的增强。人类相信什么事物能够对之产生价值，就会花费精力研发某一事物，研发的过程其实就是认知增强的过程。因为相信、因为向往、因为欲望、因为愿意，所以心力就会增强，心力增强伴随的就是人类认知能力的提高。

创业者在创业的过程中坚守自己的信念，相信自己所做的项目，相信它的前景，相信它的影响，相信它的力量；自己相信，别人才会相信，自己坚守，别人才会坚守。这种相信就是心力增强的过程，心力强，则万事不难，因此企业的价值观和愿景就显得尤为重要。

认知的增强或认知的改变是进化的前提，认知先于进化。人类之所以会不断地向前发展，是因为心力驱使个体认知的提高而有进化的可能，这一点又印证了“大多数结果都是心力影响的结果”这一观点。

没有什么不可能，只是认知或心力还不够，只要我们将一件事充分地认知到位，那么它的存在价值就会提升很多。同样，我们只有充分地了解自己，才能更好地发挥自己的价值。

“知易行难”或“知难行易”之说本质上还是由于个体的心力不足而导致的知和行的偏差，很多情况下造成人与人之间存在巨大差异的仅仅是心力强弱不同而已。即知即行的“知行合一”之说是可增强我们心力的方法。而知而必行、行而必知也是多变环境下个体/企业的生存法则。

人类只有认知上有突破，行为上才有突破；认知是行动的基础，共同的认知亦是共同行动的基础。因此，领导者的主要任务便是促使团队各个成员认知上的统一。以统一的认知强化企业成员的心力，心力的强化在一定程度上靠的是相信、愿景、向往以及符合良知观念的思想。中国正处于重大变革期，在变革期间，企业该如何发展，个人该如何发展，企业在变革期间能否生存得好，主要还是看领导者的认知能力。

总的来说，按良知做事，利用“知行合一”思想，增强心力，提高认知，为了个人或中华民族的伟大复兴之梦，而竭尽心力，努力奋斗。

## 五、回归本源，探求组织的进化

组织是个体价值创造的载体，个体的价值创造通过组织可以实现并放大。组织形态的形成是以实现个体的价值创造和价值主体的核心诉求为基础，以利益最大化为目标而形成的一种组织管理形态。所以组织形态管理就是协调个体与组织或组织与环境处于平衡的管理方式，使组织中的个体可以充分展示（创造）其价值，并使其创造的价值可以最大化的传递或利用。

因此，组织的进化，一方面归因于个体价值创造能力的进化，另一方面归因于人性的进化，当然也离不开相关技术支持人性的释放。

1. 价值创造能力的提升驱动组织的进化

组织形态的设定始终以个体的价值创造能力为依托，组织由多个个体组成，每个个体的价值创造能力的具体情况和综合环境情况影响着组织结构形态。例如，农业时代个体的价值创造能力比较低下，个体之间唯有高度协作、步调一致才能创造出高价值的产品，因此，组织形态一般是直线型，领导发出指令，工作人员按照指令要求进行价值创造活动。互联网时代，个体获取信息、传递信息及个体的价值创造能力都有所提高，个体价值创造能力越高，其越不愿意受到他人的管令和束缚，于是网络型和平台型组织结构就会诞生，个体根据其价值创造能力特性和相关的兴趣爱好等自由组合进行组织性的价值创造。

2. 人性与人欲驱动组织进化

人是组织的核心，也是组织结构的生命，组织的生命力有多强，关键看组织中人的活力；而人的活力取决于其心力和心性，心性总是希望个体的价值被充分地展示出来，并放大其价值。心性的价值属性与人心欲望相连，心性引导欲望的表达，适宜的环境条件又为欲望的表达创造了条件。

马克斯·韦伯提出了科层制的概念，提到组织应该在实现专业划分工的基础上，使各种岗位依循层级体制，以法律和各种规章制度为工具，而仅使事尽其能，而不考虑个体的性格特征和人性特征，为其服务的理念亦是非人性的，是遏制个体欲望表达的体制。

而后泰勒又以个人的利益诉求为基础，开创了科学化管理，他认为管理的根本目的是谋求最高劳动生产力，最高的工作效率是雇主和雇员达到共同富裕的基础，达到最高的工作效率的重要手段是科学化、标准化的管理方法。泰勒的科学化管理开始重视个体价值创造的重要性，将个体的劳动价值实现最优化，并重视个体的价值回报。但是，这也只是满足了个体追逐金钱的欲望，即马斯洛的较低层级需求，毕竟这种低层级需求靠金钱就可以满足。也就是说，泰勒的科学化管理使大多数工人不能达到自我实现的高层次需求。

但是高层级价值需求埋藏在个体的心中，只是被未被满足的低层级价值需求所遮蔽；当低层级价值需求被满足后，心力就会促使个体追求高层级的价值需求，当高层级的价值需求被遮蔽了太久，一旦有机会显现，其爆发力是无穷的。互联网给了那些高价值创造者（即不需要为低层级需求而苦恼）的个体有了网络化传递价值、展现自我价值的可能。于是，个人 IP 或个人的价值很容易被放大。自然地，个体便容易脱离组织的束缚而进行自组织的自由化生活。

个体服膺于组织是因为其价值创造能力的低下而不得不受限于组织的指令安排，而且组织的设定总是以实现组织价值的最大化为前提，当个体的价值创造能力增强时，其就有能力按照个人的特性进行价值活动，于是组织发现人才流失率变大，组织欲想实现其诉求不得不按照人性特点对组织形态进行改造升级。顺着人性做符合趋势的事也是生存，企业是服务人心的营利性组织，人心所向处就是企业经营处。得心、得势、得利便是企业经营的核心点。

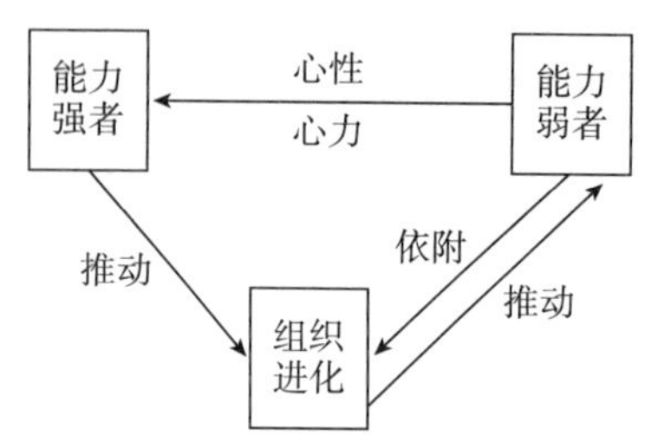


图7－4　个体与组织的相互依存关系

心有大小，力有强弱，能力亦有强弱。能力强者对组织进化起决定性作用；能力弱者，心力则依赖于组织，获得安全感和生存所需要的物质基础。组织在能力强者的推动下而得以进化，进化的组织又推动能力弱者的能力提升；能力弱者也在个体的心性和心力下向能力强者靠拢，于是组织进化的动力便源源不止。这种原理也可以理解为物种在某一生态内的进化，表现为该物种与其他物种及环境的协同进化。

3. 组织进化的两种形态

在自然生态和社会生态中，组织是常态，只是在不同的时期，表现形式有所不同。自然生态中有两种组织形态：种群和群落。种群是指在一定的时间和空间内，同种生物的全部个体，彼此可以交配繁殖而将各自的基因遗传给后代。在生物进化中，种群是进化的基本单位。群落是指在一定时间生活在同一区域中各种生物种群的集合，包括生产者、消费者和分解者。这两者都是组织，只是组织内的人群特征和属性有所不同。笔者在《商业生态》一书中提到种群商业生态和群落商业生态两种商业型组织形态。其中，种群商业生态是指在同一行业中服务于同一类人群的组织集合群，通常以商会或协会的形式呈现。一方面，这些集合体之间互助共赢，集思集义，共商行业发展大计，共谋行业发展前景，整合资源，提高资源的利用率，加快行业的发展速度和进化速度；另一方面，同一行业中的这些企业在服务同一类用户的过程中，难免会有竞争，竞争驱动企业的心力增强，驱动企业不断创新发展，心力强，则创新力强，当一个行业的创新水平提升时，其进化速度也会提升。

竞争是为了更好地生存，追求更好是人性驱动，当同一行业中的某一个个体发展模式或产品优于其他个体时，用户必然会慢慢地使用它的产品，其他个体若止步不前，只能因缺少用户而导致企业经营困难，最终倒闭。竞争机制的设定是为了提高参与者的心力，获胜是心性所驱，于是参与者便会尽心竭力。因此，企业在经营过程中最好有竞争机制的设定，当然在机制设定的同时也要根据目标群体的特点，以能够让他们动心的奖品作为激励。这是种群生态中的进化方式，企业作为组织中的个体，一方面心性和心力推动其进化，竞争的出现是为了强化心性和心力；另一方面是生存压力迫使其不得不进化，也可以说是组织推动其向前发展。

群落商业生态是另一种商业型组织形态，这种商业型组织形态在互联网时代更常见。群落商业生态具体指不同行业中不同个体相互聚集在一起而开展商业活动的一种现象。典型的线上例子是京东、淘宝、天猫等；典型的线下例子是万达广场、华润万家、沃尔玛等。这种类型的组织形态是为了提高同一区域商业物种的丰富度，缩小交换区域，提高商品交换的效率等。商业的本质是交换，交换的速度决定了商业新陈代谢的速度，交换速度越快，组织越有活力；当组织活力提升时，其进化速度亦将变快。互联网的出现为组织赋了能，使组织活力更大，不同个体之间的交换更便捷、更容易。如此，企业为用户提供的能量也就越丰富。因此，商业体之间能量传递以及交换的速度就变得很快，新物种自然也诞生得较快。这就是当今商业环境变化很快的底层原因。

群落商业生态的进化是聚合后跨行业的相交相融相生的进化，很容易产生爆发式的进化；群落生态中的各个物种间相互输送能量，商业中多样化的生态中容易吸引大量的用户，沉淀数据，互换流量，各个（组织）商家之间既存在着互推互荐，交换用户，也存在着竞价竞争，吸引用户。有竞争、有合作、有协同，有异化，有进化，有新生，有灭亡，这便是生态。

当然，不管是种群商业生态还是群落商业生态，当外在环境突变时，此种类型的组织群可携手共同应对突变的商业环境，使企业在艰难的情况下可以生存下去，在安逸的情况下不至于止步不前。

4. 心愿进化驱动组织进化

笔者在第三章指出，心愿是企业文化塑造的核心，并提出 SSCC 型企业文化模型。在不同时代，个体/组织有着不同的心愿，心愿是心对外在环境反映后做出的愿望，通俗地讲，包括愿景、使命、价值观、企业精神等，它是个体的内在活动动机。

20 世纪 90 年代，组织的心愿是吃饱、穿暖、腰包鼓一点，当这一基础的心愿满足后就需要转化心愿，升级心愿，心愿升级是心性所驱。在心愿升级的过程中，勿忘用“致良知”和“知行合一”以及“心即理”的心学方法来归正心愿，让心愿符合组织和时代的共同诉求，以心力为始，从心出发，回归心体，打造强有力的企业文化。

心愿的升级进化靠的是心力，要想让企业文化符合时代发展要求，符合组织的共同愿望，要想引领企业走出转型期和低迷期，继而引领企业向前发展，如果没有强有力的心力是很难支撑起这一心愿的。但是当心愿以人民利益和组织利益为前提时，当心愿中少有私欲私心时，组织就会越来越强大，当有了强大的组织共同为这个心愿奋斗时，心愿便会较容易地变为现实。

心愿进化以环境为依托，进而以心愿诉求带动企业发展，这样所发展的企业也会是时代的企业。农业时代是股东集权化价值形态，工业时代是精英领导企业发展的价值形态，当今是以用户为中心的企业发展价值形态。每一个时代下的价值形态都是由当时环境下决定企业发展的核心人群的心愿诉求所决定的。价值形态又影响着企业的组织形态，这种心愿诉求所影响的企业文化又影响着企业的价值行为。而对商业环境洞察的结果对发什么愿起着关键的作用，因此洞察相关环境，体察相关人群的价值诉求便显得更加重要。

5. 战略适变是组织进化的前提

心眼是企业战略制定的利器，心眼的“坚善狠”“诚归变”、“长准点”是企业战略制定的关键词。只有企业的战略根据环境条件进化，组织方有进化的方向，组织变革是企业根据其内外部环境的变化而对组织结构中不符合或不利于战略实施的部分加以修正和调整。企业在成长过程中的不同阶段都对应着不同的战略，组织根据战略的变化而做出调整。企业越发展，组织规模越大，业务结构也越来越复杂。在环境多变，用户易变的今天，企业尤其适合打游击战，根据时势，适时调整组织战略结构。

战略决定企业发展的方向，组织为企业的发展提供了可能。企业经营管理者则需对组织的内外部环境现状进行观察、回顾、研究，力求准而又长，从长远处看现在，明白企业在发展的什么阶段采取什么战略，识别组织中存在的问题，确定从何处医病。如今，中国正在从工业 2.0 向工业 3.0 转变，整体经济环境开始从封闭走向开放，从国内走向国际，机会与挑战并存。在此背景下，企业该在哪一点上发力，发力点是否符合环境需要，战略选择后所对应的组织是否能提高组织成员的能动性和创造性，最终的进化形态是否有利于用户心声、员工心声的表达等都是企业战略适变后组织制定的关键。

## 六、生态的规律性进化分析

个体处于组织中，也处于生态中，组织处于生态中。生态是一个系统，也指个体和环境之间相互依存、相互协调的生存状态。在一个生态系统中存在着多个物种和物种所需的生长环境，里面存在着多种供需关系、竞争关系、协作关系等。

组织与组织之间相互交错、相互作用形成了生态，它们之间相互连接的主要媒介是价值，组织与组织之间通过价值链相连，价值链的构建是以用户为核心。当互联网技术、物联网和大数据、云计算技术兴起后，跨产业链之间的协作变得容易且频繁，于是价值网便出现。价值网是生态的内骨，支撑生态中各项价值活动的进行。

图 7－5 是价值生态发展规律图，以人性和人欲主导的价值需求的演变是价值生态得以形成的关键。人性中有诸多点伴随在个人的成长生活中，人性的复杂性和独特性导致每个价值需求的满足形式多样化。例如，当某个人饥饿的时候有多种产品解决其饥饿的需求。同时，也说明一个价值需求可以对应多种价值创造方式。

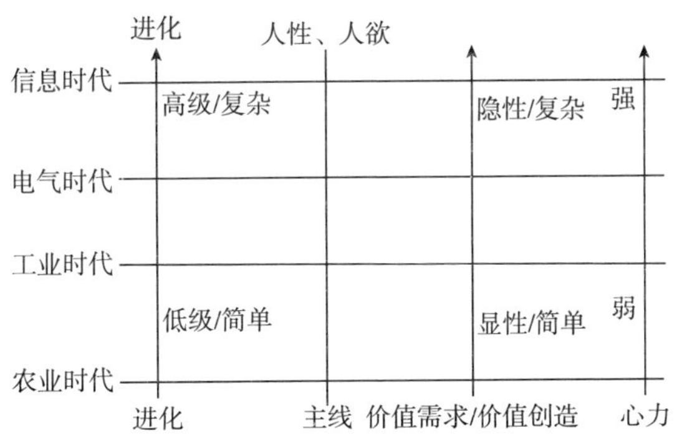


**图 7－5 价值生态发展规律**

价值创造与价值需求对应，越低级（显性）的价值需求，其越容易被满足，价值呈现形式也越简单；相反，越高级（隐性）的价值需求，其越难以被满足，这就需要强心力去完成这个价值创造过程。所以，从农业时代到信息时代个体的价值创造能力越来越强，可以完成复杂的价值创造过程，进而满足个体复杂的价值需求。

价值生态是价值的全方位表达，一个最小的价值生态包括价值需求者、价值创造者、价值传递者和价值消费者等。价值生态的构建是为了更好地满足复杂和多变的价值需求，是为了让用户的价值最大化地表达，是为了聚合更多的利益相关者，创造更多的价值。生态化的组织管理则是扁平化、交叉化的自组织管理，是为了提高个体的心力价值，提升执行速度，让用户和企业走到一起，创造出更有价值的产品。

生态更注重连接，更注重不同物种之间发生化学反应，因此强调跨界和打破边界，强调多产业、多业务的融合。生态型企业驱动商业由封闭走向开放，由单一进化成多元，由简单进化成复杂，这是商业企业生活状态的进化规律。这样的状态充满活力，是一个势能不断增加的熵增强过程，对于企业来说，提供试错创新的开放平台，推动自下而上的创新形态，增加连接度和物种和适应度，这样的状态容易产生新物种。

那么，生态是如何进化的呢？生态的进化是个体、组织进化后而驱动的生态的进化。广义上讲，生态的进化方式与个体和组织的进化方式和原理相同。但是生态的进化更加注重创新，以增加新物种的诞生和市场选择的机会，驱动商业生态中的物种向适应环境的方向进化。这就是生态中强调破界化的主要原因。

另外，生态的进化还受到政策环境、经济环境和企业环境等的影响。生态是多个组织有机融合的结构，因此宏观条件对商业生态的战略方向和组织结构都有较大的影响。不同的政策会催生出不同的企业形态，不同的企业形态之间的连接自然会催生出不同的商业生态。价值传递、数据流动和信息传递是生态的三个特点和功能，数据流动和价值传递的速度决定了生态系统的新陈代谢的速度，速度越快，生态越有活力，其进化速度也就越快。信息传递是生态系统对外界做出反应的最佳方式，因为生态中包含各行各业的物种，有大有小，是全区域、全用户类型，因此能快速觉察感染各个区域的外界环境变化，并反馈给系统，系统能够对外界的变化做出快速反应，以应对行业不确定性和复杂多变性。

生态中的各个物种相互合作，相互依赖，以互补互利思维建共赢共进的生态，是一个多方利益相关者的价值系统。商业发展从封闭独立运营、自由竞争到精英群体之间形成经济发展联盟，再到开放形态的全球经济一体化的利益共同体。商业越发展，经济之间的联盟也就越紧密，整合利益相关方，各个主体间共同创造价值，以共生谋发展。用户的需求往往就是在不经意间诞生，从某种程度上也具有时效性和阶段性。因此，需要一个灵敏系统去满足这一特性需求。当消费者提出一个价值需求后，生态就可以集多方资源，共同为用户创造价值，甚至也可以发掘并满足其隐性的边际需求。

因此，生态的进化更多的是从内向外、从单一向多元、从独创竞争到共创竞合、从封闭到开放的共生、再生、互生的动态过程。而这种生态的进化需要生态构建者具有利他精神，向内求则私欲少，知行皆合良知；向外求则以开放心态经营企业，以行业进步、用户和合作伙伴的利益为前提，创建共识、共创、共享、共担的商业生态圈，并设定适合生态自运转、自组织、自创新、自进化的机制，驱动生态向顺应环境的方向进化。

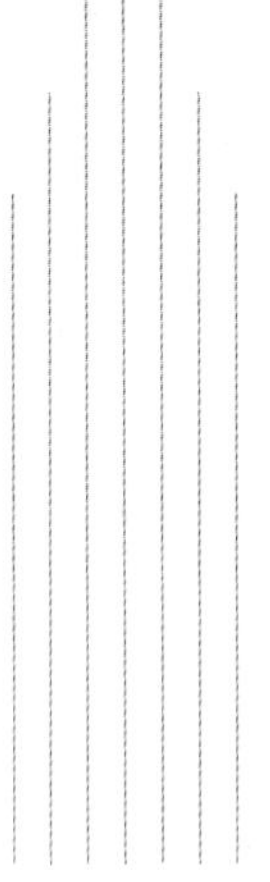



# 第四部分

# 转型进化逻辑，变革发展进阶奥秘

现正值传统企业转型、供给侧改革、“大众创业、万众创新”的关键时期，笔者听到大多数企业家抱怨：转型困难、创新不易、改革更不易……难是因为心力不够，转型、创新不知道方向是因为对商业环境的洞察不深，企业管理经营困难是因为对人心和人性了解得不够深。

创新即察心。创新要勇于突破现状，善于发现新事物，常有心灵之一点灵通。创新者关键还要顺应心的指引去做本心要做的事，本心最真，良知最诚，良知即本心，创新从心开始，心想要什么，我们就创造什么，才是最实用的创新。

转型即转心。转型难，在于心难变，力难坚，心念一转，万事俱通，心力若坚，万事不难。转型的方向由“致良知”思想来实现，转型的规律或方法由“心即理”的思想来实现。该点笔者将在后几章着重阐明。

改革即革心。与转型基本类似，改革和转型都注重企业家精神，一方面，企业家精神的磨炼需要“致良知”来实现其管理的本质和经营的方向；另一方面，企业家要以“事上磨”的心态去面对各种挑战和困难，磨炼心性，难而更坚，坚而更进。

# 第八章　战略篇

## 一、战略归根，主导企业变革发展进程

战略归根是企业发展的核心，战略归根的目的是为了让企业的发展回归行业本质，找到发展的关键和根源，稳固根源，而后稳步向前发展，不偏不倚。

归根的关键是知道我是谁、要往哪里去、有什么、能做什么等问题。“致良知”和“心即理”是归根的心学方法，这两个方法不仅可以应用于个体，也可以应用于企业的发展。因为企业是人的事业心欲发展演变的产物，是个体生活的一部分，战略则主导企业的发展方向，是企业中长期的发展目标，是企业所有成员的发力目标。战略具有合理性、清晰性，可提高企业所有员工的心力。一般，企业中职位越高的人，职位要求其心力也要越强，如此才能胜任该工作。老板凭借其强大的心力看清市场环境态势，定好战略，老板是在从远看近。在制定远期战略目

标时一定要让该目标符合市场消费者的真实心愿诉求，并以至善的心构建一个具有足够诱惑力的发展宏图，以激励管理层和员工的心。但是，其中的关键是老板得知道战略的本质是什么。

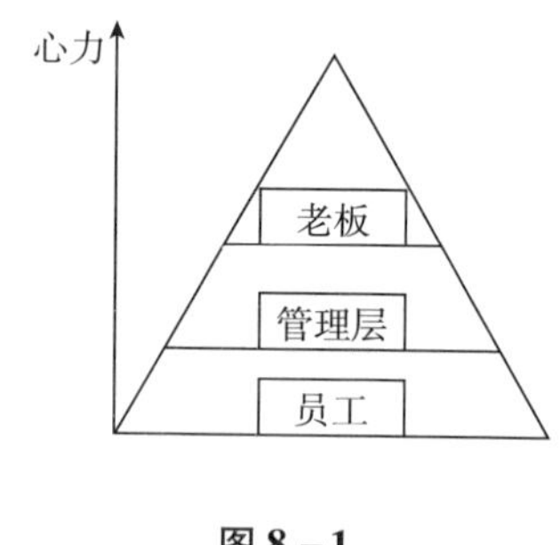


**图 8－1**

1. 战略的心学表达

笔者在第三章对企业进行了重新定义，认为企业是一个以服务人心为目的的盈利性经济组织，企业既要服务好内部群体的心，也要服务好外部群体的心。那么，战略应该是认清哪个行业具有发展前景，企业在该行业的位置是什么，扮演的角色是什么，能为哪类人群服务好他们的心，有哪些优势服务好该群体的心等，即我是谁、要往哪里去等人生终极问题。

目前，商业经济中供大于求的现象尤为明显，商业出现迷乱现象，产业发展出现饱和现象，行业越多变，机会越大，此时战略的重任就是拨开迷雾，看清现象，抓住机会，回归本质，发宏愿，许宏志，追求增长。而拨开迷雾、看清现象靠的是格物致知的功夫；回归本质就是回归事态的心体，追溯源起。发宏愿、许宏志则需用致良知开启心体良知之能，为国为民，为善至诚，许能够感召他人的心愿，集聚人心，共同为一个共同的战略目标而努力。努力奋斗、追求增长则靠心力，心力是个体的动力源，强化心力，追求增长，进化不止。

战略讲求的是全局性和谋略性。个体因为有私心，所以容易片面地看待问题，应全局审视环境，摒除私心，以公为事，客观思考。“略”是谋略，是向心求企业发展之道，洞察趋势，洞察消费者，以正确的战略指引企业在不同的发展阶段都能够走向康庄大道。因此，领导者就需要运用致良知之法来规范企业的各项行为，以致良知之法看清大势，把握大局，明晰中国企业的全球化机遇，以及全球化带来的产业升级、企业转型之路，了解目前的政商关系，企业发展恰时地借助于大势，找到好的根基，补充发展所需的养料。

其次，战略的心学表达还包括笔者在第三章提出的企业战略制定模型图，对战略分析、战略选择、战略实施的每个阶段都抓住关键要素，提升战略性竞争思维，明晰战略发展规划，以领导者的高格局、高境界、高追求指引企业发展。

2. 战略归根 ETE 法

战略归根是对行业属性和行业本质的探求。在互联网时代，多数企业在发展过程中过多地追求浮华的阶段性利益，如直播火我就玩直播，短视频火我就用短视频，自媒体火我就用自媒体……以为这就是与时俱进，殊不思量我的行业属性以及所在行业所处的位置是否适合用之来提升企业的业绩，如果贸然进入，最后可能花费了大量的时间和资源，但效果并不怎么好。此外，在创业土壤肥沃的时期，大批有志之士涌入创业大潮，好像一下子创业变成了很潮的一件事，绝大多数创业者最后也是铩羽而归，他们在创业前不知有没有分析自己是否适合创业，有没有创业的决心和创业者身上应该有的创业特性。近两年创业大热，最后却迎来了资本寒冬。在这个冷化阶段，创业者和投资者是时候冷静下来了，仔细思量一番，思量自己在创业过程中是否尽心竭力，是否为了追求估值的虚高而做有违规律和本心的事，是否在困难的时候轻易放弃等。问心，回归本心，从根源出发，抓住企业在各个发展阶段的关键要素，并在关键点处发力，投入资源，如此，企业才能茁壮成长。

回归行业本身，做有助于行业发展和进化的事，这是时代赋予企业的使命。企业领导者要把握行业的发展态势，思考行业的最高使命和企业在行业价值链中的地位，研究市场容量，将企业发展与行业发展使命相结合，即使命与行业现状相结合，目标与现有资源相结合。战略归根，即企业在明确自身的发展支撑点（即企业的根）后则需要强化根系，构建或巩固自己的核心竞争优势，汇聚资源，打好基础，为企业日后的稳固发展做铺垫。

企业的存在原因是什么？企业的任务是什么？什么可以给企业的发展赋能？这是每个企业领导者应该思考的关键问题，这是企业存在并能持续发展的关键问题，也是战略归根后的根源问题。以思考人生的方式去思考企业，以对待自己的方式对待企业，以要求自己的方式要求企业，以对自己负责的方式对企业负责，将企业的存在与发展上升到原始的哲学状态，企业领导者清楚这些问题后会更容易地做好战略部署，经营好企业。

对事物存在的思考就是回归事物本源价值，对事物的存在逻辑、存在意义的原始化思考，回归常识，探究存在价值，以良知化价值使事物存在具有生命力。而任务就是对事物存在价值的彰显和扩充，任务是一种使命，以任务不断的发放与执行，完成事物或个体的价值使命，并驱动事物的发展。赋能是为了让事物的存在具有活力，使事物能够持续地存在，也是为了让任务更好地被执行，赋能使事物可生长、可进化，使事物的存在价值能够持续地服务于人类，对事物的赋能量多少决定着事物价值的影响范围和影响程度，这是规律。

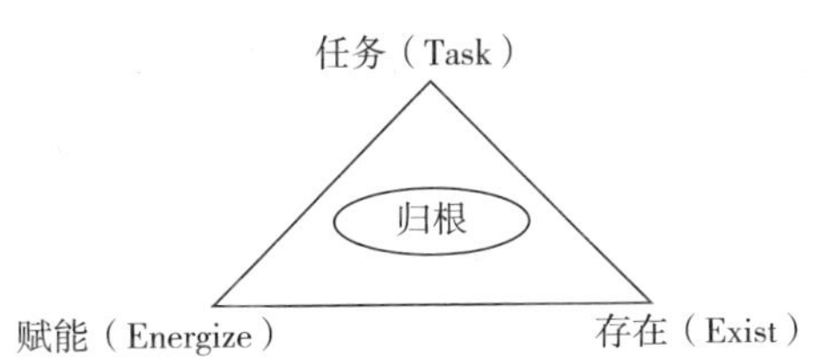


**图 8－2 归根 ETE 法**

①存在

个体存在是因为其有意识和心力，因为有意识和心力，个体可以思所思，为所为，可以追求自己想要的生活。那么，企业的存在是因为企业有什么？笔者认为，企业存在的根本原因是企业有让人民过好的基本使命，让人民过得更好是企业的意识，将企业归结于意识中，让企业的一切活动都围绕这一意识开展价值活动。良好的战略可以让企业生活得更好，心力可以让战略有效地落地。因此，企业的存在就是以战略为基石，以心力为动力源，以让人民生活得更好为目标的经济型组织的存在。这是笔者致良知后对企业的再定义，是对企业存在本身的良知回归，企业若按照这个定义去经营则商业经济的文明之象指日可待。因此，战略的存在是为企业的发展指明道路，明晰企业的现状和未来的发展方向，找到可以更好地服务人心的领域，并以美好的愿景和规划，在明晰行业的发展周期、宏观环境、竞争格局等内外部要素后，确保企业未来的阶段性发展目标和发展路径，让企业内部资源能力助力战略的高效完成，使企业的存在价值最大化。

②任务

个体的任务是创造价值，解决问题。企业的任务也是创造价值，解决问题。企业只有不断地创造出符合消费者价值需求的价值，才能够让人民过得更好。企业的任务目标靠战略来引导，归根后的生长与活动靠的是战略分解后的任务，而任务是行，战略是知，“知行合一”的进化取决于“知”的任务与“行”的任务能否在规定时间内完成。

③赋能

企业的战略执行与任务活动需要能量资源支持，赋能就是给予企业发展所需要的能量资源，是企业得以正常发展进化的必备条件。一方面企业的能量是自我创造，另一方面也是他人赋予。

自我赋能就是通过企业的价值创造后的价值转换来换得企业发展所

需的资金流。自我赋能的关键是找到企业发展的绿洲，企业在这个绿洲上通过价值创造获取其发展所需要的能量。而战略的关键是找到绿洲，为这片绿洲勾画蓝图。他人赋能，是指企业在发展前期体质弱小，需要通过天使投资使其成长，或者在发展过程中为了扩张需要借助于资本使其顺利扩张。这种赋能的方式讲求赋能后的回报，因此要求企业有较大的成长空间和较强的盈利能力。还有一种他人赋能的方式是企业生存在别人构建的生态中，生态企业为生态中的物种提供其发展所需的流量或营销服务等。例如，淘宝为商家赋能，韩都衣舍为小品牌赋能等。

让人民过得更好是企业存在的基本价值，企业以存在价值为本创造价值，为自身赋能，为人民赋能，以此为生存基点，在生存的过程中成长，在成长的过程中不忘归根，以存在、任务、赋能的方式为企业战略制定基本点，求生、求长、求简。求生注重生存，求长注重增长，求简是个体生存的本性。求简是企业不在无关的事上浪费时间，求简的生活方式是个体生活效率的最大化的生活方式。

## 二、企业战略层级进阶的底层逻辑

企业战略一般都是阶段性的，它随着市场环境、企业发展状况以及政治政策等的变化而变化。但是，支撑战略的主线（愿景、使命、价值观和企业精神等）一般不变。

在中国经济环境不佳，供给侧改革成为国家的重要战略方向时，企业该如何跟着国家的战略制定符合自身的发展战略？在供需不匹配和消费升级的双重压力下，企业又该采取什么措施在该环境下生存呢？即在复杂的商业环境下企业该采取什么战略助力企业从初创企业逐渐生存下来，并变强、变大。企业又该在其发展的不同阶段采取什么样的战略支撑企业稳步成长？即企业该按照什么样的战略层级进阶的底层逻辑进行发展。

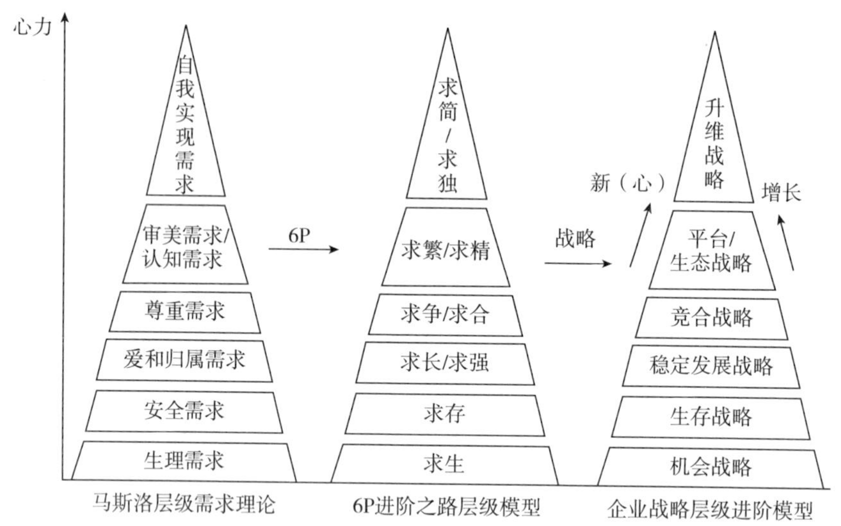


**图 8－3**

1. 由马斯洛层级需求到 6P 进阶之路的探寻

企业是一个生命体，它也有生命力和生长周期，以及笔者前面提到的企业之心。企业是一个独立的个体，也是商业生态中的一个经济联合体中的一员，与其他企业有着竞争、合作、互助、共赢、共生等的关系。因此，企业有个体的独立属性，也有社会中复杂的关系属性，有着追求“自我实现人”的意志。也就是说，个体的生存欲望进阶之路也可以应用到企业的生存进阶之中。笔者根据马斯洛的层级需求理论和对大量企业的发展历程的观察研究，思考并总结出了 6P 进阶之路层级模型（“P”指“Pursue”，即追求）。笔者认为，个体的生理需求就是个体在社会生活中对食物、空气、水、健康、性等方面的需求，这是个体得以生存的基础，因此，对应 6P 中的“求生”。安全需求是指个体对安全、稳定、免遭痛苦和疾病的需求，保证个体在求生过程中能够安全成长，不会被外界环境所干扰，因此对应 6P 中的求存。求长是指个体能够在社会生活中有安身立命之所后，在爱的心理庇佑下能够顺心地成长，它对应马斯洛需求中的爱和归属需求。尊重需求是指个体对名声、成就、地位等社会影响力层面的需求，而这些需求的实现更多的是在竞争与合作机制下得以放大并扩展，因此对应 6P 中的求争/求合。个体在竞争与合作的过程中获得尊重和生活成长过程中所需的各类资源，在各项资源的助力下可以实现个体的认知需求和审美需求，认知中的对知识、意义和事物规律的探寻，以及审美中的对艺术与平衡的欣赏与追寻都可以在 6P 求繁/求精的策略中得以实现。认知需求和审美需求的实现关键在于“繁与精”，认知追求内容的多与深，审美追求内容的精与美，加之对规律与平衡的追寻。这些回归到自然生态中则表现为物种的多样性与个体的独特性以及生态中的规律性与平衡性。“自我实现人”假说的关键在于自我的高级意志可以实现，更注重精神与自我的高级意志可以实现，自我的价值实现往往追求其独特性和唯一性，独特性与唯一性的关键在于“简”，简中求独，独中求简。因此，自我实现需求对应6P中的求简/求独。

而在马斯洛层级需求理论中，越高级的需求，越需要较强的心力去实现，以强的心力去实现高价值需求，以高价值需求唤醒心力。而在6P进阶之路上，追寻者应把握新（心）和良知两条主线来助力个人/企业的发展。其中，“新”是创新、求新，尤其是在求长、求争、求繁、求简的过程中进行抓住人心式的创新，企业在发展的过程中以心求理，按理行事，标新立异，吻合人心，在发展与进化的过程中注重产品/服务的吻合人心与环境的创新体验，企业在不同的阶段利用相应的资源，通过客户群体特性、季节性特点、区域特点以及市场和竞争分析的情况，设置或构思相应的创新式产品/服务体验，以创新的思路谋求企业的差异化生存。使产品/服务足够独特，就会较容易地避免来自低成本企业的竞争，助力企业在利基市场上占领足够的市场份额。创新发展以企业的价值性为本，遵循产品/服务的价值体验规律和演变方向，使创新不与价值需求链脱节，使体验不与用户价值需求脱节，因此需要特别关注用户之心和合作伙伴之心的诉求，以心之所求对产品/服务进行别出心裁的、富有价值的设计或升级。

在6P进阶之路上需要把握的另外一条主线是良知。让人民生活得更好是企业存在的使命，这一使命的实现是领导者和员工建立在良知基础上而逐渐塑造起来的。企业管理以及商业发展以良知为魂。以心力推动发展，回归本心，归根发展。企业发展以根为基础，找到发展关键点，在根上施加养料，如此方能利用有限的资源快速地茁壮成长；归根于心，并以致良知后的至善之心，将根附着于用户和合作伙伴的价值之上，企业才能迎合人心，长久发展。

良知是本书始终贯穿的核心点，顶层设计中融入良知，以良知激发爱和信，并在商业模式的设计中将爱与信作为两条主线，从而以爱和信的力量推动企业向前发展。这一点笔者在《商业生态》一书中的从基因层面对商业模式进行重塑中已经阐明。总的来说，现代商业稳步发展离不开良知，新一代的商业文明亦离不开良知，心求良知，事与愿同，和谐发展。以良知行正道，为正事，造就共赢、互助、互利的商业氛围。

2. 企业战略层级进阶之路的探寻

战略进阶以适应企业不同阶段的发展需求，今天的企业所面对的商业环境愈加千变万化，无法捉摸，随着科技飞速发展，经济发展亦面临多重压力。因此，企业必须在恰当的阶段采用恰当的战略方法，具有战略升级思维，随着企业自身的发展和环境变化，不断调整战略或战略组合。

企业应以发展获取资源，以资源调整战略，构建出属于企业发展的一套战略思维方法。同时，在适应环境中，不断调整生存与发展的方式，找到新的方案或发展增长点，助力企业发展，以战略优势，保持企业的竞争优势。

从马斯洛的层级需求理论到6P进阶之路的探寻，再到企业战略层级进阶之路的探寻，从经典的理论出发，抓住人心和心力，在经典理论的基础上升级为思维方法，以思维方法探寻企业战略的进阶之路。

①机会战略

萌芽企业应以机会求生存。环境多变的同时意味着机会就多变，创业型企业应从抓住机会开始，利用自己的能力，获取企业生存所需的核心能力；或回归行业，发现行业存在的潜在机会，利用已有的资源，迅速抓住机会，快速试错，以知行合一的思维领先于行业或竞争对手。就如同个体的求生，以第一资源满足自己的生理需求，只要有任何有利于自我发展的捕食或求生机会，绝不轻易放弃。

求生满足的是企业或个体的生理需求。对于企业来说，机会导向的求生，注重解决企业的生，抓住片刻的商机，对企业进行顶层设计。顶层设计注重对良知的反求，在企业创业初期，削减成本，提升运营效率，节约资源，合理利用现有资源，以现有资源撬动更大的资源，并以资源驱动企业发展，求得企业的生存。

求生策略的实现就是企业想尽方法降低经营风险，机会战略是降低风险的主要方式。另外，企业在经营过程中有些风险难以避免，因此企业经营者必须提高自身应对风险的能力。应对风险或对风险的把控从人才抓起，企业在创业初期要树立正确的人才观和用人观，以人才优势带动企业的发展。

其次，人才优势也能为企业带来机会，他们的资源能力，智力、活力等优势可以在无形中为企业带来发展机会，亦可为企业发展创造机会。

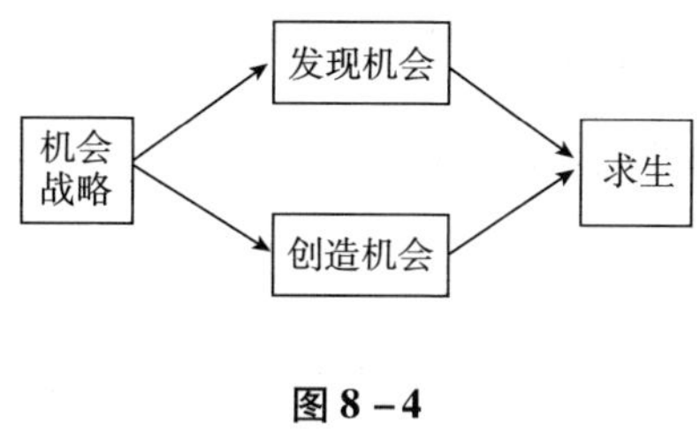


**图8－4**

现今，商业环境多变，机会就裹藏在多变的环境中，发现机会成为企业求生的关键。快速识别企业所处的环境，以政策机会、行业机会、转型机会、时代机会等谋求企业的生存方向和生存支撑点，抓机会，拿项目，拼成本，最终获得企业生存所需的资源。

政策机会是指企业的发展符合政策的发展方向，跟着政策方向，抓住政策红利，为企业的发展赋能。但是切勿为了争夺政策红利而争夺政策红利，如此易因利益蒙蔽良知而破坏经济的正常运转。例如，目前的资本寒冬，很大程度上是因为创业环境被创业者所污染，创业者的创业真实动机、信用资产、人格情愫等都令投资人所担忧。政策的制定与落实是为了经济更好地发展，企业的政策落实也应以推动经济发展或为人民谋福利为基点，同时归根经济增长，追求绩效的最优化。

行业机会是指企业在发展过程中新兴行业机会或受环境影响不大的行业，在行业价值链中根据资源能力，定位价值方向，为行业的发展贡献力量。同时，明确市场环境，发现潜在竞争机会，集中配置资源，对现有资源进行高效利用，快速突破，并通过已有的资源能力支撑市场优势；在支撑中求发展，找到行业内的增长空间，追求规模性经济增长，进而带动利润的增长。利润增长是最有效的赋能方式之一，当企业有了些许能量后，还需形成持续的生存空间，未来考虑能否做强。

转型机会和时代机会更多的是发现行业环境变化带来的新型战略机会，以新型消费机会和新型环境变迁（如从电气时代到信息时代的转变）带来的市场转移为依托，寻求更多的利润增长点。战略转型的关键是发现转型机会，洞察消费趋势和行业发展趋势，找到客户的价值点，升级产品和服务，追求内升式价值目标。

不管是行业机会还是转型机会，重点是谋求企业发展的优势空间，并以最佳的服务准则占据产业链的有利位置，企业在新兴产业或不衰产业中抓住市场机会，快速进入，掌握核心技术，了解相应的顾客群，并基于顾客的价值需求链创造高价值的附加产品。

②生存战略

将机会升级为战略是对机会深入挖掘的表现，机会利用好便是一种势能，可以为企业带来生存机会。当今时代，供大于求现象尤为严重，市场趋于饱和，而在繁华的商业环境中，创业潮的再度回升亦显得重要，因此，机会便成为企业长存的关键。而求生靠机会，求存靠智慧。通俗地讲，求存就是活下来。对于企业这个特殊的生命体来说，求存策略的实施则需尤其重视对风险的把控和对资源的有效利用，以及对企业抗风险能力的提高。多变而复杂的环境中，企业生存尽可能的云有化，轻模式、硬软件一体化经营。如此，企业则可根据环境灵活易变，随机调整经营模式。

现金流具有稳定性、利润与销量处于稳定增长状态、可用资金较充足是企业生存的财务保障，以保障企业可以承受内外部环境的冲击，使企业有生存的风险保障。以节约谋求资源的有效性和合理性，削减成本，采取防御性措施，维持企业的正常生存。当企业发掘自身的发展受限，或难以突破现有瓶颈时，企业领导者则必须为企业发展注入活力（包括财务活力、人才活力、资源活力等），为企业积蓄动能。此时企业需重新审视所处行业和已有业务部门，判别目标客户群体的各项特征，包括用户画像、消费状况、地域特点等，找到突破点，升级产品，并通过组织再造，削减人力成本。即根据资源能力重新设计组织结构，利用精益管理、六西格玛等方法优化利润，提高资金的使用效率，给新品注入能量，并以单一化产品打造爆品，使其在市场上获得一定的份额，为企业带来超额利润。

节约为生存谋资源，企业拥有充足的资源后方可应对突如其来的风险。在创业初期，企业的资源有限，将注意力放在节约目标上，以保证企业有长期发展的可能性。在节约资源的同时，追求绩效最大化，求存求发展，以求存思维带动企业发展，以发展为核心，确定企业的长期愿景，以愿景的良知性和知心性提高企业的凝聚力和抗风险能力。

求存就要确保企业在发展过程中的安全性，除了要降低运营管理中的各项成本、合理利用现有资源外，还需要进行以战略为基础的创新（包括业务模式创新、产品升级、组织模式创新、管理上的创新等），以节约下的资源驱动企业创新，以创新思维和创新行动力为企业注入活力，进而寻求新的增长点。

在恶劣环境和求存阶段，企业取胜靠的是保留资源和对资源的有效利用，包括在有效资源的情况下对产品或服务的精心别致的规划和设计，对营销计划的巧妙规划以及对品牌传播的设计等。以领导力吸引人才，以人才驱动资源，以智力利用资源，以小博大，实现企业的短期规划和目标，并为实现长期规划做准备。通过精简管理，确保规划的正常执行。精简的关键是减少企业运营管理中的冗杂环节，减少组织层级，降低流程的复杂性，有效沟通，灵活多变，增强企业中每个个体的责任心和荣誉感。

有效规划和行动是企业求存阶段的关键，企业在这个阶段注重实而有效的内容，容不得在无关或作用不大的地方浪费资源。以严谨、求实的态度助力企业求存，实事求是地对待企业所面临的问题，不断摸索、思考、实践，一旦发现有误，立即着手改进，知而行，行而知，在新知中前进，在前进中求新知，以此推动企业的进化与发展。

在企业求存阶段的战略实施上生存战略是主导，辅助战略又助力企业强化主导战略的是：精益化战略、增长型战略、差异化战略、节约化战略，以这四个战略支撑主战略的实施，即以支撑战略促进主导战略的实施（见图8-5）。

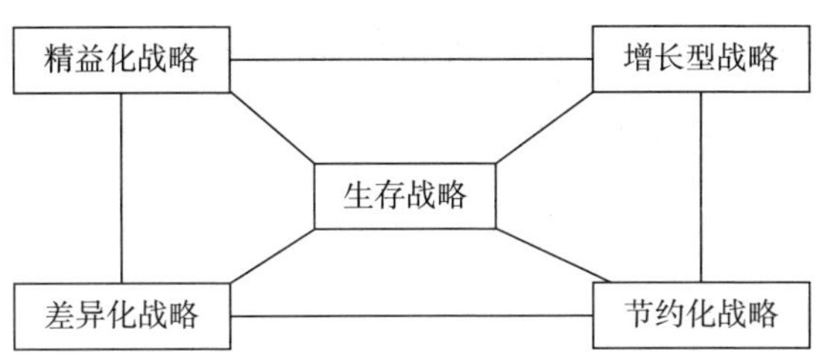


**图8-5**

精益化战略和节约化战略强调对细节的精细评估、监控以及考核，对流程进行精益化分析和管理，对价值活动进行精益化改善和衡量，对企业现状、企业运营中存在的问题和战略规划的实施步骤进行资源化的评估和审核。节约化战略则进一步注重成本和各项费用的管理及使用的最优化。总之，就是运用精益的管理方法，以最低的成本和最高的效率助力企业战略的实施和落地。而差异化战略和增长型战略是企业求存的利器，企业在成长初期应尽可能地减少竞争，减少资源的浪费。因此，企业需要采用差异化战略使企业在经营过程中减少竞争，以创新的差异化和新颖性驱动企业成长。正如晨兴创投刘芹所说："商业的本质就是差异化的极致体验。"本质上是强调企业的求存性。差异化战略的实施使企业更容易生存。创业者选择差异化策略，做出差异化产品，与众不同，精中求新，单点突破；并在品牌方面、渠道方面、营销方面等做出差异性；用"以客户为中心"和"奋斗者为本"的理念进行差异化策略的制定。企业生存增长是本，增长为企业带来生存和进化的资本。任何成功的企业都是注重增长的企业，企业的所有价值活动都应以增长为目的。增长的核心是价值平衡，即价值需求与价值创造的平衡。企业的一切增长都是在满足价值需求的同时而实现的同步增长，同时追求增长也是人性所驱，求存求强是个体的心性。企业的强要靠利润或用户的增长而实现，合情合理，顺应心性。

③稳定发展战略

当企业拥有了生存优势后，随后就该考虑企业如何变强、变大。在马斯洛层级需求理论中，个体只有在满足归属和爱的需求后方有变大、变强的心志。对于企业来说，追求发展是企业自始至终的目的，发展就是求强、求大、求长、求好，而企业只有满足求存的需求后方有求大、求长的可能。

稳定就是平心，平心的关键是知心，知心后尽心，个体在求长、求强的过程中关键是满足其归属和爱的需求。企业的“归属感”和“爱”的氛围的形成靠的是完善的企业机制和适合企业发展的企业文化。企业文化和企业机制的制定应以共识和共担为基点，但是关键应该抓住个体或组织的心性和心力，以独有的观察力知心，以企业制度和文化内容尽心。具体来说，当企业有了求存的基础后，便应思考如何做大、做强的问题，完善的机制是做大、做强的基础，文化是企业做大、做强的动力；文化归根后强化其内在能力，以文化和机制的合乎人心性来驱动企业的进化。

机制的完善和资金的充足是构建稳定环境的关键要素，在稳定的环境中强化内在能力，寻求规模化、指数型的增长，以规模效益的最高化，为企业带来源源不断的新优势，在此基础上追求渐进式的改变和成长。

稳定发展战略更注重求稳、求增、求强；稳中求进，增中求强，以规模化方式强化企业优势，稳固竞争基础。在环境相对稳定的行业中，更加注重行业的规模效益。因此，需要注重品牌的打造，以品牌优势获取规模经济，如此行业对已形成的优势不会较容易地形成冲击。当企业有了一定的市场吸引力或市场规模后，就会较容易实现增长，带来利润。那么，在环境变化相对快速的行业中，企业该如何获取竞争优势或如何在多变的环境中求稳？

企业要想在多变的环境中获取竞争优势，首先需要摸清行业现状，审视行业现有优势、劣势、机会、威胁等，对行业开展深入的调查和分析，知现状，而后根据现状做出相应的策略和辅助的战略组合，积累资源，单点突破，稳中求进。其次，根据行业分析后的结果，了解细分市场的情况，发现潜在的市场机会，并以数据化思维，利用数据化工具，了解需求背后的驱动力和潜在的竞争范围，辅助战略的制定和实施。在多变的环境中，企业需要不断地识别环境，定策略，快行动，获取竞争优势，在不断地应对环境中追求稳定（见图 8 –6）。而发展是行动的发展，思考亦是行动的思考，环境认知的准确性在某种程度上也是靠行动来辅佐，策略又是影响行动效率的关键点，而优秀的、符合环境的策略可助力行动者高效行动。

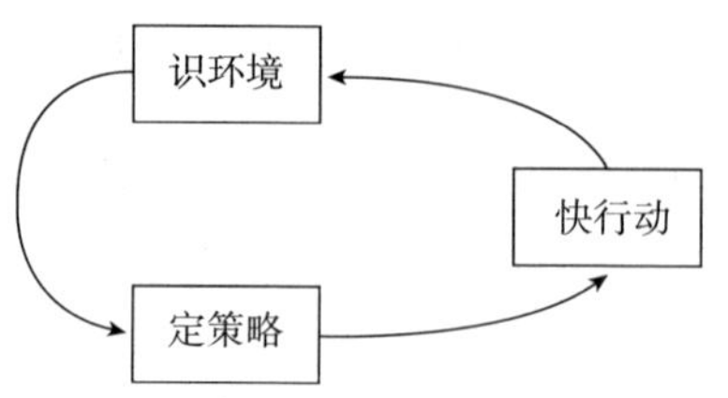


**图8－6　多变环境中的稳定方案**

那么，稳定发展战略的实施又应靠哪些辅助战略来驱动呢？笔者围绕稳定发展战略的求稳、求增、求强以及对大量企业的观察研究对辅助战略进行探索，认为机制完善战略、人才完善战略、集中化战略以及规模化战略可以促进企业做大、做强（见图8－7）。

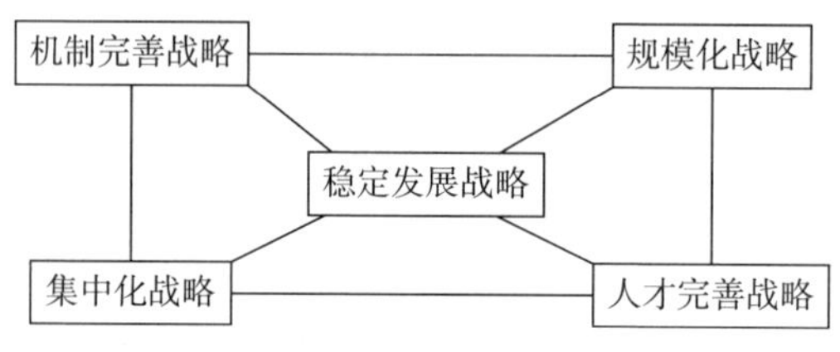


**图8－7**

企业成长到一定阶段难免需要机制驱动企业的正常运转。机制完善战略是企业发展过程中必须采取的战略，以整体机制的完善性推动企业正常运转。一个吻合人心的机制体制能使业绩暴增，能够使组织自运转，高效地完成生产经营任务，使企业的一切工作都有章可循。具体来说，包括薪酬体制、文化体系、晋升体制、激励机制、绩效机制、业务机制等的完善。机制的完善以企业的发展现状、市场的整体环境（包括宏观政治条件、微观自身环境等）以及企业的文化属性等为基础，以人心和心力的最大化以及业绩的最大化为主要目的，激发激情和创造力，点燃雄心和梦想，最终吸引有效人才，并驱动企业成长。机制完善战略是企业成长到一定阶段必须重视的一个战略，但是并不是说企业在其他阶段就不改善或完善机制，在企业的稳定发展战略的实施以及企业进化的驱动中，该战略必不可少。

人才完善战略是为企业注入血液和活力，企业战略实施的核心是人才战略的落实。人是一切活动的中心，环境组织的设定开始转向服务于人心。商业环境不管怎么变都是要人来应对，人尽其事，让人心和事心相吻合，使人才价值能够最大价值地发挥。人才完善战略更注重利用大数据进行人力资源管理，依据数据（包括业务数据、经营数据、人员属性数据、各项绩效指标数据等）对人力进行全面化、个性化以及系统化的管理。在企业内部建立数据收集平台（即数据云），观察、考核并记录企业内部人员的工作内容、工作结果、日常行为以及内部人员的薪酬、福利和培训等内容；并给予数据化的分析和利用，了解企业在不同阶段需要什么类型的人员、缺少什么类型的人员，并依据数据分析结果合理地选取最优人才。因此，人才完善战略就是人才数据化完善战略。数据化企业形态是未来企业的发展趋势，数据从无到有，从有到全，数据一直在完备，人才也一直在完备，人才完善战略亦长期伴随于企业的发展过程中。但是，数据化内容只能使流程最优化，使管理简单化，要想体现企业对人才的重视，企业则需在方方面面体现出对人才的重视和关爱，留住人心，则可以提高企业的凝聚力和抗风险能力。

集中化战略和规模化战略是以求大、求稳的方式强化竞争优势。现今正值产业互联网化阶段，产业互联网化在某种程度上也是集中化战略和规模化战略的体现。互联网技术使集中化战略和规模化战略得到更大范围的实施。这两个战略的实施条件是目标市场容量、成长速度以及获利能力等都有较强的优势和吸引力；企业在某个产业链上的某个点的目标市场上做强做大，积累流量，储备资源，为日后的生态化战略的实施做铺垫。做大是稳定发展战略的核心思想，规模化战略注重目标市场有野蛮生长的基因，以规模化策略，稳定企业根基，使企业能够稳固成长，并以规模化形式降低企业的生产成本和运营成本，通过规模化运营来提高企业的运营效率。

④竞合战略

稳定发展战略可强化和巩固企业的根基，并使企业在某一细分领域做得足够强、足够大。当企业或企业成员有了安身立命和情感归属后，就有资本与其他个体竞争，获取更大的资源，也有资本与其他个体合作获取更大的市场份额。以此方式在其所处的产业或行业中获得领头优势，满足其被尊重需求。

竞合战略即是企业发展到某一阶段后想要更强、更大、获得尊重而必须实施的一个战略。另外，经济全球化为企业带来开放和竞合的环境，企业只要拥有一定的市场优势后就可以与其他企业采取竞合战略，毕竟企业在开拓市场或创造某一较大价值的时候，一般都要与供应商、生产者、服务商等进行合作，携手与其他企业进行竞争。例如，京东和阿里之间的竞争就是通过与其他企业进行战略合作而获得竞争优势。竞合战略更多的是指企业在创造价值的过程中进行合作，在分享价值或争取价值的过程中进行竞争，使竞争与合作巧妙地融入企业的经营过程中，在竞争中合作，在合作中竞争，最终各自获得更大的市场份额和利润。

根是企业发展的关键，是行业链中的细分点，是个体中不变的部分。环境是土壤，企业是否可以茁壮成长，一看根系，二看土壤。根系的准确发掘与把握靠的是定位和对本体中不变部分的觉察，而土壤环境的好与坏，一方面是选择决定的，另一方面是赋能的结果。在世界经济全球化、一体化、多样化的发展态势下，在竞争压力和环境趋势压力下，很多企业开始从合作中竞争，建立企业之间的战略联盟，互相利用资源，不断开发新市场，实现规模化、一体化发展。企业根据自身的根系特点，通过竞合战略的实施强化根系，优化土壤，并且有效地化解非必要竞争中的冲突，避免造成资源的浪费，优势互补，稳定供应链，共御来袭外敌。

竞合战略的实施也是对企业资源的有效利用，节约了企业在资源方面的投入，从这个角度来说，该战略也是对节约化战略和规模化战略的强化。以资源优势和规模优势为企业的创新注入活力，以创新的内容和共鸣的文化带动企业的发展和进化，以共同的利益和社会责任带动竞争与合作，根据企业的价值属性和战略目标探寻与其他企业在哪个方面竞争，在哪个方面合作，以适时的竞合策略驱动企业成长。

⑤平台/生态战略

竞合战略满足了企业这个特殊生命体的被尊重需求，满足方式是求强、求大、求竞合。在竞合战略的实施下，企业有了足够的资源和资本，而后企业便应该思考如何充分地利用资源，为企业强化竞争优势，提高企业的获利能力和生命力，并以丰富的资源优势满足企业的审美与认知需求。审美与认知讲求内容的丰富和品类的繁多，在丰富的内容中获得认知，发现规律，追求平衡，而企业要想达到这种态势就需要采取平台战略和生态战略。

平台战略是企业做强、做大必须采取的一个战略，生态战略是在平台战略的基础上建立起来的，一个平台可以聚合多方利益相关者，本质上是对已积累的资源的合理化利用。只要在平台上搭建供需相匹配的机制，或将已有的资源在平台上充分利用，让资源在平台上自匹配，并形成良性的自竞争与自合作态势，在平台中实现产业升级和多方的供需的匹配，以开放性的平台属性吸引更多的利益相关者参与平台的价值满足或价值创造。

平台化战略实施的前提是所选的市场有足够的成长潜力和较大的边际效应，以机制的合乎性激发多方群体的价值活动。在平台上，供需双方一般具有同步增长的特性，因此具有很大的诱惑力。平台战略实施的条件是平台需要具有某一吸引力的供需匹配机制或服务，能够吸引相关用户或相关服务商到平台上去参与价值活动，以机制吸引人们投入时间和资源，为平台创造价值的同时也在为自己创造价值。如此，在个性化产品或服务的定制方面，企业可以借助平台化战略实施这一用户诉求。

平台的特点就是去中介化、去边界化以及去中心化，这是对人性价值的一次释放，因此可产生较快的规模化增长。但是，企业实施平台战略的前提是其具有较大的资源优势，有能力重构价值链，升级价值体验。即对内外部资源重新进行符合消费环境的梳理，理清相关价值体的权责利关系，使平台自运转；并积累多方价值内容，达到企业或用户的“认知”需求。

而生态战略的实施是企业对资源的生态化利用与获取，生态型企业的构建方法就是以多元化、平衡性、全面化、自驱性来提高企业的生命力。同时，在实施生态化战略的过程中，若以良知本心去行事思考，则会更利于该战略的实施。毕竟，生态思维中的互利共赢、分享互助、共担共创等都是在经营管理者致良知后更容易显现。生态战略的本质就是对平衡与规律探寻的一个战略，当企业领导者减少私欲、减少控制、减少贪念后，那么该企业就会吸引更多的合作伙伴、有利于企业生存和进化的资源。如此，在较多资源的条件下，企业构建以价值链为基础的多元化产品或服务，并以企业所构建的竞争优势，构建以优势产品或服务为基准的价值相关性的产品或服务结构，以多元化或规模化优势，互助各个产品茁壮成长，如腾讯。

生态系统是一个较丰富、自运转、开放性的规律性系统，这个系统可自积蓄诸多资源，如果企业对资源进行合理性利用，生态系统也会孵化出很多价值性产品，即生态战略的实施必须是围绕企业核心竞争力展开的多元化价值匹配系统，而后通过竞合、互助、共创、共享等方式形成稳定的生态发展模式。

在互联网时代，生态战略的主要目的是提高企业的灵活性和价值企业间的相关性，通过生态能力优化流量，强化用户体验。在目前的商业环境中，生态战略的提出和应用促进了新时代商业文明的形成，对于企业未来的发展有着重要的意义。比如，乐视提出“破界化反、开放闭环、以未来定义未来”等生态理念，强调以用户为中心，垂直整合、横向扩展，形成“平台＋内容＋终端＋应用”的生态发展模式，满足了消费者的极致化体验要求。毕竟，商业的终极价值就是创造出极致化的用户体验，体验怎么样关键看价值创造者在价值创造的过程中是否能够抓住人心，融入向善之心，最终只是为了平衡人心。在产品中融入关爱等情感元素，那么所塑造的产品亦会是柔美的产品。即在产品的塑造过程中追求精致，将产品赋予多样化的内容是对产品的认知性完善，以用户的认知性提高企业的品牌度，即企业经营还是要归根于用户。

归根是为了找到促进或阻碍企业发展的关键要素，由根给干输送养分，强化有力根系，促进能量的传输，增强单个产品的自我造血能力。企业通过竞合战略、投资并购、收购、自我创造等方式获得较多的产品类别，经营多样化产品时，就需要充分利用生态思维，整合企业内外部资源，增强产品之间的联系，对企业的土壤环境（基础设施、竞合策略等）进行修复，达到内部资源生态化和外部价值形态生态化的业态，构建稳定的生态系统，以应对不确定的商业环境。

生态的稳定性很大程度上源于价值结构的多元化和价值结构的平衡性，其中：多元化是为了互帮互助，共担共赢；平衡性是为了找准立足点、不偏不倚，长久生存。而这又吻契合自然发展之道，便是规律，以此满足企业或用户的“审美”需求。

⑥升维战略

笔者在前面提到，自我价值的实现往往是个体追求自我价值的独特性与唯一性的过程，独特性与唯一性的关键是繁中求简，简中求独。

企业的独特性与唯一性是其在生态战略的基础上繁中求简、简中求独的升维战略下实现的。升维的本质是对资源的叠加，包括时间资源、空间资源、物质资源、心力资源（能量资源）等。在互联网生态时代，以往的规则容易被颠覆，已有的边界容易被打破，消费者的个性化需求和全链式体验正在被激发，商业环境的不确定性更加明显，而市场需求渐趋饱和。在这种情况下，企业的竞争优势较难构建，而企业借助升维战略则会较容易地冲破原有的行业资源限制，获取生存资源。互联网时代使连接变得广泛，“互联网＋”的本质也是利用互联网思维和技术叠加资源，以资源叠加的独特性出奇制胜。比如，乐视是以“平台＋内容＋终端＋应用”进行叠加而去构建自己的生态系统。企业提升自己的战略维度，看得更高、更远，系统性更强，从而形成降维打击能力。

世间的维度有多种，包括技术维度、资本维度、品牌维度、社交维度、媒体维度等，但是归根后还是时间、空间、物质和能量等本质性的内容。企业升维的关键是对资源的重新定义和分类，细分影响层，确定影响范围，以时间、空间、物质、能量等本质性内容对影响层进行划分，根据划分后的结果确定抽象影响层的数量以及各个影响层之间的联系，而数量的多少就是维数。任何一个现象都可以从单个或多个维度去解释，解释某一现象的维度数越多，我们就越能够发掘该现象的内在价值。从哲学角度来定义维度，就是对某一现象的观察思考的角度。人们观察思考某一现象的维度越高，则对现象的理解越透彻。

事物的发展总是趋向高维度，升维战略就是指企业的发展趋于深层化、精细化、高度化，从已有的既定资源或思维中跳出来，找到另一个影响层，重新对企业的各项业务进行理解，突破传统模式的束缚，将影响事物（企业）的所有维度想清楚，高维思考，低维打击，从另一层面获取竞争优势，从而实现企业的高层价值。

从农业时代到信息时代，商业的发展一般是在一维到三维层面，解决的是价值点（企业）、价值线（供应链或价值链）、价值体（生态系统）的问题。换言之，商业发展渐趋需求的系统化、体验的系统化，企业之间的竞争也是从价值点的竞争逐渐发展为价值体的竞争。竞争的维度越高，对企业的资源能力和价值分析能力要求也越高。

因此，维度之争一直都存在，只是一般企业之间的维度之争竞升到三维后便很难进行更高维度的竞争。在企业的转型过程中，企业的转型之道就是升维之道，从电气时代到信息时代，企业的维度升级到大数据、云计算、“互联网 +”、物联网等维度，实际上还是对时空的高效率、高水平体验。而过去的农业时代到工业时代，更注重解决个体的空间维度问题和物质维度问题。换句话说，马斯洛的生理需求、安全需求以及部分爱和归属需求都可以通过个体的空间维度和物质维度的解决而得以实现，而部分爱和归属需求、尊重需求、认知需求和审美需求以及自我实现需求更注重解决个体的时间维度和精神能量维度的问题。罗振宇在跨年演讲中提到未来有两种生意价值变得越来越大：一是帮用户省时间，二是帮用户把时间浪费在美好的事情上。本质上是注重时间维度的价值创造及获取，但企业的发展往往是多维度的综合性表达，总是契合其必然的演变规律，但往往更偏于人类更注重的一面，即事物的表现形式往往是朝着人类希望其发展的理性的一面，合情合理。

商业的发展，多一个维度就多一个竞争优势，别人做餐饮注重的是好吃，而你又注重社交的这一维度，自然会获取更多的竞争优势。因此，维度的升级关键在于影响层的挖掘，维度越多，业态越复杂。高维度的探求或认知源于心力，心力强者，对维度的把握也就越准、越易。“黑天鹅”现象之所以频繁出现，是因为影响事态发展的潜在因素被激发，而这些因素在之前不被注意，因此当它发生的时候，大多数人会觉得很惊讶。换言之，因为对事态维度的思考不深，导致“黑天鹅”现象频出。

商业世界中，每多一个维度，商业业态就会发生巨大的变化，世界本是无限的美，只是有待人类去挖掘、去美化。世界之美关键在于意识能量的维度数，进化的商业或商业模式本质上是对影响商业的底层逻辑和核心认知的高维度探求。未来商业的发展更注重技术维度、认知维度以及时间维度的深层次探求。进化发展、转型升级是对影响商业发展的某一关键点的扩展。例如，在互联网发展前期，是对流量维度的深层次扩展；发展到现在以及未来则是对技术维度和认知维度的深层次扩展。而从商业模式层面看，互联网时代的产品结构一般在二维以上，有流量型产品（即免费或不盈利产品）和盈利型产品两级。一般盈利型产品的设计从利益相关者的价值链着手。高维度系统的商业模式设计一般比较复杂，不只要考虑价值链，也要考虑到价值网，但高维度系统为商业模式的设计扩大了空间，盈利模式的设计也可以多重多变。比如，利用降维思维将传统模式中的盈利点免费化或平价化，打击竞争对手，建立竞争优势。

互联网时代，加强了个体与个体的连接度和聚集度，缩短了价值供应链，因此有可能在繁中求简，通过新维度的发掘，使企业在复杂的商业环境中脱颖而出，并利用某些资源能力，简中求独，合乎个体的自我实现之道。

升维战略的实施特别注重企业经营管理者的创新能力和思考能力以及对某一现象的分析能力，其中：以创新能力探求企业发展的新维度，并以创新的思路引领某一传统行业的转型升级；以思考能力和分析能力对有效资源进行细分挖掘与叠加。新维度的探知与思考最好契合事物的演变规律，以趋势和人性提升企业的发展势能，实现企业的独特价值理想。

# 第九章　组织结构篇

## 一、组织归根，夯实企业发展基础

笔者在前面提到，企业是一个以服务人心为目的的经济型组织，这是对企业回归人心后的再定义；而组织是企业内部成员根据企业文化、企业目标、企业战略等影响企业价值活动的因素而相互协作结合而成的集体或团体。从管理学角度看，组织是具有明确目标导向和结构机理的有集体意识而又同外部环境保持密切联系的活动系统。

而组织归根的目的就是实现组织与人、环境之间的高度吻合，使组织形态跟内外部环境相协调，价值主体在组织中的价值能够最大化地显现，使个体在环境（组织）中能够心有所定、心有所归、心有所念，最终使个体在组织中的心力价值能够最大化。组织结构则是组织进行价值活动的框架，是企业内部人员进行价值活动的依据，不同的组织结构在进行价值活动时的效率、运行秩序等都有所不同，所以组织管理归根就是回归人心、激活人心、运用人心、管理人欲，让个体服从于组织，让组织回归于人心，找到影响组织运行效率的关键因素，激活组织，使人在组织中绽放人性之美。组织是基于目标而存在，目的是通过专业化分工与协作使个体或企业在相关环境下可以更好、更快地创造更多的价值，服务更多的人。

1. 组织的心学表达

组织是任务的承担者，笔者在第八章提到归根三问：存在、任务及赋能，其中的任务是存在主体的价值创造（或贡献）的方式。组织为价值创造（或贡献）者提供保障，在能让奋斗者心有所归、心有所定、心有所念的环境中通过人心的激发，让奋斗者在一定的期限内创造一定的价值。组织结构的设定就是为了让任务能够以最小的成本和最短的时间，最大化地完成某一任务。

那么，用心学的“心即理”思想来解释组织的话，笔者认为所谓的组织就是一些有资源的人为了满足其欲望而通过一定的既可以满足他人欲望，又可以实现个人欲望的方式而结合在一起的集体或团体。欲望是个体在特定环境下所激发的产物，人类的行动经常受到欲望的牵引，但是个体的欲望只有在良知过滤后方可有正心、正知、正行。也就是说，个体欲望的表达经过良知过滤后，表现出的欲望才是有利于他人、有利于人民的。欲望人人有，企业的组织形态也受到管理者欲望的影响：私欲较强的管理者，企业组织形态的封闭性也比较强；管理者私欲较弱时，企业的开放程度亦比较大。换言之，企业组织形态的设定关键看管理者将企业内外部中的哪类人群的利益诉求放在第一位，事态的表现形式源于心念。

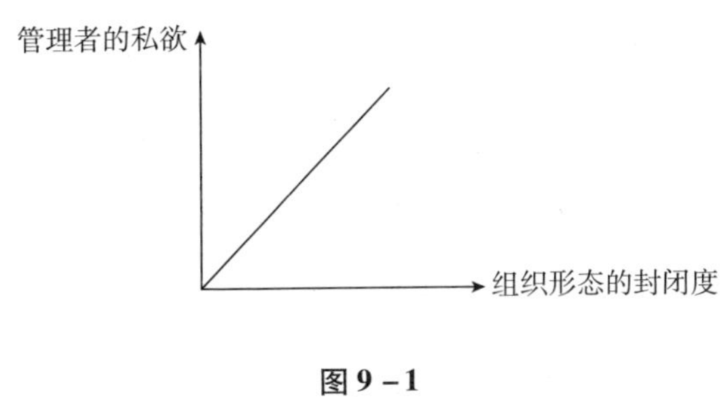


**图 9－1**

另外，企业在经营过程中亦遵循能量守恒定律。我们都知道，自然界中存在着能量守恒定律，即能量既不会凭空产生，也不会凭空消失，它只能从一种形式转换为另一种形式。因此，当企业领导者私欲增强时，在企业中其必会占有较多的能量资源，如此，价值相关者的价值能量就会减少。当员工的心志诉求得不到满足时，员工的积极性就会减弱，企业的价值创造能力就会低下，价值主体之间就会产生矛盾。但是，企业在发展过程中需要能量来支撑其发展。在封闭状态中，企业的能量供给有限（有企业内部人员的价值创造、融资等方式），当企业处于开放状态时，企业可以与外部环境频繁地发生能量交换，吸引外部资源，而开放的企业环境要求管理者的私欲极低，极低的私欲唯有通过致良知的方法去实现。

农业时代，人民的价值创造工具比较落后，价值创造能力较低下，企业的表现形式多为手工工场，这类组织的管理模式比较单一，管理者依据个人的意愿给下级工作人员分配任务，给予工作说明，吩咐其按时完成一件事，管理者对其工作结果负责，下级接受上级的指令进行工作。该时代的工作者唯命是从，按部就班地完成任务就是优秀的工作者。该时期与创业初期的组织结构类似，企业规模比较小，组织结构单一，管理层级一般为一级或二级，对员工的束缚比较大，但是便于管理，这也是农业时代的组织形态特点。该时代的老板的私欲较大，即此时的企业经营是以老板为中心，企业的价值活动按照老板的意愿进行，权力高度集中，员工一般为机械式的工作方式，此时员工的意愿难以表达，员工的独特价值无法体现。因此，员工的价值创造方式取决于股东（或老板）的意愿，老板以最终产品或最终利益为目标，指示员工定期完成定量工作，以驱相关产品最大化生产，并获得最大化的收益。

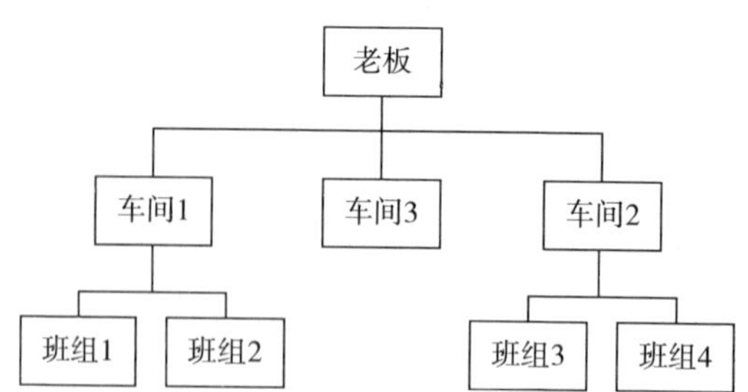


**图9－2　农业时代的组织结构模型**

随着市场生态的不断开放，人类的价值创造能力不断提高，社会的劳动分工类别不断细化，企业中员工的欲望随着价值创造能力的提高而不断被激发，企业价值创造能力强者变成了企业的核心，驱动着企业的发展，企业中的价值创造活动不断细化，企业越大细化程度也越大。这时，企业的目标和规划由各个价值创造能力强者（即精英团队）去完成，各个精英团队之间分工明确，并协调完成各自的任务，企业的价值创造由单一的细分化到团体的合作化，由精英人员引导团队人员一同完成企业的整体目标。职能型组织结构（见图9－3）等级较为明显而且对职位的分工化、专业化以及标准化的要求比较严格，因此可以进行规模化作业。当企业有较大的市场机会时，企业可以增加职能部门和相关的职位，实现规模化扩张。

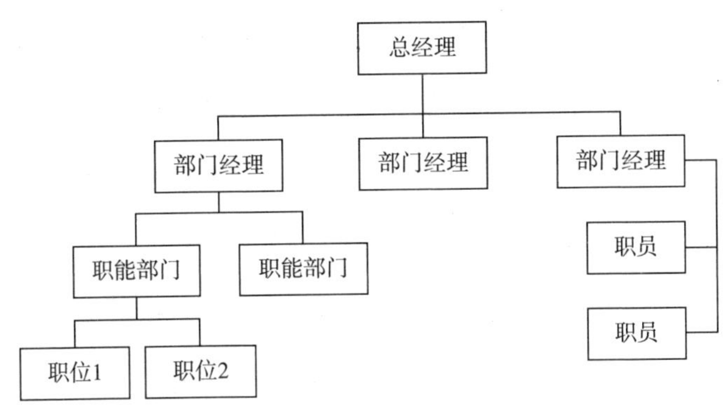


**图9－3　职能型组织结构模型**

但是职能分工与职位层级较多时，企业内部的运营效率便会低下。在职能型组织结构中，精英团队是企业价值创造的核心群体，企业对核心人群的依赖性比较大，因此老板（或总经理）的私欲比直线型组织结构（即农业时代的组织结构）的老板的私欲降低了一个层级，老板只有放权、放利，价值劳动成果分享于精英团队，企业的组织结构才能正常运行。这类组织结构在现代的传统企业中依然大量存在，企业要想变得更大，并实现良性运营，其经营思维和企业文化必须转变。

心力总是追求个人价值的最大化，精英群体更是追求个人的独立价值能够最大化地显现，因此愿意独立地进行价值核算，以简单明了的方式进行价值创造、考核与管理。因此，当企业的组织结构冗杂时，企业就开始思考如何精简组织结构，使流程缩短，决策速度加快。而事业部型组织结构（见图9－4）就是将总的决策权分散于各个事业部，决策权并不完全归于公司的最高管理层；各个事业部独立地进行价值创造活动，事业部价值独立体现。一般事业部型组织结构适用于规模庞大、产品/服务的应用范围因区域的不同而不同；一般事业部型组织是多产品、多业务型企业，以产品、区域、业务范围等差异划分事业部。因此，事业部型的企业适应能力又强于职能型结构的企业，每个事业部都有自己的产品和区域市场，对产品的未来以及整体规划负责，能够较灵活地应对目标市场环境。每个事业部自成系统，便于独立组织，并进行专业化设计、生产、销售等工作。各个事业部自主经营、分级管理、分级核算、自负亏盈，有利于充分显现精英群体的核心价值，其心力价值和价值创造能力得到最大化的显现。

组织为发展赋能，组织的更迭是因为组织无法承担企业的发展需求，组织体系的制定是为了协调内部人员能够以能分职，各司其职，劳有所得，使每个个体都能够发挥其价值，提升企业的总体能量。当外界

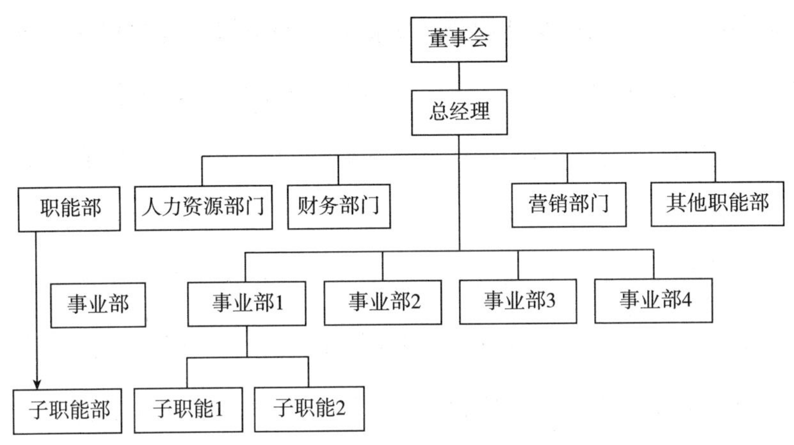


**图9－4　事业部型组织结构**

环境变化时，企业的发展方向和发展势能必然变化，此时组织形态与发展势能脱节，企业为了适应市场的多重变化，满足战略的发展需求，则需对组织进行适时改进。同时，企业领导者亦发现以股东价值形态或精英价值形态为中心的组织管理结构和产品形态已经无法适应市场需求，此时企业不得不转变经营逻辑，改变立场，重归心体，降低私欲，将客户价值置于首位，重新设定经营理念，适时调整经营逻辑，升级组织形态，以客户为导向，再造组织管理流程，并对企业的利益相关者的各个群体深入分析，了解各个群体的心愿诉求和价值常态，以驱动企业发展的核心人群为主要分析对象，以利他思维，在解决其核心问题的同时，也为企业的发展带来机会。当一种模式能够解决多个利益相关者的价值诉求时，企业的存在价值也会提升许多。

而矩阵型组织结构（见图9－5）是企业开始转向以客户为中心的

价值形态的雏形，该组织结构是在垂直职能型组织结构的基础上增加了由各个职能部门人员组成的、为了完成某一临时任务的项目组；同时具备了事业部型与智能型结构的优点，是以精英价值向客户价值转变的中间形态。该组织形态使各个职能部门的资源得到了更有效的利用，职能部门之间也能进行有效的沟通，打破了单一指令的局限，实现了人力资源共享形态，使职能人员在项目中锻炼了能力，又满足了项目的发展需求，项目完成团队即解散，比较灵活。因此，该组织是过渡型组织，尤其适合于企业转型或其他突发性任务的执行。

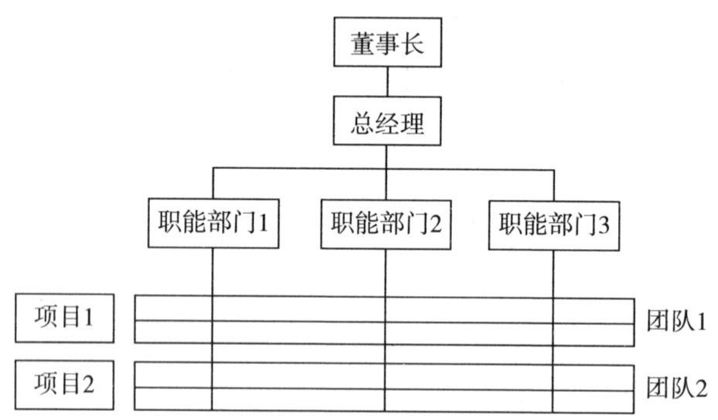


**图9－5　矩阵型组织模型**

网络型组织结构和平台型组织结构是以客户价值为导向的新型组织结构，以网络化和平台化使复杂的、冗杂的工作变得简单。尤其是平台型组织结构，极大地简化了管理流程，提高了组织效率，使组织形态得以进一步发展，此时客户价值能较及时地得到表达，管理者将个人私欲最小化，使多数目标群的用户和员工价值得以体现，满足了企业多数人群的价值诉求，并以此驱动企业的规模化扩展和生态化发展（关于网络型组织结构和平台型组织结构，笔者将在后文进行阐明）。

企业的组织形态的发展从最初的以老板和精英群体的利益为主逐渐发展为以客户利益为主的组织形态，回归到了企业的最终价值：以为人民谋福利和让人民过得更好为终极价值。企业只有以客户及利益相关者为中心而展开价值活动后才能真正地做到为人民谋福利。在领导者及企业经营管理者实实在在地致良知后，可更容易达到这一价值愿景。企业经营管理者要知晓企业内外部各个群体的价值取向和市场供需态势，以生产能力和市场供需态势为基础，了解各个群体的心愿诉求，服务好相关群体的价值诉求，以此服务好人心，经营好人心，以合乎人心的发展势能为企业的发展带来机会和利润。

在信息化时代，个人获得信息的能力以及价值创造能力都提升了许多，企业中员工的价值和客户的价值在一定程度上都得到了释放。在这种情况下，企业只有将资源和权利出来，让员工通过帮助客户实现其价值来展现其价值，以两全的方式使员工和客户的价值都能够达到平衡，并使企业对客户需求的响应速度和服务能力有所提高，最终使企业的价值活动回归于客户，让客户价值能够最大化地实现。总之，企业得乎人心，遵循企业本体的客观规律，以人心换人心，以向善之心服务于价值人群，激发潜在需求，并通过组织的设计将价值主体的活力渗透于组织，激活组织。

因此，企业在不同环境下的组织形态都有所不同，每个时代因其生产能力和市场供需的差异以及价值主体的不同而催生出不同的组织形态。但是每个时代的组织形态都是以最佳得以长存，而这个最佳形态是实现个体与环境平衡的最佳方式，最佳形态表现出了价值主体的价值最大化，而这个最佳组织形态的确定是先行者通过知行合一的实践法则探求出来的。“知行合一”是个体与环境实现平衡的最佳方式，也是组织或个体实现其价值的最佳方式。换个角度来说，组织就是“组合 + 配置”，企业在不同的时代背景和发展阶段，其运用资源或组合资源的方式以及对资源组合后的配置与利用方式都有所不同，因此组织的作用就是基于不同的时代背景和发展阶段对企业内部资源进行符合环境或企业（个体）发展诉求的再组合与利用；而组织结构的改变或升级就是为了对企业资源的高效或高价值的利用。例如，海尔转型后的“平台 + 创客”模式，实质上就是对企业资源的再组合与利用。毕竟，如果对一件物品的利用方式不同，那么它的价值呈现形式或价值效应也不同。

而组织管理就是通过价值主体和价值客体的心体洞察后，以最佳组织形态实现价值主体和价值客体的心体诉求，并实现个体与组织、组织与环境的价值平衡。

2. 心力追求价值平衡

心力追求价值平衡而进化不止。在组织管理中，组织是实现员工、客户和老板价值平衡的有效媒介，即实现个体与个体之间的价值平衡；而在组织形态中，最佳的组织一般可以实现个体与环境以及组织与个体之间的平衡。另外，组织的平衡还包括组织与环境的协调关系。这些平衡关系得以实现的底层要素便是心力。

①企业中个体与个体之间的价值平衡（见图9－6）

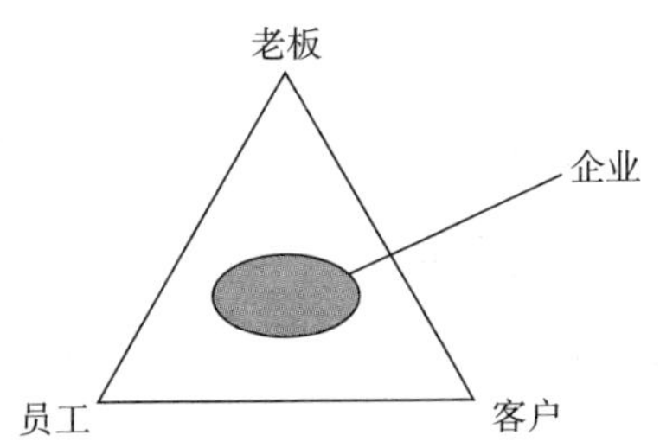


**图9－6　个体与个体之间的价值平衡**

企业各个个体都能在自身的岗位尽心尽力，并为企业的发展献智献策，这是企业得以长久生存的关键。换言之，企业中不同群体的个体之间要形成相互牵引、相互制约之势，员工之间团结互助，尽职尽责，心向企业；老板与员工之间形成相互成就、共同尽心于企业的发展；老板为员工的发展尽心，制定能成就员工的制度，因其能力，分享员工应有的价值成果；老板为客户提供价值性产品，并以客户为中心，策划相应的价值活动，打动客户，让客户为企业传播产品，为企业带来利润。而员工和客户之间因产品结缘，员工和客户之间的互动效率取决于业务流程的合理性。员工是接触客户最频繁的人群，员工对客户的态度影响着客户对企业的印象，因此业务流程的制定最好既能成就员工，又能成就客户。员工和老板发自内心地为客户解决问题，让产品价值、员工价值以及客户价值能够平衡化和最大化。个体与个体之间的价值平衡，本质上还是个体之心之间的平衡，个体与个体之间诚意相交。以向善之心对待他人，以精尽之心对待事业，使所劳与所得相匹配，所思与所为相一致，以使个体之间的平衡之态助力企业成长。

②个体与环境（组织）之间的价值平衡

环境一直处于变化中，个体亦需适应环境方可更好地生存，个体在环境中生存，个体的欲望情愫因环境的不同而不同。也就是说，个体在不同的环境中所激发出的欲望有所不同，当欲望辅以良知时，所产生的欲望便是价值需求，个体在环境中的价值需求或边缘价值需求得到满足时，个体与环境方可平衡。另外，个体的价值创造能力也因环境的不同而不同，环境越复杂，能力需求也就越大，当个体的能力与环境需求相吻合时，个体方可在环境中长久生存。而组织又是个体价值的承载者，可以放大个体的价值，犹如水滴，把它放入大海中的价值比单独使用一滴水的价值大得很多。但个体在不同的组织中呈现的价值又不同，个体唯有在可使其价值充分显现的组织中才能使组织和个体的效益最大化。因此，组织结构的设定应以价值创造的协调性与最大化为基础。

③组织与环境的协调

内外部环境要素、顾客对事物的需求、价值主体的核心诉求、市场需求、技术条件等因素都影响着组织结构的设定，而组织与环境的协调就是指组织不仅需要吻合顾客和员工的意愿，也要使个体在组织中能够很好地适应环境，且组织结构的设计符合特定商业环境下利益相关者的价值诉求。当然，组织结构和价值诉求还得有实现的可能性。组织为社会环境创造价值和能量，服务于社会中的群体，为社会的发展注入能量，使社会生态正常运转。

个体之间的相知与相助、诚意与善意、个体价值创造能力的提升、欲望的良知化以及组织与环境的协调过程都离不开心力（包括个体的心力和组织的心力），组织的心力由领导者主导，个体与组织心力的最大化可使平衡关系持续较长时间，也可使不平衡关系得以平衡。

3. 组织归根 ETE 法

组织是战略的主要承担者，战略为组织寻找动力，战略为企业的发展注入新动力。任何一个企业的发展，蓝海业务总比红海业务更能为企业带去更多的发展机会和发展能量，而组织的作用就是抓住机会、利用能量、创造价值，组织模式的更迭就是为了更加有效地抓住机会以及更加高效、系统地利用能量、创造价值。而组织的一个重要作用就是联结，联结的科学性、连接力、有效性以及内驱性决定了组织是否具有活力。

在很大程度上，连接力由时代的技术水平决定，互联网时代的人人互联之状使企业的连接力提高了很多，这使企业有机会找到更加优秀的员工、合作伙伴以及客户。科学性是指企业组织结构的设定符合商业环境的发展状况，有利于使内外部人员的价值能够最大化地显现。此外，科学性也指：向上，企业的组织要承接战略；向下，企业的组织承接人才，激发组织活力，使人才在组织中长期为企业创造最大、最久的价值。而联结的内驱性是指企业在发展过程中通过机制的设定，使企业的组织具备灵魂，以文化机制内驱、资源内驱、权责机制内驱等激发员工和合作伙伴的心力，使组织中人才的内驱力量最大化，为企业创造更大的价值。

回归组织看企业，本书中强调企业是一个生命体，也是一个个体，那么组织就是支撑个体活动的骨架。个体是否足够灵活，企业是否能够变大、变强，关键看企业的组织能力。企业组织结构的时效性是企业屹立不倒、向前发展的关键。回归组织的本质，摸清组织结构，归根于组织的存在意义，理清组织更迭成长方式，以及组织的活动性能和前进动力，让组织归于根，让成长归于源，直击本质，有条不紊，使有效资源作用于企业组织的关键处，并利用有效资源，提高作用力，以撬动企业成长。

①组织的存在意义

组织是企业的骨架，对组织的有效利用是组织存在的意义。而组织的存在是以支撑企业的价值活动而体现出来的，也是为了对企业资源的有效利用，以对资源利用的合理性和规划性，实现各个业务板块之间的系统化规划与协同化发展。价值源于良知性的欲望，组织存在的目的就是为了更好地实现价值愿景。

对事物存在问题的思考就相当于对事物本质、本源的探究，让组织发生效益的关键是了解组织的存在使命和存在目的。因此，如何有效地对组织利用的关键是明晰组织的使命、组织的目的和组织的机制，让机制（模式）服务于目的和使命，对组织结构进行有效设定，激活人心，激活组织，让组织的存在意义得到升华。组织是个体价值创造的载体，个体融于组织让组织的存在富有意义，个体在实现组织目标的同时，也在实现个体的目标，这是组织与个体平衡的结果，由此使个体在组织中得到回报与满足，进而使组织与个体之间实现良性共生。组织的存在是为了更好地承接任务，并能有效地完成战略任务和商业模式任务，实现企业利润的增长或规模化扩张。

②任务

任何一个事物都是因为个体对其利用，事物方可显现其价值，利用量和利用的频次越高，事物的存在价值就越大。企业的存在价值或组织的存在价值也是如此，领导者通过任务的发放与执行而使承载任务的组织发挥价值。此外，组织的价值检测标是组织在单位时间内的任务承载量，任务的价值性与紧迫性影响着团队执行任务的质量和效率。当然，任务的执行效率和质量的影响因素还有组织结构是否时效，任务制度是否灵活，任务制度是否人性化，以及团队人员的综合能力等。

组织的任务是服从战略、创造产品、传递产品，企业也可以看作是一个组织，企业通过提供良知化产品或服务而满足市场的某种需求而获得存在的意义，而良知化产品或服务的提供关键看任务，任务使存在价值得以发挥其应有的价值或放大存在价值。个体依托于组织进行价值创造，而组织又使管理变得有条有理。组织机制使人更省心、省力，任务机制可以使任务自执行、自运转等。团队人员按照机制行事，按照效果总结，并在执行任务的过程中以时间和费用的最小化以及价值的最大化为依准，尽心尽力，使任务在组织的助辅下为企业创造利润。

③赋能

组织归根，而后生长，组织的生长就是组织的迭代，组织的迭代过程就是组织结构再设置的过程。而组织结构的更迭以及更迭后的组织结构是否最佳，主要看执行者在执行任务前审视自己所做的事是否能为企业的发展带来好处，所做的事是否合乎目标群体的心愿诉求，制定的任务规划是否与市场环境需求相契合等；执行任务的过程中检查自己是否按照之前的规划高效地执行任务，是否做到知行合一等；执行任务后进行纠偏，考量执行前的所思与市场的客观环境是否有矛盾，或在执行任务的过程中哪些行事措施还有待改善等（即执行任务 SCR 原则，见图 9 -7）。而后全面审视何种结构有利于企业进行价值活动，有利于企业在发展过程中减少资金、人力资源等的耗费，以审视、检查、纠偏后的结果确定最佳组织结构。更重要的是，组织亦可为企业的发展赋能，在同一阶段、同一环境、同一资源的情况下，组织能够为企业赋多少能，是由组织结构决定，最佳组织结构处是企业赋能量的最高点（见图 9 -8）。那么，企业通过何种方式为企业赋能呢？

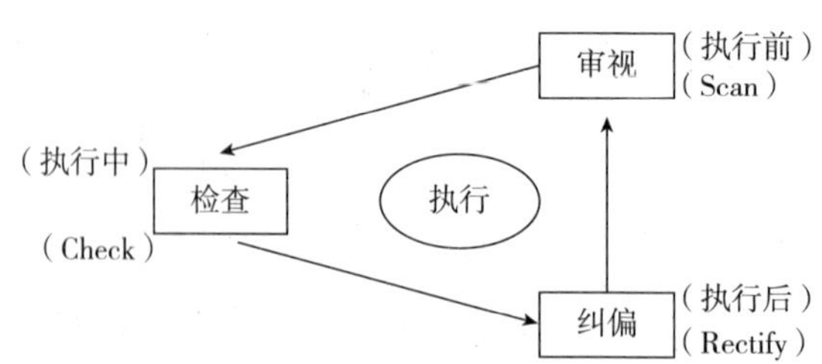


**图 9 -7　执行任务“SCR”原则**

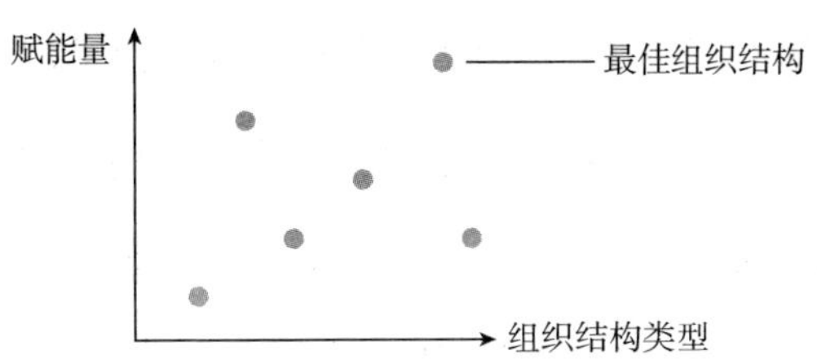


**图 9－8　组织结构最佳处为赋能量最高点**

第一，组织为企业赋能体现在其为企业带来的联结价值，使企业能够在较短的时间内找到最适合的员工和合作伙伴。另外，最佳组织结构为企业节省费用，并提高企业的价值创造能力和效率，为客户带来极致体验。企业的任何一个价值活动都要耗能，减少能量的耗费也是一种赋能。组织是任务的承担者，任务在完成的过程中也是产生利润、创造能量的过程，因此，在单位时间内完成任务的量决定组织中团队的赋能量。

第二，如何让顾客更好地了解企业，购买企业的产品，与组织结构也有关系。一个好的组织结构和组织机制可更容易地让顾客了解企业，购买产品。在互联网时代，扁平化的组织形态中将客户置于价值创造的过程中，将员工置于市场活动、价值反馈以及部分决策的最前端，使企业的产品体验更优，产品传播更易，产品购买方式更便捷。自然地，产品的购买量也会过多，产生的利润也会更大，为企业赋的能量也会更多。

第三，机制的有效化、最佳化、人性化以及心力化也可以激活组织，为企业带来发展能量，帮助企业减少发展损耗。那么，如何使机制达到上述要求，其做法与最佳组织结构的探索过程类似，皆是在任务中审视、检查、纠偏，多次重复此过程，由此机制的合理性也会觉察出来。在机制的初步制定过程中致良知，在执行任务的过程中做到知行合一，以“知行合一”之理寻求组织的进化和机制的最佳，并在企业的经营过程中回归本心、归根发展，以“心即理”（良知即天理，人欲即天理）和“事上磨”的思想和心态为企业的发展带来能量和机会。

第四，给组织的赋能要素还包括组织的资源优势、组织的愿景使命、组织的战略目标等。在竞争激烈的商业环境下，企业通过资源优势或核心能力，以精准的商业洞察力，制定契合企业发展和行业现状的战略目标，并基于企业的愿景使命，为社会发展和人民幸福做出贡献。

## 二、组织结构层级进阶的底层逻辑

战略之下是组织，战略随外部环境的变化和企业的发展状况而有进阶之路，组织结构亦复如是。组织结构的影响因素，一方面源于企业对环境的探知和压力，另一方面源于领导者或价值主体的心力诉求。

组织结构的每次升级都是为了适应外部环境，并使内部环境与外部环境相切合，即内部环境跟得上外部市场需求。在企业的发展适应市场变化的过程中，战略是前锋，组织是根本，以组织的升级或重构带动业务和产品的升级和重构，从根本上进行自我升级。例如，阿里巴巴“五新”（新零售、新金融、新制造、新技术和新能源）战略发布后，随后便对其组织结构进行全面升级。阿里巴巴从过去自上而下的“树状”型管理结构变成了更加灵活高效的“网状”结构；将阿里巴巴内部分为“大中台、小前端”两部分，以前端业务的灵活性来应对瞬息万变的市场环境，“大中台”则借助于其庞大的运营数据能力、技术能力和产品能力等，以云有化数据模型使企业的组织结构更加灵活、更加敏捷。

笔者在前文将企业比喻为个体，并认为组织是支撑个体活动的骨架，那么何为企业的肉躯呢？笔者认为，企业的价值创造能力、价值创新能力、技术能力以及企业文化等要素构成了企业的肉躯。企业在组织升级的过程中，由骨架结构的升级带动肉躯的改变，其中，组织解决的是权利与责任、人心与事心、能力与资源之间的平衡问题，而组织升级的目的无非是为了解决上述关系的平衡。企业组织结构的升级是为了适应企业的发展需求，以企业的优势资源为基础，重新审视内外部环境，升级组织结构，以组织优势充分发挥企业内外部的人力价值和资源价值。组织的优势是企业创造（设计）出来的，那么企业在其成长的不同阶段该如何合理地设计或升级组织结构呢？笔者根据 6P 进阶模型以及对大量企业的观察与研究，思考总结如下。

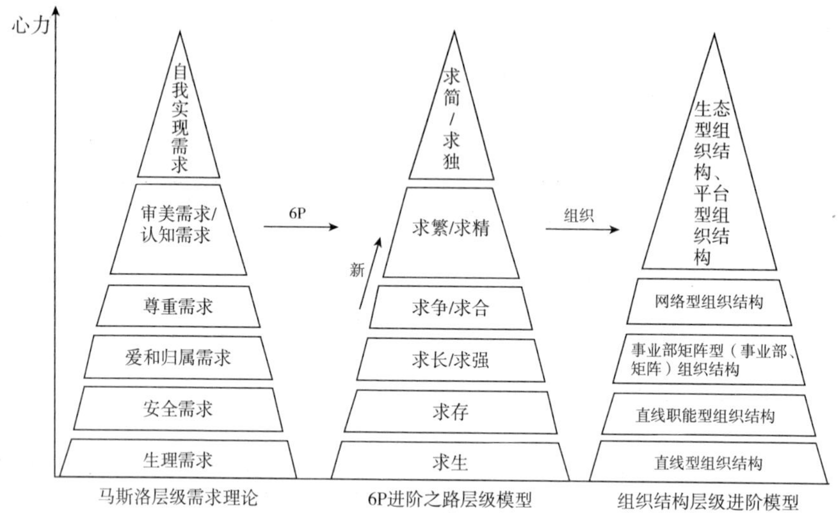


**图 9－9**

企业可以看作一个个体，个体在成长生活中会自然地出现很多需求，个体的价值需求通过组织更容易实现，这种价值需求的逐级实现使个体变得更强、更大。企业也一样，其在不同的发展阶段需要设定不同的组织结构，以满足个体的成长与变革需求。利用垂直化思维、单点驱动思维以及价值网络思维驱动组织的进化，以心之诉求为基础，内驱企业的层级进化，把握创新的利器，因势利导，求新求进。

基础设施的渐趋完备性、人性基本假说的合理性、创新机制的人性化是进化的基础。认知先行，对目前的商业环境和未来的结构演变进行推想，审视组织的进化环境和空间，并以组织的升级使企业的价值创造能力和运行效率有所提高。

技术、战略、产品的升级很大程度上受到人性底层的欲望影响，而进化总是由简单到复杂、由低级到高级的过程。在企业的发展过程中，组织根据其核心问题、战略方向以及企业的规模和其他综合环境可得到图9-9所示的组织结构层级进阶模型，该模型将企业从创业到变强的进阶逻辑做了诠释。当企业在组织方面出现问题时，可根据企业目前所处的发展阶段，定位组织形态，明晰组织结构，判断组织形态的合理性，并做出企业组织结构升级的方向判断。

1. 直线型组织结构（初创期）

直线型组织结构是企业创业阶段的首选，企业在创业阶段资源相对较少，在企业以机会求生存的机会战略下，企业的核心问题就是找到求生资源，以满足其生理需求。因此，此时的组织形态较为灵活（毕竟人数少），创业者以精准的眼光和洞察力发现求生机会获取第一资源，全力打造产品，以高质量的产品求得生存机会。同时，企业在该阶段也要特别注重成本的把控，这时企业需要权力高度集中于管理者，以单一的组织结构灵活地管控企业，下级只接受上级的指令，上级对下级的工作行为负责。因此，特别适应于创业型小规模的企业（具体的组织结构图如上节所示的农业时代组织结构，即直线型组织结构），创业企业的领导者既是经营者，又是企业的所有者，领导者直接对企业的成本以及产品的质量负责，这就要求领导者有较强的洞察能力，抓住机会，以高效正确的指令方法领导企业。领导者通过指令方式对有效资源高效利用，以灵活正确的行为为企业创造利润，使企业的生理需求得到满足。此时，创业团队的综合技能、偏好等也影响着企业的发展方向，即团队的能力要素与团队之间的协调程度影响着企业组织结构的初级形态。

2. 直线职能型组织结构（快速发展期）

当企业抓住机会，将第一资源以指令性的方式领导员工进行价值创造而使产品的功能得到完善，且该产品在市场上反馈不错时，企业就有了明晰的生存机会和利润来源，满足了企业的基本生理需求。在重复性地按指令执行的过程中，员工的价值创造能力有所提高，企业也为了进一步提升利润水平，亦开始接受精英人员和其他人员，扩大生产规模，即发展或扩大单一业务规模，此时业务的增长主要依赖于精英人员，以精英人员的领导力，对企业的战略进行落地，产品进行规模化生产和销售，提高产品的销售量。换言之，企业度过了求生阶段后，开始由求生阶段过渡到求存阶段。在求存阶段，企业的主要目的是提高其核心能力或核心竞争力，稳固基础条件，满足安全需求，此时企业领导者主要考虑其抗风险能力、销售量与利润的增长性等。企业以此为目的或方向来升级组织结构，让组织结构可以支撑企业的利润增长和规模化增长要求，使企业在有限资源的情况下做到绩效的最大化。此时企业的业务发展较快，组织较难跟得上业务的发展需求，因此领导者或经营者需要根据当前或未来的业务发展需求，优化组织，并改变管理模式。

在这种情况下，直线指令性结构无法支撑企业的生长需求，企业靠领导者一人的洞察力和领导力无法使企业正常运转，而对企业内部员工的专业化能力要求比较大，于是分工化协作的作业方式使企业的创造能力整体提高，企业以职能化分工模式进行规模化生产，通过设定不同的职能部门（如研发部门、生产部门、市场部门、人力资源部门等），在组织管理上由精英人员负责不同的职能部门，协同完成价值创造。直线职能型组织适应于产品结构单一，能够进行规模化、标准化生产且市场需求量大的产品，以满足市场的价值需求和企业的利润增长需求以及精英人员的价值实现需求等。

直线职能型组织以稳定的职能化分工和专业化技术，提高企业的抗风险能力，并满足企业的安全需求。该结构保持了直线型结构的统一指挥优点，又融入了职能结构的专业化、细分化优点，提高了企业的生产效率和运营效率。

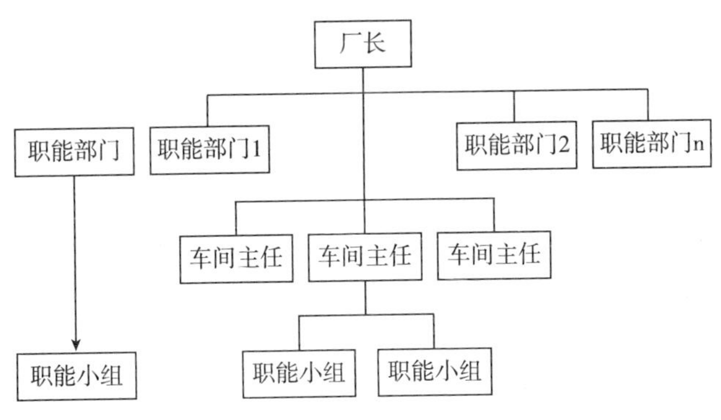


**图 9-10　直线职能型组织结构模型**

职能型组织结构可根据企业的发展需求适时增加职能单元，于是职位层级不断增加，企业规模逐渐变大，领导者则需要较强的心力去经营企业。在领导者求存心力的助力下，企业基本满足了其安全需求。而提高企业安全性的一个有效的方法就是对资源的有效利用，以及对成本的合理性控制，杜绝资源的浪费，以使企业遇到突如其来的困难时，企业有能力（资源）应对之。而这些要求落实到各个职能部门亦方便执行，有利于企业精益化战略和节约化战略的落实。

企业要想持续生存不得不进行创新或符合环境的改变，而职能型组织结构由于各部门的独立性以及价值创造的分工性，使得创新变得困难，因此当企业在该阶段有创新的需求时，需要企业尽可能地制定有利于企业内部人员创新的机制和沟通协作化的企业文化，使组织的协同性提高。

3. 事业部矩阵型组织结构（或事业部、矩阵型组织结构，企业的稳定发展期）

当企业通过职能化分工进行规模化生产与扩张后，基本有了稳定的利润来源，满足了其安全需求。但是，随着市场需求的不断扩大，企业就需要进一步发展升级，开始考虑企业如何慢慢地变强、变大，即此时组织慢慢走向完善化、规范化，组织追求各个分支结构的完备化以及各个制度流程的细化。商业发展扩及的严密和整体结构的完备化是企业在该阶段的主要发展目标，而此时企业采取的战略是稳定发展战略。笔者在前文提到，个体只有在满足其归属和爱的需求后方有求长、求强的心志，而归属和爱的需求的满足关键是其心灵上的满足，这就需要企业领导者知心，了解企业内外部关键群体的心理诉求，而后通过企业机制或企业文化尽心。在该阶段企业对组织的要求是企业的组织需要有合理的授权机制，充分调动职业经理人群的积极性。因为在事业部组织形态下，职业经理人群体是企业的核心人群，企业需将管理经营权充分地授权给职业经理人，让职业经理人去带动企业的发展。因此，需要特别注重职业经理团队的打造，以精英人员领导团队驱动企业的稳步发展。即此时业务结构相对稳定，企业的重点任务是完善管理体系，提升管理效率，使企业稳步发展。

事业部矩阵型组织结构的设计主要是满足企业或企业中价值主体的爱和归属需求。组织结构的设计既要满足企业内部人员的归属和爱的需求，而给价值主体充分授权就是满足其归属需求；且产品的特征属性和地域分布也要满足其爱和归属需求。爱和归属需求得到满足的关键是匹配，让人适其位，产品适其人群（区域），而事业部组织结构刚好适应于规模大、产品种类较多的企业，一般以产品、区域、客户等差异划分事业部。事业部是由设计人员、产品人员、销售人员等组成，每个事业部的个体可相对充分发挥其价值。各个事业部独立进行价值创造，并独立经营、独立核算、自负亏盈，即企业组织的结构的设计具有归属性特点。事业部根据自身能力，创造出符合区域特点或客户需求的产品，即使产品和区域人群相匹配，而且产品在事业部下又能够得到悉心的照顾，使产品获得特别的关照。同时，每个区域客户群或相应特征的客户人群的需求也可以在独立事业部管理下得到满足。由精英人员领导事业部的发展，基本可使人适其位，人尽其心。

而矩阵型组织结构是把职能划分的部门和按产品（项目）划分的小组组成一个矩阵结构，如上一节中的“矩阵型组织结构图”，由临时性项目组成临时性团队，项目团队来自不同的职能单元，团队内的等级划分较难形成，内部是平等互补关系，有利于调动团队的积极性，利于项目的执行，且任务完成后团队即解散。该组织结构可应对不断变化的市场需求，以此提高企业的稳定性和企业内部人员的价值性，使其归属和爱的需求得到进一步的满足，且该组织结构将客户价值提升了许多，也在一定程度上提高了外部客户价值的归属需求。

市场变化的底层原因是客户需求的不断变化，而如何应对这种变化，使企业内外部利益相关者的利益持久化，唯一的方法就是以客户价值为中心。企业的价值活动以客户需求为导向，此后的网络型、平台型以及生态型组织结构都是为了更多地、更好地、更快地实现客户价值需求而设定的。

而事业部矩阵型组织结构是结合了事业部型和矩阵型的双重优势，是在事业部型组织结构和矩阵型组织结构发展成熟后而出现的较为复杂的组织结构。它以灵活的市场组织形态，满足企业的稳定发展战略和市场的多重变化需求，尽可能地让企业内外部人员发挥其价值，解决核心人群的利益诉求，并以组织结构的合理性，支撑企业发展。例如，在事业部矩阵中，同时具有横向和纵向的管理模式，垂直方向进行以职能管理为基础的产品管理；在横向结构中则以产品事业部形态为基础的管理方式，而在横向结构中还包括区域事业部和客户事业部两种管理模式，共形成三种管理结构。将事业部结构与矩阵结构结合后，企业内外部群体的爱和归属需求能够更大程度地得到满足，以合理的组织结构引导内外部群体进行价值活动。当然，结构亦应有利于个体之间进行扁平化的交流，以交流的频繁性和结构的合乎人性，满足个体的心灵诉求。

组织结构在该阶段的设计目的是追求企业的增长和强大，而该组织结构既有助于企业增加产品类别，扩张区域，以市场需求适时增减产品，并可对满足市场需求的产品进行规模化生产，以市场的吸引力促使企业的利润增长。当某一产品不能为企业带来利润时，企业应该大胆地削减产品，探寻新的市场机会，适时增减事业部或职能单元，以求利润的最大化。在使企业强大方面，一方面企业的机制与文化的设定需要契合特定人群的市场需求，另一方面企业的组织结构需要契合企业的业务增长和核心人群的价值需求。在企业不同的发展时期，企业所对应的核心人群（即价值主体）都有所不同，企业发展的重点便成了知市场、明价值，并以组织的双重压力驱动利润的增长。

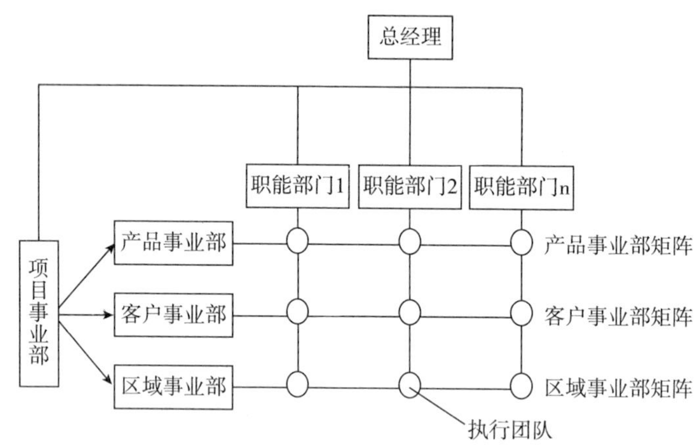


**图 9－11　事业部矩阵型组织结构**

而由直线职能型组织结构进化到事业部矩阵型组织结构的中间形态还有事业部型组织结构和矩阵型组织结构。在某种程度上，事业部型组织结构也是为了满足企业的安全需求，使企业的稳定性增强，而矩阵型组织结构则是增加企业的灵活度和市场适应度，两者结合后，以灵活性和稳定性满足企业以及企业内部人员的爱和归属需求。

4. 网络型组织结构（区域扩展期）

在不断开放和需求多变的市场和人性（即个体价值的独特性）的双重作用下，企业也开始在市场中需求独特的地位，通过竞争与合作满足企业的成长需求和尊重需求。而尊重需求得到满足的关键是使企业的名声、地位、晋升等需求得到满足，采用竞争与合作的方式则更易实现其成长和尊重需求。

当企业有了稳定的发展优势和一定的资本积累后，就有资源利用现代信息技术手段，设立一种新型组织结构。该结构以契约关系建立，并依靠合作联盟进行互惠互利、相互协作的网络关系，与企业所需的制造商、销售代理商、售后服务商等机构达成长期的协作而进行产品和市场的开发，从而促进企业经济效益的提升（包括管理成本的降低和管理效益的提升）。此外，网络型组织结构以授权管理为主要方式，简化了管理层次。很多中大型企业在互联网时代都采用该方式进行市场区域的扩展，而主公司的主要工作便是协调与控制。

网络型组织结构的最大特点是企业在价值活动的任意环节有所欠缺时都可以在行业价值链上找到互补性企业，而后通过合作共赢关系，完成这个价值活动的过程。企业的价值创造或价值传递等环节都可以有多个企业共同参与，当然企业也可以通过控股形式完成产品的研发和区域市场的扩展。企业之间以资本的所有关系进行联结。网络型组织结构，构成网络合作或竞争关系的企业在某一领域一定比较专业，被合作的企业从单点方向体现企业的价值，因此，更加注重彼此的精细化分工与密切化合作；而中心企业通过合作与竞争的方式为企业赋能，使企业中的薄弱环节得以强化。

网络型组织结构是一种较为扁平化的结构，以柔性、灵活的组织形态应对竞争激烈、快速变化的市场环境，该结构突破了内部资源的限制，借助于外力整合外部资源，并可极大地降低企业内部的经营风险，降低企业的生产、运营成本，使强者更强。

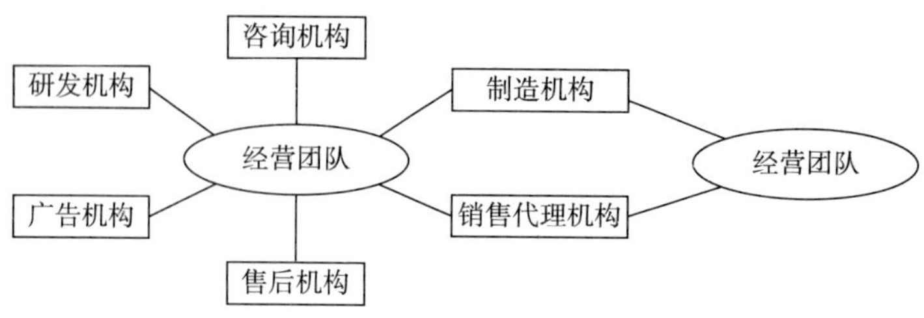


图 9－12　竞争合作型网络结构

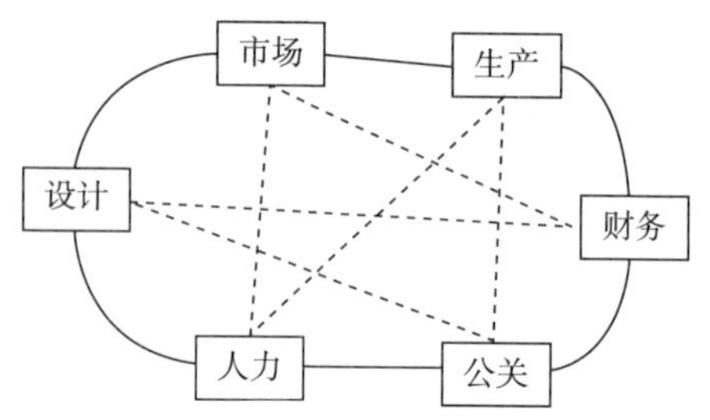


图 9－13　企业内部网络结构

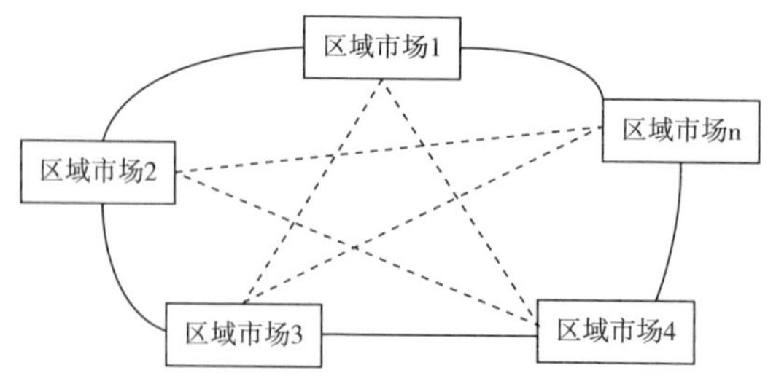


图 9－14　市场区域型网络结构

在互联网时代，企业内部易于实现扁平化组织形态，企业内部的各个群体（如设计部、市场部、产品部、用户、合作伙伴等）之间可以扁平交流，随机沟通。如此，可提高企业彼此的连接度，打破部门之间的边界，使得企业内部的信息流动加快，以更好地对企业内部出现的问题及时高效的解决，更多的是使顾客需求得到及时的反馈与解决，是较为平等的组织结构，同时还使得企业内部人员的尊重需求得到提升。

对于市场区域型网络结构（或行业联盟型网络结构），两者的共同作用都是为了提高市场的感知力和反应度，也促进彼此之间的协作交流，资源共享，以共赢互利的态势助力企业变强，并以网络联合的方式，提高企业的品牌度，以满足企业的尊重需求。

经济全球化离不开企业之间的网络连接，网络型组织结构的特点是反应较灵敏，并易于联合和扩展，可适时对业务进行扩展，即通过市场区域的网络形态，企业可实现产品或服务的区域化扩展，实现企业的规模经济和网络经济效果。但是，网络型组织结构的一大缺点是该结构使企业资源过于分散，导致企业的专业化程度和企业的核心竞争力有所降低。企业经营者可根据具体的发展状况酌度扩展业务，但还得不忘归根，强化企业的核心竞争力。①

5. 平台型和生态型组织结构（变革强化期）

网络型组织结构主要是解决企业的外部扩展与内部协调需求。当企业通过该种方式积累了较多的资源后，便可通过平台型组织结构和生态型组织结构满足企业的认知审美需求以及企业的自我实现需求。

在求繁、求精的发展过程中，组织边界不断模糊，此时企业着重解

① 网络型组织结构，一般是在事业部型组织结构或矩阵型组织结构的基础上增加的组织形态，企业一般无法独立地使用该组织结构。

决的是系统的灵活性（即市场的能力）和服务的效率。企业需要构建一个自有平台，平台的建立主要是解决庞大用户的服务效率问题，将供方和需方聚集于平台，而后利用互联网技术打破供需的不对称，匹配供需，使多样的供方和多样的需方通过机制的设定，自由链接。例如，淘宝平台、猪八戒网平台等。在目前的产业互联网时代，企业将价值链条中的设计、生产、采购、营销等环节都放到网络化平台中进行自由的价值连接，并在机制或模式的设计上以用户或核心价值群为中心，从而满足用户或其他价值需求群体的个性化定制需求，以此满足用户的自我实现需求。而在企业的平台化打造的过程中，会不断地聚集多方利益相关者，解决企业经营内容的有限性和经营范围的有限性。换言之，平台型组织有助于实现企业的规模经济和范围经济，为企业的发展带来更多的活力和动力，并且在平台机制合乎人心、可激发相关群体的自我实现需求时，平台亦可吸引更多的物种加入，使平台更繁。

心之所动，念之即有。欲望是个体的心性表达，世间的一切存在既是为了服务个体的潜在或显性需求，也是为了达到彼此的生态平衡。一方面，企业通过平台的打造积累数据，以数据驱动个体潜在需求的逐次显现；另一方面，企业可在平台的基础上建立生态，以生态谋平衡，在生态的构建中融入自然规律，以驱商业生态化的发展。

随着互联网技术的成熟，企业利用互联网技术对传统行业的改造正如火如荼地进行着，企业开始思索如何利用互联网技术与思维对组织进行改造升级，并在不断开放的市场环境中调动员工的创造力，激发市场活力，以最优的组织结构撬动企业的发展，获取市场的竞争资源。而平台型组织结构就是在企业积累足够多的资源情况下，以大规模资源支撑平台后端，在前端可自主形成大量的小前端去应对灵活多变的市场。例如，海尔的创客体系的建立就是采用“用户个性化、员工创客化、企业平台化”的机制引导企业变强、变大；让员工通过自我的价值创造能力和创客精神实现自我的价值需求，用户通过与员工的交互，实现其个性化审美需求。

平台型组织结构的小前端直触市场，以灵活和敏捷的结构特点对外部环境的变化做出快速反应，后端（大平台）为小前端的价值活动赋能，小前端以灵活性、自主性的价值创造方式为企业的发展注入活力。企业以大数据的管理方式对资源进行汇集与利用，以求资源的有效利用，同时企业也对创客行为数据进行适时记录，有利于企业内小组织结构的合理性和员工价值的最大化显现，也就是笔者在《商业生态》一书中所述：企业在平台化发展过程中注重“资源云”、“创客云”和“资讯云”的打造。

平台组织以机制、文化、市场、技术、人才以及治理方式等的合理性来驱动其自运转。不同类型的平台根据用户群和价值服务群体的特征，制定合乎其心理诉求的、能够激发其潜在创造力的机制，并以充分授权与协调的机制保证供给双方的价值匹配。市场是平台价值活动的主要指南，在个性化消费和价值需求多元的市场态势下，平台企业以用户为中心，以敏锐的感知能力和快速试错能力，对平台项目进行评估，并对价值方向进行把握，通过核心价值的提供解决相关人群的价值需求。而技术又深深影响着企业的组织运行方式和管理模式，技术以需求为导向。平台方面，以技术实现平台内外部价值链的协调，以大数据、云计算等技术驱动平台的高效运转。人才留于平台大多数是为了发挥其自由价值，即人才更倾向于在组织中实现自己的独特价值。因此，企业要为员工创造一个有利于其价值实现的环境，让员工在组织机制中实现价值，获得收益。而平台结构特点，往往是根据平台的价值属性和价值提供方式来确定。例如，海尔采用的“平台 + 创客”的方式，韩都衣舍采用的“小组制”，华为的“班长战争”等。其核心目的是为了缩小经营核算单元，实行去中心化管理，激活组织，灵活应对市场和客户的变化，实现员工和企业的价值诉求。

在平台型企业的治理结构方面，更多的是追求机制为主，协同治理、自主经营以及相互合作的治理模式。据笔者所观察，目前的平台类型主要有孵化型（如海尔）、供需匹配型（如淘宝、京东）、试错求新型（如华为）、灵敏型（如韩都衣舍）、混合型（如猪八戒网、京东等大多数生态型企业）。平台型企业以市场为导向，以用户为中心，以技术人才、治理方式为基础，推动企业向前发展，创造新的市场活力，为生态型企业的形成奠定基础。

当平台拥有了足够的、多样的物种和内容后，平台企业就有机会变为生态型企业，而生态型组织结构是一种自更迭、自进化、自运转的结构。在该类型的组织结构下，不仅企业内部的个体可以实现认知与审美需求（即对规律的探求与平衡的认知），企业本身亦可在生态的构建中，逐步在认知与审美的自我完善中实现自身的独特价值。

生态型组织的核心是组织的自发性与平衡性，注重各个物种之间的联结与融合，包括员工与用户、老板与员工、用户与老板以及各个产品之间，保证生态中可以持续地产生新物种或新价值。组织的构建以价值网为参照，以用户价值创造为中心，以多样的小型组织为企业的发展赋能。此外，在组织机制的作用下实现价值单元之间的互通互融，并在平台组织的助力下生态内各个群体的协同与进化。在生态型组织的内部，小组织之间通过协调实现整体结构的平衡性，而组织的开放性又更容易吸引其他物种加入生态，使多样物种之间实现互牵互助的动态平衡，利于市场的优胜劣汰机制的顺利进行。企业通过充分授权的机制，让小型组织提高自主经营权，同时通过灵活的组织结构和充分授权的管理方式，实现价值创造多元化，利于培养生态中的自主创造、自由竞争、自由淘汰的自由进化的稳定态势。

因此，辅以该组织的文化亦应提倡员工的自我管理、自我驱动，并树立协同意识，同时也制定组织内外部的创新、竞争与淘汰机制。在此情况下，组织还需要承担起较大的、较丰富的用户群和价值相关群的活动要求，并以系统的复杂多样性提高生态系统的稳定性和自我调节性，在多样性与平衡性的生态中满足企业的认知与审美需求。生态型组织更注重连接以及连接后各物种、种群之间的协调。在商业生态中，一般性企业可视为一个物种，平台型企业可视为种群，生态的稳定性是由各个物种、种群之间彼此协作、相互制约、相互赋能而形成的，而以上关系的形成除了需要机制和技术外，更重要的还是数据。因此，生态型组织还需要构建自身的公有化云平台，以云平台助力各物种、种群之间的协调。例如，阿里巴巴的淘宝、菜鸟网络与支付宝之间及阿里云与阿里内部的各个平台之间等都是靠机制、技术、数据来实现彼此的协同。

在不确定和多变的商业环境中，唯有以组织的生态化和系统内部的协调性与灵活性，在激活人才价值的同时，重构客户价值，以共担、共创、共享、共赢的经营思维，重构企业的竞争优势。并在此机制和思维的引导下注重创新。企业要构建一种环境或营造一种氛围（通常以文化或机制方式构建相应的环境），让企业中绝大多数的人都能够参与到生态的创新或生态的建设中，以创新驱动新物种的诞生与组织（生态）的进化。

组织是任务的承担者，生态型组织可以根据个人能力和企业的资源能力，自由组合，承担各式各样的任务，灵活地应对多样的环境和多重的需求，如海尔、韩都衣舍等企业组织。生态型组织将组织的去边界化、去中心化和去权威化得以进一步诠释。在打破组织的边界后，开放价值链，实现产业互联和企业的生态价值。比如，乐视强调跨界化反，主要还是强调生态组织的去边界性和新物种诞生的重要性，以多产业融合，释放跨界创新的潜力和势能，并创造出新物种。

生态型组织强调企业内外部的自组织与自进化，该组织模式合乎人心，合乎天理，可以极大地释放个体的心体价值。自组织更注重员工的自我激励、自我管理以及发展共享的理念，而这些理念通过心学的“心即理”、“致良知”、“知行合一”的自我修炼方法更容易实现。而自组织管理一般由以下五个方面组成：①自组织更注重小组织的共识、共创、共享、共担机制；②自组织管理一般是去权威、去中心化的，强调分布式控制；③自组织中的人才更注重多才、多能，因为在组织中，一个个体一般担任多角色和多任务；④在自组织体系中，企业应给作战团队或个人高度的信任和授权，使每个人自我管理，并具备自我革新能力，彼此以协同方式为企业创造价值；⑤自组织管理一般借助于网络平台和网络组织，在平台中设定机制，在网络中寻找供需方，并实现彼此的价值平衡。自组织形态是在内部人性驱动和外部环境的双重压力下产生的，有利于增强企业的活力和对环境的适应能力。该组织形态以“优胜劣汰”机制，使人才结构和能力要素不断完善与进化。个体可以依据其能力特征和兴趣特点，即时组合创造价值，这种价值创造方式可以突破企业内外部边界，使企业的资源更高效地被利用，以该组织形态缓解企业的组织僵化和资源利用效率不高等问题；释放个体心性和心欲，并以个体独特的人格特质，提高企业的创新能力。

员工在自我价值实现的同时也为企业创造价值，个体的价值创造载体是组织，组织在进化的过程中满足了企业的发展需求，从直线型组织到生态型组织，结构特点契合人性需求的进阶理论，组织迎合人性，但是由组织承接的任务和活动却是多种多样的。在组织下的活动，一方面笔者强调任务和活动内容的良知化，即企业的任务和活动应以企业的核心价值为中心，不忘为企业的利益相关者创造合乎良知的产品和服务。其次，企业在任务的执行过程中亦应注重个体/组织的知行合一，以知中行、行中知，推动企业的高效运转与进化。另外，在目前的商业环境下，企业在各个发展阶段都应不忘关注核心价值人群的心理诉求，以心求新，让企业在创新的机制中为发展注入活力和成长势能。

# 第十章　产品与营销篇

## 一、产品归根，探求企业产品设计之道

产品的存在是为了满足特定人群的欲望，产品的长期存在是因为其持续地满足了相关人群的价值欲望，而价值创造的目的就是为了实现产品与价值欲望之间的平衡。

组织更迭的目的就是为了更高效、更精准地完成价值创造活动。产品是价值的体现，也是个体欲望的表现形式之一，因此产品的形态特征亦能表现出个体/企业的价值创造能力，即个体的价值能力通过价值创造来体现，而个体价值创造能力的主要影响因素是心力，极致产品需要强心力去打造。笔者在前面提到企业是一个以服务人心为目的的经济型组织，而服务人心的主要路径便是产品，因此产品归根就是看产品是否能够服务好人心，满足人欲。

归根的目的是看清事物的本质，找到促进事物发展的关键因素，即

弄清我是谁、要往哪里去、拥有什么、能够做什么以及什么能够促进我成长等问题。进一步说就是明晰产品的服务人群，要为该人群解决什么问题，现在拥有什么资源，这些资源能够解决该人群哪个核心需求，还需要拥有什么资源才能促进产品的进一步更迭等归根性问题。

世间万物的一切后天性存在皆是服务人心式的存在，因此归根性问题亦可看作是归心性问题，万物源于心。对心进行深入的探知，方可对产品进行极致的打磨，产品的设计与规划亦源于心，产品之道，由心致之。

1. 产品的心学表达

产品的作用是解决个体的价值需求，价值源于心，心有善恶，因此价值亦有相对好坏，而符合良知的价值亦将有益于产品的受众人群。具体来说，无善无恶心之体，有善有恶意之动，意念的发动处便有了善恶之别，产品经理在意念之始，心发向善，意念之后为善去恶，把握价值的美好点，赋予产品人性之美。

“心即理”是心学的主要思想，以心求理，从心出发追溯事态的本源。在产品的打磨过程中，抓住价值提供群体和服务群体的核心诉求，直击本体或客体，根据价值人群的所听、所言、所视、所动，分析人群特点，并以分析结果对产品的功能点、场景点、价值点、内容点等进行塑造，做出迎合消费者心体诉求的产品，让产品极尽消费者的视听言动感之欲，消费者通过相关产品实现个体的器官之欲。任何一个产品只要抓住以下几个点，并完美地解决其中一个点，即可拥有庞大的市场基数，视要美、听要悦、言要良、动要快、感要柔！一切产品的设计和制造都因迎合该要点而迎合人心，越是极致的产品包含的上述要素就越多。而产品的升级之理亦可在马斯洛层级需求中得到启示。需求通过产品解决，需求升级，产品亦应升级，心之所求即是理，按理行事，便是顺势，只是理只有通过良知的过滤后才是真理，行中的理通过良知过滤后方是有价值的行。而真理往往需要通过多次行方可有着落处，产品的设计与研发者不可能在初级产品中就做出符合消费者心理诉求的产品，大多数初级产品是靠设计与研发人员的初步观察与体悟而成，更深层次的产品要依据消费者更多的信息去挖掘，而信息来源于消费者的所视、所听、所言、所动、所感等，消费者通过所视、所听、所言、所动、所感来表达其心体诉求，而多方位、全角度的诉求则需要广而全的信息，因此需要信息（数据）的积累和分析。产品设计者发布初级产品后，不断地收集消费者（用户）遗留的数据，通过数据更迭出符合其要求的产品，如此则可进一步留住用户，使用户持久地使用产品。在用户使用的进程中知其心，知后而更迭，即所谓的在知中行，在行中知，如此更容易获得用户的芳心。典型的案例是百度的产品，百度根据用户每次搜索的内容，总能推荐符合用户需求的产品。每一次搜索都是一次心欲的表达，每一次推荐和利用都是一次心欲的满足。

2. 心力助力产品趋于完美

笔者在心之力的定义一节强调，心力促使个体完成某一价值性动作，可使个体显现出其良知良能，可感知事物之理，使事物尽其能。

消费者依其心力可发现某一产品具有其存在价值，即知道什么类型的产品有助于个体的某种需求得到满足，而对于价值性产品、完美型产品，一方面需要设计者去挖掘、去体悟目标群体的心之所求；另一方面需要研发者不断地试错研发，而后投入市场进行迭代。在这两个过程中更需要心理助辅，以心力探知产品的潜在价值，并以心力完成对某一产品的价值追求。

3. 产品归根 ETE 法

回归问题本身，实实在在地做能够解决问题的事，不耗费企业资源，以价值的广泛性和独特性为产品寻求市场支撑点，理清产品的存在和意义，为产品找到赋能的方式，知晓产品升级的内在机理，让产品服务于市场，并为企业带来利润。

①存在

价值性的存在方可长久地存在，事物（产品）的存在价值在于它可为民众带来好处或能实实在在地解决民众的某种价值性需求。从无到有需要探索，探索的过程中需要敏锐的观察力和感知力，这种力量使个体（企业）可较快地适应环境，是生存之道。以观察与感知的结果完善产品，投放于市场，让产品的价值得以体现。

个体的存在价值是他/她承担了多少社会责任、能为多少人带来好处或便利、为某一人群解决了多少实实在在的问题等价值性内容，长期存在一定有价值。多观察事物的存在价值以及潜在的存在逻辑，改变（创造）新的契合环境的存在价值，这就需要：

a. 改变（新增）存在属性，让新的属性服务于某一类人群；

b. 改变存在逻辑，创造新的存在形式；

c. 发掘存在的内在价值，通过一系列措施和机制，发掘其潜在价值。

产品是价值的承担者，个体是价值的创造者，个体通过价值创造而彰显其存在价值，事物的存在度与其价值性成正比。因此，赋予产品更多的合乎价值需求和人性化的因素，产品的价值性亦将提高许多。价值需求是能够解决多少人的哪些需求，该需求到马斯洛层级的哪个阶段，以及需求实现后会给用户带来哪些好处和便利，即能够满足用户视听言动感的几个点。人性化因素是产品的灵魂要素，可为其插上翅膀，而人性化因素的赋予最好能够激发用户向善的一面，不偏离产品的本源价值——为人民谋福利。

②任务

关于产品的任务一般有以下三点：

a. 发掘产品价值，创造相关产品；

b. 升级产品结构，赋予产品属性；

c. 传递产品价值，扩大价值效应。

任务便是行，唯行方知真理，产品的价值需要任务去体现。在挖掘产品价值的过程中，贴近生活，以心力观察现象，感受生活，让生活或自然中已存在的事物，给产品的定义与结构赋予灵感，以灵感发掘产品的初级价值，并根据灵感完善创意，创造出相关产品。

产品的更迭是为了适应相关群体的价值需求结构的变化；升级产品，让产品在市场中持续地服务于更多的人群，并根据相关群体的价值属性，有选择地赋予产品情感性或人性化的内容，如爱情、亲情、友情、贪、嗔、痴等。但是，笔者建议在人性化方面最好设定能够激发人心中美好的一面，向善的情感永远是可持续的，会给产品带来持久的发展动力；恶只是阶段性的，不可持续。

价值在于传递，只创造不传递是对价值本身的不公平。要让有存在价值的产品在价值传递中提高其利用量和利用频率，让价值产品占据相关用户群的时间和空间，让任务归于价值传递，合理地利用资源，找到产品卖点，让有限资源撬动产品的大量传递。具体来说，产品的价值传递关键看营销的功底，以用户的行为偏好、心智模式、心愿诉求为基准，结合新时代的营销工具，设定出真正有创意、可激发人心的营销方案。以单一或多方的价值提供，使用户有意愿或有理由消费产品，以独特的场景角度和心理，撬动产品的传播，扩大产品带来的效益。

③赋能

产品在最初启动时需要能量的赋予，使产品在市场中流转。一般给产品赋能的方式有：科技赋能、艺术赋能、情感赋能、场景赋能、创意赋能、数据赋能、机会赋能、资本赋能等。

· **科技赋能**

科技是实现产品的主要形式，科技的主要目的是开发相关产品，解决人类的某一价值欲望。科技进步的主要目的是促使相关欲望更容易被满足或相关产品更容易开发，并能够降低产品的生产或开发成本，提高效率，给人类的生活带来便利和实惠。此外，科技的创新性亦能给消费者带来新的感官上的体验，为产品带来高附加价值，提高产品的生命力。

· **艺术赋能**

艺术使生活更美好，给产品赋予艺术感，为消费者带来独特的审美体验，使产品具有艺术性灵魂。这种艺术包含了个体对社会的某种向往和对审美的某种追求，是一种生活艺术或心体追求的心灵感应，一般以人文气息、思想理念、科技表达来完成对某一产品的艺术赋能。

· **情感赋能**

给产品赋予情感，让产品富有活力。在消费升级情况下，消费者更注重产品的情感属性，以感性因素推动产品的传播和购买。情感赋能是从消费者的情感需求出发，唤起消费者的情感共鸣，以心理上的认同（共鸣）为产品带来魅力性、情感性能量。

· **场景赋能**

为产品找到相关场景，根据场景区域特点和人群特点，发掘有助于产品传播和购买的因素，利用线上、线下融合性思维和工具挖掘场景价值。例如 WiFi 设施、iBeacon 设施、通信运营商等工具和活动策划方式，积累数据，提升营销效率，让产品在场景中找到新的立足点，并为产品带来新的发展动能。

**· 创意赋能**

当创意遇到互联网传播，其为产品带来的能量大得惊人，以创意的新奇性、有趣性，吸引大众眼球，为产品带来品牌势能。创意的主要功能是吸心，以吸心的方式吸能，让产品在创意赋能中自由赋能，如杜蕾斯。

**· 数据赋能**

数据赋能更多的是针对平台企业来说，平台型企业根据大数据，基于相关产品，在平台中根据数据分析定向推送产品，并且让产品在数据的分析得以完善，以线上线下融合、各渠道联合等方式，积累广而全的数据，协同数据，创新产品，以数据为产品积蓄能量。

**· 机会赋能**

机会赋能更多的是以顺势的方式在产品的设计、传播等方面节约资源，节约是另一种方式的给予，以机会寻求产品的定位与发展。因此，产品营销者要善于观察时事和新鲜要闻，产品借势，顺流而为，此不失为创业型企业产品赋能的好方法。

**· 资本赋能**

以小资源撬动大资源即是赋能，通过融资或吸引投资等方式为产品的初期发展注入能量，而后根据强大的市场优势和产品的后天优势使产品在市场中赚取更多的资源。典型案例是饿了么、京东等互联网产品。

赋能是为了有发展和进化的动力，一方面产品赋能是为了让产品更好地成长，另一方面是为了通过赋能的方式为企业带来更大的发展机会和发展动力。简单地说，赋能是为了更好的盈利，并以资金的可持续性，为企业的进一步进化带来动能。

## 二、营销归根，助力企业快速发展

产品的存在是为了满足特定人群的价值欲望，产品的归根性作用是服务人心，那么营销的存在就是为了让产品更好、更快地服务人心，并争取通过营销服务更多的人。

其次，营销的另一归根性目的是为了激起目标消费群体与产品属性或调性相关的欲望，让消费者更容易购买某一产品，这也是营销的本质。

近两年中国网民数量突增，据艾瑞咨询预测，至 2018 年中国整体网民规模可达 7.5 亿人，而各类产品亦是数不胜数，近年中国企业普遍觉得以往很有效的营销方式，现在的收效竟然甚微，以往一直用的渠道，现在其带来的销量也少得可怜。其根本原因是企业不能及时地洞察消费者的所需，即不了解消费者的心理诉求，以及消费者的新型行为方式和时间消耗方式。心随境变，消费者处于不同的市场环境中，其心之所求亦有所不同。假使某企业能够随时洞察市场方向，发现市场机会，然后制造出符合其心之诉求的产品，那么在借助互联网、大数据的情况下就有可能获得上百万用户。因此，唯有抓住营销的本质，在了解内外部市场环境的情况下，提供相关产品，并利用一些较新颖的营销方法或创意，激起消费者的购买欲望，而营销体系建立的目的便是为了以最快的速度应对市场或人心的变化。

很多情况下，企业利润难以增长的主要原因是其产品或服务没有及时地跟进消费升级和产业升级的市场变化。企业在不同的发展阶段和所处的环境下，亦会有对应的产品或服务迎合企业的发展需求和市场的变化需求，因此企业要有产品结构的层级进阶思维和方法来定企业之位，并合理地谋企业发展之未来。而与产品相对应的体验营销亦应抓住环境和相关消费群人心的变化，以变化规律谋求企业发展。

面对新的传播和消费行为，根据消费者价值需求的规律性变化，企业需充分利用互联网技术，如物联网、WiFi 设施、iBeacon 设施等智能设备，多方位收集相关数据，探知其行为、兴趣等内容，最终做到知其心、尽其心。而从知心到尽心的过程就需要营销助辅，可以通过相关的言语互动、精美的图片、视频分享、故事传播、有趣的创意等精准化的内容，营造相关调性的氛围，动其心，促其分享，即让他们的心去感召更多的心，形成心心相连的分享经济共同体，让更多的人较容易地购买并使用产品，方可尽其心。

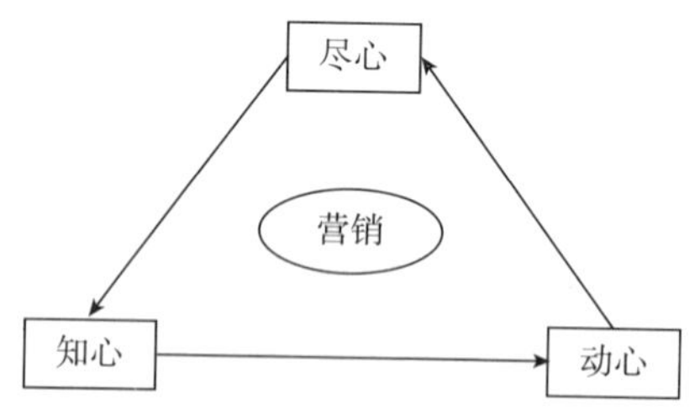


**图 10－1　营销的本质**

传播的本质是动心，任何能够让我们感动、喜悦、引起共鸣的内容都容易传播，内容的创造以目标群体之心为主要目的，发动群众的力量，让群众帮我们传播。从这个角度说，社会化营销的主要目的便是以社会力量助力企业产品的传播，其重点在传播，在动心。而场景营销则把知心、动心、尽心做到了极致，场景营销是通过互联网的基础设施和大数据多方位捕捉、收集并分析相关群体的所视、所听、所言、所动、所感来知其心，通过以用户为中心的精准性、专业化内容的提供动其心，通过多元化价值链产品的提供尽其心。

但是在知心、动心、尽心的过程中企业也应时刻不忘以良知归心，尤其是在动心与尽心的过程中切勿使用欺骗等手段，夸大产品的功能和其他价值属性，在产品的设计与制造过程中以诚意和向善之心制造良知化产品，并以该产品持久地尽其心。

此为营销之道，不可不察。

## 三、企业产品形态层级进阶的底层逻辑

产品是支撑企业发展的核心，战略、组织都是为了让企业做出更迎合市场的产品，并可让产品更好地被创造。战略与组织都在随着企业的发展阶段和市场环境而变，在战略与组织下的产品结构也随之而改变。产品根据需求而变，需求根据环境而变，产品结构的改变或更迭以市场为导向，选择或创造一个什么样的产品是企业主做企业前便应思考的问题。市场动态和企业资源决定了产品的选择类别，而一个产品一般只解

决某类消费者的一个核心需求，即所谓的大单品，单品的选择以时代市场中某一垂直市场为基准，根据细分市场，找准机会，敢于押注，开发相关产品，为企业的生存和发展博得机会。

产品服务于人心，产品的结构改变是因为人心在变，产品之所以有生命周期是因为其结构变化不符合或跟不上人心变化，因此知心是关键。比如，乔布斯、张小龙等顶级产品经理必定对人心研究得很深入。阳明先生讲："圣人之道，吾性自足。"尽心而知性，产品的设计或结构的更迭都是以心为始，以心为终，毕竟需求源于心，心即理，心作用于商业而生百态，百态的产品，源于百态的需求。当价值需求集中时，产品种类较少。例如：在农业时代个体的价值创造能力比较低下，市场较封闭，此时人类的诸多行为都是为了解决其生理需求，即吃、穿、住；在互联网时代，市场开放程度较大，人类之心被外界环境不断刺激，价值需求多样且多变，此时产品种类繁多，市场出现供大于求之状。

企业是一个生命体，在其成长的不同阶段对应的人群数量、需求特征及企业需求等也在变化，产品结构的进阶根据企业发展阶段和市场需求的特征而定。

助力产品成长的另一个要素是营销，营销的目的是为了让产品卖得更好，如何卖得更好？核心还是抓住人心，知晓人心，运用人心。亦即抓住核心人群，分析人群特征，知其心，知其欲，而后制定相应的营销方案。

那么，产品形态的进阶之路是什么？企业在成长的不同阶段应如何对产品进行设计？它是以什么为基准而对企业的发展指明路的？笔者认为，人心的需求进阶可依据马斯洛的层级需求，辅以人心的6P进阶模型，亦可为产品形态的设定和相应的营销方案的设计指出明路。心即理，理即欲，根据所需所求，制造相关产品，并以产品为载体解决人欲。在产品的设计和开发过程中不脱离现实环境，以现实需求开发相应的价值性产品，直指人心，以人心化产品服务于人欲。在人欲的解决过程中融入善意、善念、善行，以良知化产品推动新一代商业文明的形成。

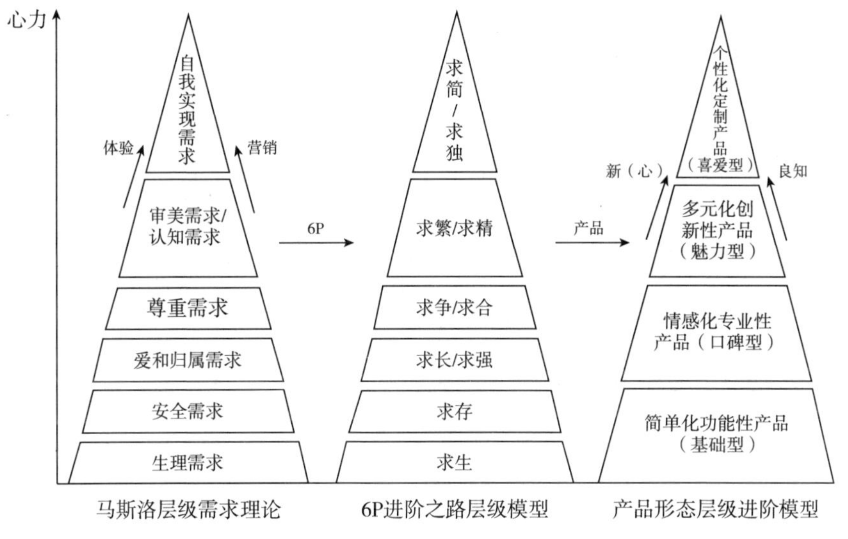


**图 10－2**

笔者根据大量产品的调查研究，与相关人性需求结合，发现企业在成长阶段的产品进阶最终还是可以从人心需求层级以及6P进阶层级中找到答案。

1. 简单化功能性产品（基础型）

在个体（企业）成长的初级阶段，个体（企业）主要是满足其生理需求和安全需求，即在该阶段企业追求生和存的机会，与之相对应的战略和组织结构分别是机会战略、生存战略和直线型组织结构、直线职能型组织结构。机会战略下，创业类别的企业以机会求生存，企业抓住细分行业的某类需求后，应凭借自身已有的资源能力迅速地开发出相应的产品。在此阶段，创业者不必花费大量精力搞渠道、搞公关社交等与打造初级产品无关的活动，抓住核心——简单，企业专注于解决细分行业的核心需求，开发出相应的较为简单的能实实在在解决核心需求的功能性产品。在此过程中，企业应抓住核心人群的价值需求，不增不减，不偏不倚，真材实料地研发产品，耐心细心地解决问题。在生存战略主导下的产品注重产品的成本最小化和功能最优化，创业者在研发产品的过程中，以最小成本给用户解决问题，拒绝不切实际的活动和思考，毕竟在创业型企业中其所拥有的资源十分有限且又十分重要，需要合理利用现有资源，尽可能地以最少的资源开发出最佳的产品。当今市场环境中供大于求现象尤为严重，企业将机会利用好，将产品开发好，就可以为企业带来生存机会。在求存阶段，注重产品的安全性能，即对产品质量的严格把握，以严谨求实的态度面对创业中出现的问题。

在创业阶段，产品的形态由企业的独有资源决定，企业所选择或所观察的价值需求必须是真实存在的核心需求，因此对创业者的觉察力有较高的要求，圈定群体，洞察心体，知其所需，进而满足其基本的核心需求。核心需求以功能性产品去满足，如某件产品具有什么功能，能够解决某类消费者的哪些核心需求。简单功能性产品一般是解决消费者的生理需求，并且功能性需求解决的同时也注重产品的安全性能。消费者购买某件产品首先关注的是其功能性特点，功能性产品一般注重产品的实用性，因此创业类公司在产品的设计方面注重其结构的合理性和功能的完善性，另外，创业类公司资源有限，一般产品以简单、实用为主，可解决消费者的核心价值需求即可。毕竟，一方面，复杂性产品会分散消费者的注意力，会弱化核心功能点；另一方面，复杂性产品的打造需要耗费企业较多的资源，其行为与该阶段的主战略不符。

简单核心功能性产品是初创企业的产品形态，企业利用已有的资源快速生产产品，并以相关群体的核心需求为势能，采用营销赋能的方式，抢占市场份额，在之后的发展中，可根据市场变化更迭产品。

直线型（直线职能型）组织结构支撑该类产品的研发和生产。在创业阶段，企业内部人员比较少，价值创造能力一般比较低下，人员的价值活动一般需要按照老板的意愿进行，老板以较灵活的、精准的指令驱动产品的设计和开发。当产品需要进入较大规模的市场时，可采用（直线）职能型组织结构。

简单核心化功能性产品一般是企业的基础型产品，企业以该产品为主要发展对象，在后期可对该产品进行专业化创新等。

2. 情感化专业性产品（口碑型）

当消费者的核心需求被解决，功能性产品被开发后，企业便开始思考如何强化该产品，使产品的销量在市场中稳步增长；如何强化产品结构和产品的核心竞争力，使其在市场中有与其他产品竞争与合作的资本。

先从企业求长、求强和求争、求合阶段的战略看，在稳定发展战略阶段，更注重塑造产品的耐磨性、精神性、完美性和专业性。产品是价值的承载者，价值是无形的，产品是有形的，价值的持久性依靠产品的耐磨性、完美性、专业度和精神性等有助于产品变强、变好的因素。给产品精心的“关爱”和“呵护”，让产品在精心的“呵护”中有人群的归属感，即当产品被精心地设计和研发后，并在初级产品投放市场对产品进行不断的更迭，使产品持久地合乎人心，让产品被更多的人群拥有。当产品拥有的人群越多时，其归属感亦会越强。以爱赢得归属，这是个体的社会性生活准则，也是产品的市场性生存准则。爱源于某种精神的追求和满足，产品的精神性（情感性）由人赋予，给产品赋予什么样的精神特征，一方面由企业领导者或产品设计者的情怀决定；另一方面由与产品相对应的消费群体的特征决定，不同人群需要不同的情感关怀，分析特定人群的特征，判断其所需要的情感属性，并巧妙地赋予产品该情感属性。情怀源于心境，是以人的情感要素为基础所发出的心与心之间的感应，给产品赋予情感性内容，是为了让产品更具有灵性，使之容易与消费者产生共鸣，促进消费者购买。具体来说，在当今的消费环境中，消费者的生活水平普遍提高，消费者不仅追求吃饱、穿暖、住好，其价值需求已经普遍上升到精神性追求，在精神文明时代，产品的精神附加值会越显重要，消费者在选择产品时，更注重产品的精神性体验，给产品赋予精神性价值，让精神性价值产品服务于消费者的精神性需求，让精神性产品给消费者带来温度感和归属感。因此，要注重提升个人的人文修养，以此提高产品的文化底蕴，以人文性内容感召用户、征服用户，关注产品的心灵价值或情感价值，以此方式使用户对产品产生深刻的印象。

那么，产品的精神价值该如何被巧妙地赋予呢？

①包装

消费者接触产品最直接的方式是通过包装观察产品的功能属性和其他价值属性。通过包装介绍产品的精神属性，用精美的图片和 Logo 形象以及传神的文字表达产品的精神价值。

②故事

产品故事化，通过产品的创造根源和初心，以精神性内容赋予产品精神性价值，以打动消费者的故事唤起消费者情感上的共鸣，故事易于传播，让产品融于故事，以真诚的故事打动人心，打动人心的故事易于分享，通过消费者的分享为产品带来品牌势能。

强化产品结构，让产品的价值具有持久性的另外三个点是：耐磨性、完美性和专业性。这几点主要是通过产品经理迭代出来的，更强调产品的设计开发者具有一定的工匠精神，长期专注于某一核心问题的完美性解决，既是对产品的关爱，也是对于产品对应的消费人群的关爱，尊重源于爱，也源于心灵上的感动，由工匠精神所制造出的产品易于感动消费者，也易于获得消费人群的尊重。选择该类产品代表了个体的某种生活方式，可间接地折射出个体的某种生活态度，因此消费者更愿意支付高价购买产品。消费升级就是心欲的升级，升级的心欲更注重产品的质量、品质、态度、情感等内容。例如，星巴克的限量杯子，逻辑思维的各种文艺型产品等。

在竞争激烈的市场中，使消费者获得尊重的产品更容易在市场中长存，这样的产品更易为企业带来利润，因此企业有必要花费大量精力和资源于专业性产品的打造上。

在专业性产品的打造过程中，更注重产品的设计合乎目标人群，因此产品设计者需要与消费者充分沟通，知其所想，明其所需，使得产品的设计合乎目标人群的心理诉求。其次，产品开发者必须注重对产品质量的把控，包括对产品的工艺质量、技术质量、包装质量、品牌质量、服务质量等的精准性规划、设计和实施。

当产品足够强后，其就可以在市场上参与竞争与合作，以集中化和规模化战略，定向地生产产品，定向地在区域市场上进行合作与竞争，通过此种方式获取大量的利润，强化竞争优势，使其在产业或行业中占取领先位置，并获得尊重。

在此阶段（即稳定发展战略和竞合战略）的组织结构是事业部矩

阵型（还包括事业部型、矩阵型）和网络型组织结构，以事业部矩阵（或事业部或矩阵）形式打造专业化、完美化产品。纵向以职能单元和较强的专业能力为基础，对产品的各个环节进行严格的把控；横向以事业部为基准对产品进行专业化管理、客户化管理以及区域化管理，以便让产品更好地在市场中存活并变强。而在网络型组织结构中的产品，更有利于其在市场中竞合，以专业化能力和强大的资源能力，赢得市场地位，满足企业或产品的被尊重需求。

在情感化专业性产品中，因其既满足了消费者的精神性价值需求，又在市场中可以以其专业化能力赢得市场份额，所以很容易在消费群体中获得口碑效应，进而产生强者更强之势。

3. 多元化创新性产品（魅力型）

人心总是追求更多和更好，企业也一样，总是追求利润的最大化。当企业通过核心产品拥有较多的流量和资本积累后，便开始布局产业内的价值链产品或跨行业的价值网产品，以产品的多元化和相关性让各个价值相关产品互助互存、共生共赢，并以平台化思维和生态化思维，撬开更大更全的市场，为企业赚取更多的利润。

从人性价值需求角度看，当个体或企业在市场中占据一定的位置后，便有了布局扩张的野心，在（平台）生态战略的助辅下追求审美和认知，进一步获得心理上的满足。

企业发展到该阶段，市场形态相对开放，客户需求变得分散且多变，企业的价值主体转变为客户，市场中各个价值相关者联系更加紧密。此时，单一化、专业化产品已经无法满足消费者的多元需求，企业不得不开始创造多元化、创新型产品，以满足消费者的分散且多元升级需求。

当下的商业环境既是消费需求多变，竞争环境加剧，渠道形式复杂，且消费者对产品的质量要求更为苛刻，其更看重品牌性消费，注重产品的服务和品质，消费方式由同一化向多元化、创新化转变，消费者以创新性、多元化产品来满足其认知与审美需求。在产品的创造和布局方面，企业更注重对产品多元化平衡与创新化认知的打造。在这种形式和要求下，企业唯有以平台化战略对已积累的资源进行高效的利用，并通过共创、共担、共享、共赢的生态化理念来构建多元化产品体系。

在互联网生态环境下，有能力、有资源的企业最好构建一个生态型企业以应对消费者的多元化、多变性需求。在生态型企业中，企业很容易通过生态化思维快速地满足消费者的某类新型需求。一般性企业最好加入一个或多个生态系统中，展现自身价值，为生态系统注入能量和活力，以生态的稳定性和平衡性，使企业在市场中长久生存。

平台追求内容的多和物质的繁，生态更追求各个内容和物质之间的协同与平衡，以外物的平衡性来满足内心的平衡性。因此，在产品体系打造的过程中企业可以以某类消费者为核心，知其多样的需求，打造多元化价值相关性产品，并尽可能地满足其所有的价值性需求。共生体之间以资源的互利互补，各个企业之间相互协作，以及产品之间的共享与共赢来布局相关群体的多元化产品。

生态型企业更加注重企业之间或产品之间的跨界融合，以跨界性思维和融合性思维驱动产品的创新或新产品的诞生，并以创新性产品满足消费者的新型认知与审美需求，以旧品的创新和新品的打造满足消费者的新时代消费需求。因此，生态型企业特别强调生态化，反以生态化反诞生新品，促进产品的进化，以跨行业产品的互助互利，驱动产品销量的大幅度增长。

在消费多元化、渠道复杂化的形势下，企业对产品的布局还需要充分利用大数据和云计算技术，充分挖掘新品，完善旧品，以数据为依托，对核心人群进行深入的了解，并对其潜在的价值需求进行深入的挖掘，以精细化的方式服务好相关人群。

而在此环境下的组织形态也升级为平台型组织结构、生态型组织结构，平台型组织结构注重解决消费者多元化价值需求，生态型组织结构能更好地解决其创新性产品需求。平台型组织结构和生态型组织结构以大量的、灵活的、自驱的小前端组织去应对复杂多变的市场需求，以诸多小前端，加之后端的资源支持去创造多元化产品。

魅力型产品形态一定是极具吸引力的产品形态，当某一企业的产品形态既能满足消费者的审美需求，又能够满足其创新性认知需求的体验时，该产品形态的吸引力必将很大。以魅力型产品吸引市场，促进消费，这已是当下环境企业生存与做大做久的必备思维。

4. 个性化定制产品（喜爱型）

消费者的自我实现需求一般是通过企业的个性化产品定制去实现。

在市场生态愈加开放，消费者的价值需求更加高度化，个体的价值创造能力愈加提高的情况下，消费者的心理诉求被极大地释放，其对高品质的个性化诉求增强，并愿意为个性化高品质产品买单。此种价值形态是大部分高品质生活的高端人士的价值选择，他们追求个性化消费、时尚消费以及超前消费。

因此，消费者会根据其独特的价值需求，定制其喜爱的产品，并且在互联网技术、VR/AR 技术、移动互联网技术迅速发展，社会进入信息化、大数据时代的大环境下，消费者的个性化需求也可达到满足。而且在未来的商业发展进程中，消费者更加追求价值的独特性，这时企业便可实施升维战略，提升企业的经营维度，冲破原有行业的资源限制，重新审视行业现状，从某一独特角度出发，快速进入另一维度，以多维的势能进一步提升企业的竞争优势。当企业提升维度后，企业就有独特的思维角度、资源能力以及市场优势，创造出相关独特性产品，与企业对应的消费人群亦将体验到独特的价值享受。在笔者看来，未来大多数企业都将具有独特的人格化、个性化特征，这些企业亦能创造出符合相关用户群体特征的个性化产品，此时，用户的价值体验达到了高潮。

个性化产品的定制也对应多元化产品的价值创造，此时组织形态亦是生态型组织，企业中的诸多小型组织根据其市场洞察的灵敏性和与用户深度交互的结果，对产品进行个性化定制。例如韩都衣舍的“小组制”组织模式，以灵敏的“快速学习、快速试错、快速迭代”应对多变市场，赋予每个小组自治权，使小组成员的能动性变强，以“小组制”优势和“小而美”产品的设计与制造，进行多元化价值创造，满足消费者多元个性化定制需求。目前，韩都衣舍已经发展到 11 个智能部门为小组提供服务，包括淘内运营、淘外运营、企划部、摄影、财务、人资、技术、客服、储运等专业化内容，个性化设计、创新、页面制作、货品管理等由小组负责。韩都衣舍以组织的优势，创造多元且个性化的价值产品，以专业的小团队服务于某一人（群）的定制化需求，并以此制造出深受用户喜爱的产品。

提供大数据平台的建立，进行数据的积累、分析和利用，让消费者通过 C2M 平台生产订单，订单数据进入版型数据库、工艺数据库、款式数据库和原材料数据库进行自动处理，最后实现一个个专属版型和款式，并集于芯片，利用芯片数据进行定制化生产。企业利用互联网基础设施使各方信息以数据的共享实现融合，协同生产，最后实现一人一版、一衣一款、一件一流的专业个性化定制效果，如红领集团（酷特智能）的个性化服装定制模式。

在信息化与工业化深度融合的发展初期，在“中国制造 2025”的国家政策形势下，以 3D 打印、物联网、云计算、大数据等技术为依托，实现产品的个性化定制的大规模工业化生产，使效率有所提高，生产制造成本有所降低，产品的质量有所提高，市场竞争力越强，这是经济发展的必然趋势。

产品的形态进阶之路是企业从初创到变强变大，实现自我价值和用户价值的路径。任何一个企业皆可根据其所处的发展阶段，判断相应的产品结构，思量目前的产品结构是否合理，下一阶段的路径是否合理，支撑产品创造的战略和组织结构是否与相应的产品形态匹配等。并且在产品设计与生产过程中不忘归根，思量其存在价值是否良知化，在任务执行的过程中是否符合“知行合一”之理，赋能要素是否以产品的进化与发展为本等。

## 四、企业产品的四级体验营销逻辑

营销的主要目的是为了让消费者更容易产生购买行为，因此必须抓住人心，心即理，行为依托于心，知其心，顺其心，便可引导行为。当今时代产品丰富繁多，同一功能特性的产品类别亦有多种，而消费者需求又变得较为个性化，其重视的产品特性也变得繁多。在这种情况下，企业又该如何在市场中立足？

笔者提到产品服务于人心，产品的出现是为了解决消费者的某一价值需求，而马斯洛的人性需求层级进阶模型已存在70多年，甚为经典，根据马斯洛的经典需求理论导出的产品结构进阶模型合乎历史和现状的发展规律，合情合理，毕竟人心是根，由根发展出的干、枝、叶都是以根为基础的衍生物，都是为了迎合人心和市场形态。而市场形态的变化一方面来自于偶然发生，但主要还是因人心和人性所驱，即消费者的行为特征是市场形态的主要影响因素，而行为源于心之念。

**图 10－3　体验营销逻辑**

以合乎人心化的产品去服务人心是最有效的营销方式，互联网时代，人们常说：让产品自带流量，就是强调产品的合乎人心化，而合乎人心的关键在于让消费者参与的产品体验是否合乎其心或超乎其心。

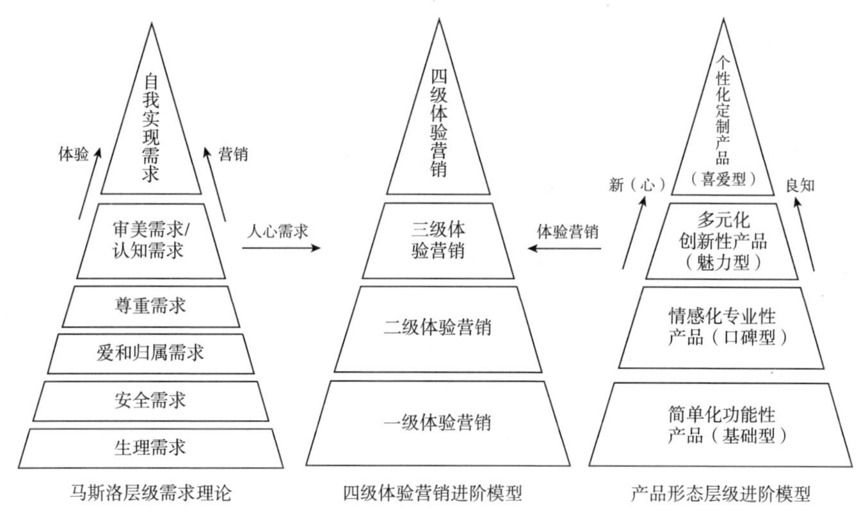


**图 10－4**

1．一级体验营销

一级体验营销的关键是用简单化功能性产品解决消费者的生理与安全的体验，生理和安全性体验的关键是企业通过产品给消费者实惠、经济、安全且又能给消费者带来感官上的满足，即使消费者的视、听、言、动、感都能够得到舒适的体验。因此，产品的外观要精美；声音要动听，可使人心激荡；根据产品所写的文案要契合人心，感动人心；售后服务或与消费者接触时动作要优雅；产品让消费者摸起来要舒适等，合乎人欲。此时营销的关键是匹配，从简单的需求出发，最终回归需求本身，以合乎人心的产品，满足消费者的人心化需求。一般简单功能性产品是那些可以解决消费者吃、穿、住、行等底层需求基本类别的产品，对于该类产品的打造应注重产品的实用性和安全性，保证产品的安全性，例如：衣服穿着舒不舒服、耐不耐用，冰箱的制冷效果如何等功能性特点。因此，一级体验营销关键是找准核心功能需求，圈定相关价值人群，说明产品的功效和质量以及售后保障等，以确保该产品可以解决消费者的核心功能性需求。其次还需注重产品的表现形式的生动化、形象化，着重突出产品的功能优势。例如，OPPO 的“充电 5 分钟，通话两小时”，王老吉的“怕上火，喝王老吉”等，以功能优势，动其心，促其购买。

笔者在前文提到企业营销的关键是心智（包括心智路线、心智份额、心智时长、心智度等），而影响心智的主要因素是体验，产品体验越好，消费者就越容易接受、停留并购买，自然地，接受产品的用户量和转化率也就越高。因此，营销的底层要素是做好产品的营销体验。

2. 二级体验营销

二级体验营销的关键是用情感化专业性产品解决消费者的归属和尊

重性需求体验。企业产品形态发展到该阶段表明企业已经基本解决了消费者的生理和安全性追求。在此阶段，企业营销人员应注重放大产品给消费者带去的归属和尊重的特性，即在营销时注重为消费者提供尊重和归属性服务以及情感化专业性产品。那么，营销人如何在营销时给消费者提供尊重和归属性服务呢？

①对产品和消费者的细节化重视就是尊重

如果一个人对你经意或不经意提出的细节性问题得以重视或满足，你会不会感觉到自己备受尊重呢？同样，做好产品或服务的细节化内容就是对消费者的尊重，消费者会因为被尊重而接受该服务或购买该产品，如海底捞对顾客的态度。

②对产品和消费者进行呵护和关爱就是归属

归属需求得到满足的最简单的方式是给予其关爱和呵护，让其心灵备感温暖。因此，情感化专业性产品在营销的时候要给予其精神上的关怀，营销的时候着重体现产品的精神性价值特征，用关爱和呵护的方式营销该类产品，以心得心。

③彼此平等、有效沟通便是归属和尊重

同频、同趣的人之间更容易有效沟通，让消费者参与到产品的设计和开发中，彼此平等，无等级分歧，因此该类产品特别适合用社群营销的方法销售。即以产品为中心，吸引用户，用产品特征和属性感动用户，以口碑促分享，用户传用户，而后在社群内分享产品存在的价值和精神价值，讲故事、多互动，培养感情，建立相互信任的关系。

情感源于沟通，社群是消费者之间较有效的沟通方式，以温度性的产品和多渠道、真诚性的沟通方式，促进产品的营销。

其次，社会化营销也体现了人与人之间的信任与尊重，也可以做到平等有效的沟通。在社会化营销实施过程中，重点是构建与消费者之间的信任关系，把用户当作朋友，尊重用户。具体来说，社会化营销就是借助于社会化媒体（如微博、微信、今日头条、一点资讯等）与用户连接并互动，利用社交心理，传播观点或有温度、有情感属性的产品，并利用网络媒体工具，聚集相关调性的人群，定向地生产多角度内容，注重用户体验，与用户同频，增加用户的忠诚度，传播内容，以吸引更多的人群关注，让粉丝助力产品或文章的传播。

服务瞄准需求，当需求上升为情感化、人文属性时，产品的提供和营销方案的设计也应重点突出该类需求的解决或满足。营销人要做的便是找到相关需求的人群，知其心，做出一套相关调性的营销方案，以合乎人心化的产品和合乎人心化的营销，动其心，让用户一听就喜欢，一看就激动，一用就爱不释手。因此，营销离不开产品，服务离不开人群，方案离不开人心，以产品的精准定位与消费者产生共鸣，以服务的细节化让消费者感到备受尊重，以方案的全面化、吸引性促进用户购买产品。以营销释放人心，激发人性之美，使用户与产品或服务调性产生共鸣，服务于更多的价值人群。

3. 三级营销体验

当企业以多元化创新产品为主时，此时的相关消费群体更注重产品的审美与认知性体验，使产品特征与消费格调相一致，以人心化产品服务于人心，当用户追求内容的繁与精时，营销的重点便应该放在满足消费者的审美与认知体验上。内容是认知的载体，创新是审美的润滑剂，内容的多与精能够满足用户的认知需求，创新又有助于用户审美性需求得到满足。因此，在此阶段的产品更有效的营销方式是内容营销和共生营销（生态营销），多元化产品以内容为载体，让产品内容化，将内容植入产品，多元化产品承载多元化需求。在互联网时代，产品虽易于传播，但也得有相关的精准内容助力，一个感人的、符合产品调性的、精准化、专业化的内容更容易通过网络带来大量的分享和获取，一个功能完美、专业性强、有情怀、有创新的产品通过内容更易传播。

其次，内容营销也包括将产品融入内容平台，如淘宝、天猫、百度等平台中，让用户在想搜索的时候可以搜到你的产品。

在多元化产品形态下的企业，已发展到平台化和生态化企业，此种类型的企业通过共生营销更有助于产品的销售。笔者在《商业生态》一书中也提到过共生营销，认为共生营销是生态型企业营销的秘诀，并对之做了详细的阐明，这里笔者根据本章的内容特点再做针对性分析。

平台是内容的有效载体，如今日头条、一点资讯等都是以平台为基础的内容发布。不管是多价值性产品或者是多价值性内容，都是为了满足相关群体的认知性体验。如果内容和产品精美，并可以给用户带来视听言动感等方面的新型体验的话，也可以满足用户的审美性体验。

在产品繁多、技术发展飞快、消费者需求多变且分散的环境下，企业只创造出多元化创新性产品还不够，营销的艺术也甚为关键。此时的营销不仅要重视消费者的情感性体验，还需要重视其精准的认知与审美性体验，而生态营销恰能较好地满足消费者的该层次体验。

生态型（或平台型）企业中平台是基础，此外还需要用户、入口、内容、渠道、数据等辅以平台，让平台上的物种多样、数据海量、彼此协同等。在此基础上使用生态化营销，让时间、空间、内容、场景等实现协同和匹配，使多元化创新性产品在该体系中得以滋养和繁衍。

生态共生营销的关键在于如何在特定的场景环境下，通过终端及其他有效资源将特定的内容与目标用户进行连接，并获得持久的服务能力。共生性强调对资源的生态化利用，持久性强调目标用户的营销体验。共生营销的主要方式是通过跨界、协同、共享、共赢等生态思维对产品进行营销，通过目标场景的获取和多渠道方式接触用户，而后利用互联网、大数据等技术，给相关用户提供专业化内容和相关的产品，并通过目标群体的相关价值需求的挖掘，寻找或创造出相应的产品，并为之服务，满足其多元化价值需求，使用户价值最大化。因此，企业需要建立共生营销系统。

在移动互联网时代，人们的需求被极大地释放出来，他们通常在不同的场景中会有某些不同的价值需求，此时营销的关键是洞察用户行为，了解场景需求，并通过信息化、内容化、终端化等方式解决其价值需求。也即通过云、网、端等方式接触并连接用户，利用线上、线下融合性思维，有针对性地提供能解决需求的专业化、情感化产品。因此，云、网、端等基础设施、多元化价值性产品以及合乎调性的优质内容打造成为生态营销的关键。

在审美体验方面，一方面专业性情感化产品在一定程度上本来就可以满足其审美体验，若加之产品的创新迭代和新品的不时呈现，则会进一步满足其审美体验。

4. 四级体验营销

四级体验营销的关键是用个性化定制产品解决或满足目标消费者的自我实现价值需求体验。

在互联网时代，个人品牌的打造较为容易，只要你有足够强的能力，并且该能力可以为用户或其他人带来诸多好处，那么个人品牌的提升也会比较快。目前网红现象、个人 ip、社群、KOL、直播等野蛮发展，底层原因是这些现象的产生是以个人的高层价值实现为基础的人性化体验，每个人在潜意识中都在追求个人价值的自我实现，而现在互联网工具的成熟，正为每个有能力的人带来更多自我价值实现的可能。即互联网的共享时代是个人 ip 崛起的最好时代，在过去的 2016 年直播大火时，个人 ip 亦诞生了许多，网红、KOL 甚至是社群等的崛起也是此因。个人借助于网络放大自身的价值，“个人 + 平台”的模式使个人和平台的价值都可以得到提升。例如得到、知乎等知识付费平台，戳中了人性的 G 点，设定了良好的个人价值实现机制，使个人价值得以指数化的提升（前提是个人价值得足够的强，且该价值最好是具有独特性）。例如，罗振宇、王凯（凯叔讲故事）、董明珠等都具有自己的独特价值，是实，不会出现阶段性现象。

因此，四级体验营销中，在产品展现其独特价值的同时，也要为他人实现其价值。例如 KOL，其在展示个人价值的同时，也在为他人带来实实在在的价值，做到个人价值和他人价值双重实现的最优化体验。

四级体验营销更注重企业、产品及个人的人格化生存。人格化生存就是以显示自身的独特价值为准则，此时个人的价值创造能力亦变强，其独特的价值需求被进一步激发，产品出现大规模个性化定制，产品的价值创造以个人的独特需求为前提，产品营销也着重解决其自我实现需求。例如，通过大数据进行精准的个性行为的捕捉、收集与分析，而后定制个性化产品或服务。

企业的独特价值通过升维战略实现，将升维思想用于营销，则更多地强调创意的独特性，以别具一格的创意激发用户多方位的需求体验，以认知与审美激活用户心智，以自我价值的实现使用户愿意花时间和精力去做或购买某一产品。消费的体验离不开价值性产品的提供，消费者在不同时期、不同地点和不同环境中所看重的需求点一般不同，其价值需求点随时在变化或演进，因此提供多元化价值相关产品变得重要。企业在不同的场景下提供与场景需求相对应的产品，提高用户的多方位体验，使产品更好地满足人欲，高效地占据用户的心智的关键是在恰当的时间给用户提供恰当的产品。当消费者的价值需求上升到自我价值实现时，此时用户更多的是想借助具有独特人格体系的产品，彰显自己的独特价值。例如诸多的高端性定制产品，以独特的品牌性格魅力，赢得自我的独特性价值满足。通俗地说，此类产品强调独一无二的价值，以我有你没有的心理满足其炫耀之心，这一点是当今 90 后、00 后普遍的心理现象。

在近年，对于高品质、个性化产品的需求成为新经济发展的重头戏，从心中来到心中去，从需求市场和技术角度促进当前的消费升级，因此要根据市场动态和消费者独特的价值需求，不断地进行新品的推出，以维持目标消费群的活力，并吸引更多的价值消费群体。在由云计算、大数据、人工智能等互联网基础设施组建的新平台中，更有利于捕捉并实现消费者的独特价值需求，通过云计算解决系统架构，并提供计算、存储和多终端之间的数据整合；通过大数据提供企业的分布式计算；通过人工智能提供数据分析模型和高效的深度学习算法；通过物联网采集数据；通过智能平台实现融合，实现快速高效的服务能力，满足多类型用户大规模的个性化、独特性的价值体验。此时的营销关键是知需、供需，强调互联网基础设施的利用。

5. 体验营销小结

同战略进阶和组织进阶一样，企业在发展过程中，在不同阶段都有不同的主战略和主组织结构支撑企业的发展。体验营销也一样，每个产品的形态不同，对应的主要营销方法也不同，但是主营销在实施过程中，也会有其他营销方法相辅，就像当我们有了认知审美需求时，生理需求和安全需求依然会存在一样。企业在使用主营销的同时也注重使用该营销层级以下的营销方法，即高级营销是在低级营销的基础上发展起来的。体验营销更注重企业人心化的产品与人心化营销相协调、相匹配；给用户提供多方位的体验营销，易使用户上瘾，进而长期停留在企业中进行价值消费。

# 第十一章　人才结构与管理篇

## 一、人才结构归根，回归企业发展本源

人才是价值创造者，人才结构一般是对企业价值创造群体的描述，由于社会的经济水平和技术水平以及认知能力的差异，个体的价值创造能力在不同的社会环境中亦有所不同。企业根据价值创造群体的能力分布情况、性格特性以及其心理诉求等内容进行相应的组合，并以单元（或团队）形式承载任务，为企业创造价值。

随着经济形态的变化，人才结构也在不断地变化。企业的人才是支撑企业发展的主要因素，而企业的发展方向一直跟随着企业中的价值主体的意愿而进行发展。例如：在农业时代和前工业时代，企业的发展支撑点是资金，即此时的价值主体是股东；在后工业时代和电气时代，推动企业发展的核心力量是价值创造能力强的群体，即骨干群体或精英群体是企业的价值主体；在互联网或移动互联网时代，企业的发展必须以

客户为中心，此时的价值主体便是客户。而企业的组织结构和人才结构在不同的价值主体的作用下亦有所不同。从这个角度来看，关于企业的更精准的定义便是：企业是以服务核心价值主体之心为目的的经济型组织，企业的发展方向亦随着价值主体意愿的变化而变化，这是价值主体心力影响的结果。而意愿总是以环境为依托，在不同的市场环境下会激发出价值主体的不同意愿，但是企业总是追求利益的最大化这一本质性意愿难以发生变化。

组织是人才的承担者，人才依托于组织进行价值创造，所以人才结构亦随着组织结构的变化而变化。笔者在第九章强调组织归根性目的是为了实现组织与人、环境之间的协调，使价值主体在组织中的价值能够最大化地展示。亦即组织需要人才价值的最大化去实现企业内外部环境的协调和经济效益的最大化，这是人才的核心任务。

在商业环境多变、经济结构复杂及新技术、新思维层出不穷的变革时代，中国经济的发展进入变革期，不确定性因素愈加难以捉摸。在这种复杂的形态下，企业唯有以人才的价值创造能力和市场洞察能力来应对这种复杂多变的环境。毕竟，唯有人才能解决问题，唯有人才能使企业的战略和商业模式落地，唯有人才能推动企业的进化与发展。因此，企业的经营回归到人才的本质是最有效的经营企业的方法。

1. 心力的最大化驱动人才价值的最大化

心力是个体存在价值的根本力量，个体的价值创造能力以及能力的提高都受心力的影响。心力强则万事不难，心力坚则百事可成。个体可通过增强心力来提高其价值创造能力和价值影响能力，心力的最大化就是个体价值的最大化。

2. 人才结构归根 ETE 法

战略和组织的有效支撑点是人才，产品的创造亦依托于人才，企业的价值创造能力与人才结构能力有关，企业的核心竞争力归根于企业的人才结构，企业中人才的整体能力决定着企业是否可以在企业最困难的时候渡过难关，也决定着企业能够走多远、发展多大。而人才归根的关键是知道：我是谁，有什么，要往哪里去，能够做什么，存在的意义在哪里等问题。当企业中各个成员能回答清楚这些问题时，企业就可以知道其人力资源有多大了，这也在无形中影响着企业能够走多远、发展多大。即企业经营的本质就是经营企业内外部的价值人群。如何更好地经营好相关的价值人群，关键是理清企业人才存在的原因、任务以及赋能方式等。

①存在

事物/个体能够长期存在的本质原因是其能够持续地为某类人群创造价值或其存在能契合一部分人的心理诉求，能够为他们带来某种精神或心理上的满足。所以人才的存在一定是因为其具有价值，否则也不会成为“才”。企业中，人才的价值创造属性，决定了企业的发展方向。因此，企业在经营过程中应注重提高内部人员的价值创造能力，激活人心，提高心力，以价值创造能力的最大化来实现自身的独特价值。而人才结构则主要是满足企业中价值主体的诉求，并能以此种结构尽可能地让每个人的价值最大化。

②任务

人才的任务是创造价值并解决问题，企业能够持续发展是因为企业中的人才能够持续地创造价值并解决问题。因此，如何能够更好地创造价值并解决问题是企业的核心问题。

近两年，商业环境多变，消费需求多样化，企业转型正在进行。在这种情况下，企业必会面临诸多问题，而且企业对人才的能力要求也会愈加苛刻，因为企业的问题变多、任务变多，而企业如何能以最小的成本解决问题是中小型企业经常思考的问题，而其中的关键便是企业中人才的综合能力是否足够的强，并且尽可能地使人才数量最小化，毕竟人多也是需要成本的。其次，人才结构又要设计得合理。人才是任务的终极承担者，企业的人才结构设计以任务特点为本，根据任务特点组合相应的人才，并以合乎人才诉求的机制，驱动任务的高效完成。

那么，如何能够让人才长久地在企业中创造价值、完成任务？其中的关键便是让人才在企业中能够舒服。其一，企业的文化氛围（即愿景、使命、价值观、企业精神等）能够吸引人才；其二，企业家的人格魅力能够留住人才；其三，让人才能够在组织中充分地发挥价值，能够展示其独特的价值，以做到尽其心。

未来，中国的产业升级、产业互联网化、人工智能、“中国制造

2025”等多方任务的实现，根本上还是要靠人才驱动所以要提高人才心力，激活人才，提高人才品质，让人才承接更具有挑战性的任务，推动国家战略、区域战略以及企业战略的落地。而人才结构的设定则是为了让人才更容易地、高效地执行任务，创造价值。

③赋能

为人才赋能就是为企业赋能，企业通过适当的策略为人才赋能，使人才更高效地为企业创造价值、解决问题。企业可通过以下方法为人才赋能：

a. 激活组织，让人才在组织中能够高效地创造价值；

b. 激活个体，让个体在企业中的价值最大化。

组织的使命是让企业更好地适应环境，让个体更好地适应企业。组织的活力由组织中个体的活力共同赋予，当组织有活力时企业就能够较容易地应对环境的变化。互联网重塑了企业与环境、个体与组织之间的关系，让组织的扁平化成为可能，使信息能够有效地传递并获取，使个体之间的协同度增强，让组织中的个体在信息的刺激下和彼此的协同下创造更多的价值。机会的有效把握也是靠组织的协同，以组织的协同性让企业能够更好地抓住机会，让个体在组织中能够被放大价值。活化的组织需要有活化的机制，以机制的人性化与合乎环境性使组织的活力增强。其次，激活组织还包括组织结构的设计与市场环境的变化以及企业的发展需求相契合，也就是利用组织结构进阶模型，合理地设计组织结构，让人才在组织中能够高效地创造价值。

而激活个体的本质还是激活人心，激活人心的主要方式是让其心力价值能够最大化，以知心、动心、尽心的方式让个体在企业中发挥最大的价值。当然，为人才赋能的方式也包括给人才提供五险一金，设定竞争机制、淘汰机制、激励机制、薪酬体系等基础性的动心的内容。

## 二、管理归根，拨开企业管理迷雾

管理的主要目的是协调和平衡。在环境多变、人心多变的变革化时代，管理又显得愈加重要。而协调的主要目的是企业内部之间、内外部之间能够更好地、更高效地进行创造价值。换言之，协调是为了更好地应对环境、解决问题、创造利润。而协调的内容包括：人与事的协调、人与人的协调以及企业与环境的协调等，关于这些内容笔者在第九章已做过分析。总的来说，人与事的协调就是让合适的人做合适的事。在环境多变的时期，大企业鼓励员工试错，以小型组织机制驱动企业的发展。人与人的协调就是让能力互补、价值观相符的人一起去执行任务。企业与环境的协调主要看战略，即企业的战略分析做到“诚、归、变”，战略选择做到“点、准、长”，战略实施做到“坚、善、狠”。

在互联网时代，企业之间的价值被重构，企业之间的价值边界被打破，产业边界被打破、人才边界被打破。此时，企业与外部环境的协调就要靠共识、共创、共享、共赢机制的设定，开放价值链，实现价值的连接。

因此，管理的关键是了解事物的本质，探求事与事、事与人、企业与人之间的本质性关系，了解价值创造的本质内涵，从根源上解决问题。以归根性思维找到关键点，理清事物发展的底层逻辑，找到问题的根源，从根源处解决问题，如此才是最聪慧的解决问题的方法。

笔者在前文提到，人为事，事促人；企业的战略、组织、产品等都是以个体的人性和欲望为基础进行推演，这是根；世间一切后天性存在的事物都是迎合人心之欲，而心百态，因此事百态，所以管理其实主要还是管心。彼得·德鲁克强调：管理的本质就是激发人的潜能和善意；本质上还是从人心入手，激发人欲、运人欲，管理人欲，以人欲提高自我的价值创造能力，并为企业创造利润。而激发善意就是为了回到企业的本质，即为了让人民过得更好。保留人性的善，格去人性的恶，让管理绽放人性之美。

以良知正心，以正心正欲为正事，以正事驱动社会文明；在为正事的过程中体现自身价值，成就善意的自我。而这主要靠自我管理，通过管理自己，影响他人，这是较为生态的管理模式。

其次，当企业的管理回归到价值主体时，管理的主要任务便是以相关客体的价值活动为基础，让其服务于价值主体的心理诉求。而战略、组织、产品等都是服务人心的工具或手段。

管理的核心是实现价值协调与平衡，价值的最大化也是权责利的最优化，以权激发人心，以责管理人心，以利稳定人心，合情合理。当市场形态发生变化时，企业的权责利也在发生相应的变化。例如：在农业时代，企业的权力高度集中于老板（股东），此时老板的利益和责任亦最大；在互联网时代，出现了人才合伙人机制和共创、共享、共担的思维和机制，此时权力被高度分散，权力下放，责任也被下放到各个合伙人或价值创造强的人才手中，相应的利益也被分散于各个价值创造者手中。

而企业的发展和进化还受到管理的影响，即：让人才通过管理实现价值最大化，让组织通过管理实现形态最佳化，让战略通过管理实现企业的长久生存，让产品通过管理实现价值的合乎人心化；让企业在不同的时间实施不同的战略，以合适的战略设定合适的组织结构，并以合乎企业发展和市场的产品赢得人心。因此，需要注重管理的差异性、目的性和协调性。以差异化的产品服务差异化的人群，让消费者感受到独特的体验，以差异化的战略在市场上获得有利的地位，以差异化的权责利激活人心、提高心力，发挥其潜在价值。而目的性也是为了让心力水平和个体的价值创造能力有所提升，以此驱动任务的高效完成。协调也是为了平衡人心，让个体在企业中无二心，能够长期地在企业中创造价值。否则，当人心不平衡时，其很容易离开企业。

平衡之道实为自然之道，合乎规律。以管理实现平衡，以管理应对变化，归根于人心，实现企业的平稳发展。

## 三、人才结构层级进阶的底层逻辑

人才结构是企业在进行价值创造活动时所需的人才组合。企业的人才结构是由企业的战略类型和组织结构决定的，随着市场的变化和企业的发展，其在不同的时期会采取不同的战略类型或战略组合，与之对应的组织结构和人才结构亦发生着变化。

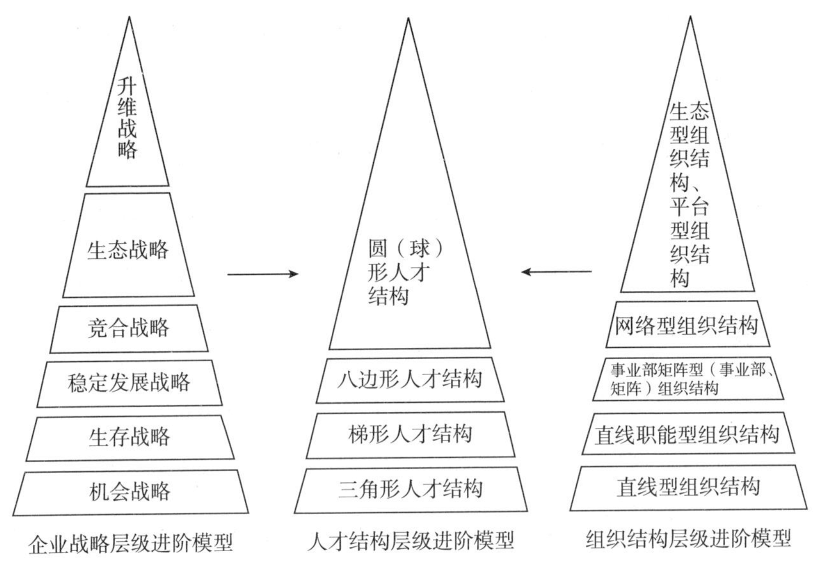


**图 11－1**

1. 三角形人才结构

市场形态和企业战略影响着企业的人才需求类型，企业以人才结构的合理性来应对市场形态，并进行战略的落地。在初创型企业中，企业的人员需求和资源能力一般比较弱，此时，企业通过实施机会战略来捕捉市场机会。目前市场环境虽然多变，但是越是多变的市场，企业的机会就越多，此时企业为了在机会中求存便需要市场感知能力强，并有灵活应对市场的人才驱动企业的生存，该类型的人才一般为老板。在互联网时代，刚性的、合乎人心的产品能节省诸多市场营销费用，企业可以凭借合乎人心化的产品，借助于新型营销思维来启动市场，获得一定量的用户。而辅以老板的人才还应有技术性人才和深知产品和人性的人才，因为在互联网环境下，技术是企业发展的基础，市场变化快，因此更需要合乎人心的产品和一定的产品升级策略，使产品更好地服务于人心。企业为了提高市场灵活性和应对市场变化的能力，一般采用指令性管理模式来提高企业的价值创造效率和灵活性；价值创造者按照指令进行价值创造，并以高效的执行力应对市场的变化。但是在市场愈加开放，企业的价值创造能力和价值需求层次显著提升的时代，企业中的个体自我价值实现需求和不被管制需求变大。此时，人才与人才之间不再是简单的雇佣关系，更多的是合伙制关系，使价值创造能力强者认为其不是企业的员工而是企业的“负责人”之一，极大地提高了价值创造者的积极性，利于初创企业的成长。但是合伙人之间总得有一个人才要有绝对或相对的控制权，能够在关键时刻为企业的发展指明道路。因此，此时的组织结构仍是直线型。初创企业在关键时刻还是采用单人决策管理，以指令性管理方式应对变化，因此企业内部之间的分工明确、结构单一，是三角形人才结构。互联网时代下，技术人才、产品人才和市场营销类人才是企业发展的关键，各类人才独当一面，以个人的强能力，按照相关要求，快速完成任务，创造出迎合市场的简单功能性产品。

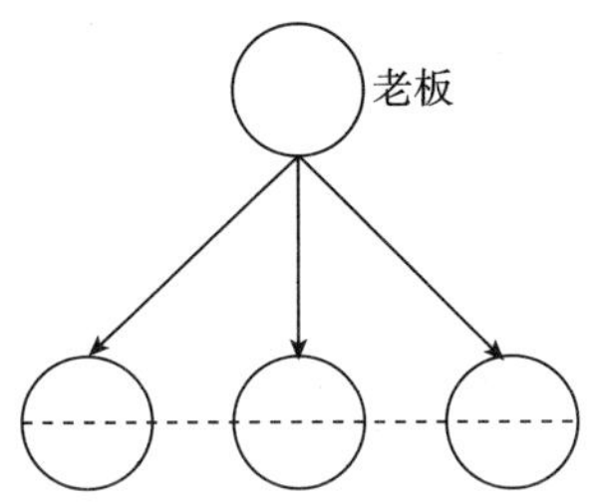


**图 11-2　三角形人才结构**

2. 梯形人才结构

随着企业的发展，企业内部人员增多，规模逐渐增大，内部的分工不断细化。此时的组织结构是直线职能型，战略由机会战略发展至生存战略，企业更注重职能的分工化和标准化，企业的生存更依托于专业化精英团队，由精英团队引导企业进行单品的规模化生产与制造，以及对市场的扩张。此时，人才类型较为明晰，人才层次不断细化，企业在该阶段开始以“职位”为基础进行管理，使得精英人才易于管理企业。

企业以专业化的精英人群担任职能部门负责人或部门经理，由各个部门或职能单元的负责人带领团队进行专业的产品研发、生产、制造、销售和售后等标准化工作。企业给各个职能负责人相应的权责利，并由阶段性战略任务指导部门经理或相关团队进行相应的价值创造活动。而精英团队也就成了企业的经营管理者，拥有相应的经营权，对相关部门进行经营管理，并对其业绩负责。

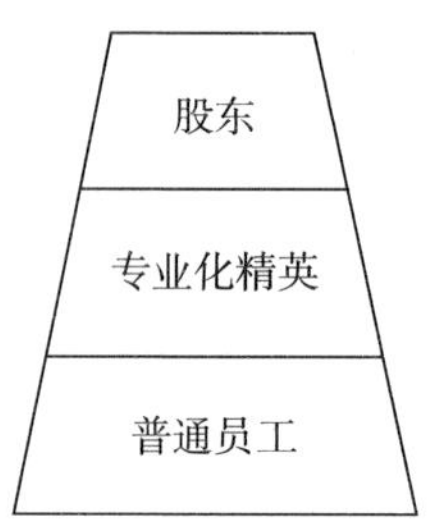


**图 11－3　梯形人才结构**

而在生存化战略阶段，此时的企业发展较注重利润的增长和成本的控制，即企业在该阶段采取的是增长型战略和节约化战略，助力企业生存，在市场上占取一小块立足之地。求生靠机会，求存靠智慧，在企业的生存化阶段，为了减少企业的经营风险，需要经营管理者对市场方向和产品结构有较准确的判断，对做事方法和管理方法有较多的经验。因此，此时的精英团队对有经验者的绩效和能力较为重视。此外，在企业的生产经营过程中，在每个细分化环节（如采购、研发、生产等）都需要专业化精英带领团队人员进行专业化工作，将产品的功能点做到极致，让功能性产品耐磨、耐用，以较多的资源提高产品品质，并逐渐地将简单功能化产品升级为情感性专业化产品。

在大变革时代，企业能不能在新环境、新技术、新思维下活下来，关键要看企业的人才，以人才的专业化能力应对变化，因此企业在此阶段要特别注重精英团队的选择和打造，并以此求得企业的安全。而在此阶段的股东结构非单一控制关系，而是多个精英人群共同拥有企业的控制权，即企业的所有权与经营权分离，精英团队亦拥有企业的经营权，并由精英团队带领相关职能团队进行价值创造，因此属于梯形人才结构。

3. 八边形人才结构

在企业的求长、求强阶段，企业更重视各个方面的完善和细化，也包括人才的完善和细化，以人才和机制的完备性使企业稳定发展，并在稳中求进。

在此阶段，企业的主战略是稳定发展战略，辅以该战略的组织是事业部矩阵型，根据事业部矩阵型组织结构的特点，事业部型组织结构一般适用于规模比较大、产品分布较广的企业，一般以产品、客户和区域等特征划分事业部，各个事业部进行独立的价值创造，自负亏盈。而矩阵型组织结构兼有职能和项目式结构的特点，此时的人才结构中不仅注重精英人员的专业化能力以及其经验，也注重人才对企业的忠诚度或对企业文化的认同度，同时也需要企业人员有创新性能力。毕竟，企业的发展与增长在很大程度上也是靠创新驱动，以创新的活力推动旧品的增长和新品的诞生。要以人才的合理性和完备性推动企业的稳定发展，并让那些能干的、专业化能力强的、有意愿干的经验者提高企业的稳定性，同时以战略的前瞻性构建企业的人才池。

企业要想变得稳定，则其在发展过程中的各个单元或连接点都得有支撑点，即企业越发展，其对细分化领域人才的要求也越高。此时，企业既要有统揽全局、把握企业发展方向的高级人才，也要有对各个细分化领域了如指掌、有丰富作战经营的专业化人才。其中：高级人才的主要作用是理清并把控好企业的发展方向，以及协调好各个事业部之间的关系；专业化人才的主要作用是带领并指导相关部门或团队人员完成相关工作。而一般性人才以其执行力和细分化的专业知识能力定期、高效地完成相关部门或团队负责人分配下的工作，并在一般人才池中根据其工作能力选拔专业人才和高级人才，使企业有较高的应对风险能力和持续发展能力。

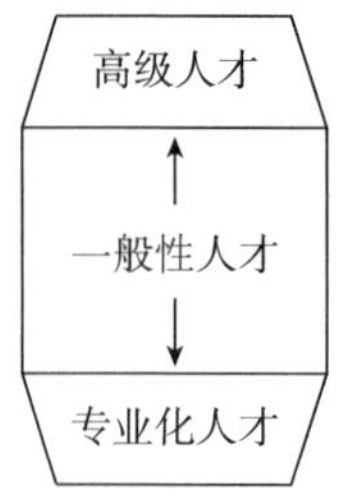


**图 11－4　八边形人才结构**

有经验的、能干的专业人才担任并引导各个职能部门或事业部的任务的规划与执行，高级人才一般担任企业的总经理或副总经理。企业在发展中为了提高人才的价值创造能力和解决问题的能力，一方面需要选拔高素质、高技能、多经验的人才；另一方面也需持续地对人才进行培训和激励，包括股权激励、合伙机制以及企业家的人格魅力留住人才，让人才为企业创造更多的价值。

让企业的事心与人心相匹配，按岗就人，因事设岗，提高心力，让人才通过心力提高价值创造能力，让能力驱动事业做强，并辅以良知，让人才的责任心和潜能发挥到极致。

### 4. 圆（球）形人才结构

随着互联网技术的发展，市场形态不断开放，这使企业之间的连接力和信息传播力越来越强，客户的价值选择和价值体验要素不断增多，企业的价值主体开始转变为客户，而企业的价值主体发生转变的主要目的是使企业更好地创造出符合市场需求的价值性产品或服务。通过互联网的连接和创业转型升级，重构客户价值，以价值创造最优形态，形成独特的核心竞争力。

市场形态发生转变的同时战略也在转变，当企业由稳定发展战略转变为竞合战略时，企业的组织结构在事业部矩阵的基础上又升级为网络型组织结构，企业内部之间、内外部之间的连接能力更强，而连接的主要目的是为了服务好更多的客户，这也是竞合战略实施的主要目的。一方面，企业通过竞合战略让核心产品服务更多的客户，创造更多的利润。另一方面，企业通过网络型组织结构和竞合战略的实施提高企业的价值创造能力，创造多元化产品，并以价值创造能力的时效性，及地满足客户的多样化需求。

而在互联网时代的网络型组织结构使企业之间和个体之间的协同度增加，此时客户和企业内部人员易发生连接，客户的价值需求也易被企业感知，企业的价值创新与客户的需求匹配度更大。这时企业便可以根据客户的价值需求有针对性地进行价值创新，并在价值网络中有针对性地寻找合作伙伴，以更快的速度完成价值匹配。但是，企业向外部寻求价值合作的方式不能强化企业的核心竞争力，企业唯有内求，重调（升级）战略，优化或升级组织结构。

市场形态的开放，社会生活水平的提高，个体的价值需求层级的提高，使客户的需求变得模糊、分散且多变，此时由精英团队的领导力已经无法及时地满足客户分散且多变的价值需求，企业中的大多数个体的价值需求仍然无法被很好地体现。为了满足多方价值需求，平台型组织结构开始出现，多方价值相关者汇集于平台，供需自由匹配，如淘宝和猪八戒网等平台，但其也只能高效地、较全面地满足部分价值需求。企业为了满足多数客户的价值多变需求，开始以企业内部市场化的形态应对外部的市场变化，即以小组织的团队创新力和灵活性满足客户的多变需求。此时，企业内部的人才需求结构也变得多种多样，创客型人才和多专多能型复合人才成为企业的首选，此类人才会成为中国经济发展、转型升级的主要驱动力。在互联网时代，人才的价值被进一步激活，个体的力量崛起，人力资本合伙形态在市场中慢慢提升，而与之相伴的生态型组织结构也因能迎合市场需求和个体的价值性需求，愈加被更多的大型企业所接受。人才可以根据个人的意志、能力或兴趣自由地加入某一小型组织，以其灵活性、市场洞察能力和创新力满足多变的市场需求。小型组织形态的出现又使多数价值创造者的价值得到体现，个体可以独立地进行价值创造与价值交换，此时企业中多数价值群体和客户的独特价值均能够被体现。

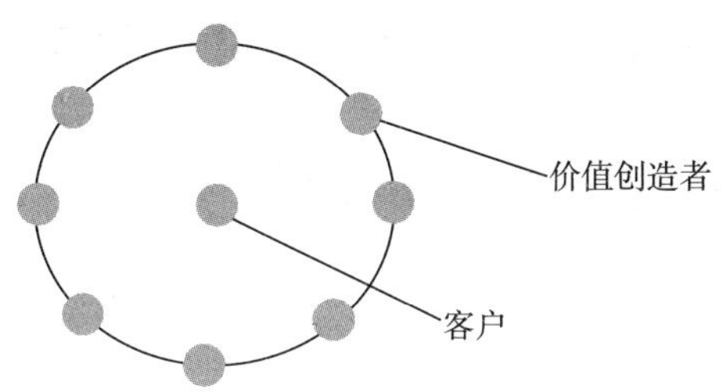


**图 11－5　圆（球）形人才结构**

圆（球）形人才结构较为松散，内部创客（价值创造者）适时自由组合创造价值，企业不断打破价值链边界，开放资源，建立共识、共创、共享、共担的文化氛围和人才机制，打破竞争边界，从企业的人才所有到人才共享，以人为本，激发人才的自主创造力和创新力，并以战略性人才思维构建企业的人才供应链，全网找到多行业、多领域、多技能的跨界性人才，将单一化、细分化的人才结构，培训并打造为多能多强的复合型人才，并以数据思维构建人才大数据，人力资源数据化、云有化，基于大数据精准的进行人才的配置与进化，知其能，用其能，以人力的合心化与合理化推动企业的发展。

未来人才不由企业所有，真正优秀的人才可以同时为多个企业服务。在这种情况下，企业要做的便是积累人才数据库，人才要做的是提高自己的多领域专业化能力，从而灵活地应对市场变化需求。在当今以及未来的知识经济时代，重视知识的创造和积累。以知识的时效性和跨界性以及融合性驱动创新，以创新的势能为企业的进化与发展带来可能；回归人才，重视人才管理，以人才的心力，激发潜能，持续地更新知识结构，并利用人才共享服务平台，传递人才价值。

## 四、管理模式层级进阶的底层逻辑

管理主要是管人和管事，让人与人、人与事、事与事之间协调与平衡是管理的主要目的。企业在不同的市场形态和发展阶段，管理的方式也随价值主体、技术发展以及战略等的变化而变化。于是，涌现出了全面质量管理、精益管理、5S 管理、六西格玛管理方式，这些都是迎合相关环境背景下协调人与事、事与事或人与人的阶段性产物。当然，有的管理工具的确很经典，沿用至今。

抛开方法，回归本质，管理就是本着事物发展的核心逻辑和人心欲望，理清所为之事，然后通过以事或以人为中心的计划、组织、指挥、协调和控制等手段，使他人以最高的效率完成某一任务。

本着事物发展的逻辑是为了以存在逻辑和发展规律探索出最优的行事方法，可以通过心学的“心即理”和“格物致知”等方法抓住本体，探寻本源，并以人心之欲让人愿意完成某一任务，所以更多的是引导和协调。

管理必须要知道管理的对象是谁，对象特征是什么等，在企业发展过程中企业的管理从以事为中心进阶到以人为中心的管理，实质上是对人性价值的重视。

### 1. 以事为中心的管理

企业中管理的目的还是为了创造更多的利润，在企业的初创阶段，企业以机会求生存，机会对于初创企业的重要性与人对事物的重要性一样。初创企业为了更好地抓住机会，必须以机会所对应的事为中心，依事（项目）特征，确定相关的职位，并以最少的职位和与之相对应的人才推动项目的发展。此时项目是企业的核心，企业中的相关管理者根据项目的存在意义、项目的发展规律和进程，确定项目需要什么类型的人才，以及推动项目的发展应采用的方法进行一体化的思考和探求，以事明理，让与事相对应的人来服务于事。而直线型组织结构或职能型组织结构就是为了更高效地让人服务于事；指令性工作形态就是在管理者对项目充分了解后而采用的高效的管理方式，此时管理的目的是为了科学地满足股东的意志，并获得资本的最大化收益。在以事为中心的管理中，管理以结果为导向，毕竟结果对于初创企业来说甚为重要；结果好，企业就有生存的机会；结果不好，企业有可能就丧失机会。

因为初创企业的价值创造相对简单，工作内容单一，因此通过指令性管理方式，管理者较容易通过个人能力将人与事或人与人相匹配与协调。但是随着企业的发展，企业的规模逐渐变大，企业内部人员不断增多，对应的事务也比较多，此时单靠管理者的管理能力已很难将事与人或人与人较好地实现协调。于是，便出现了以职位为基础的管理方法，对应的组织结构是（直线）职能型。管理者根据项目的类型、项目的发展状况和规划，设置不同的职能部门、职位小组以及相应的职位。根据职位确定工作内容，并赋予职位相应的权责利，此时工作就有了相应的标准，具体包括业绩标准、考核标准、薪酬标准等。通过企业的价值创造活动就可以职位为依托，而价值评估也可以标准为依据。此时管理者可较容易地实现人与事、人与人之间的匹配，即以“职位”为基础的管理方式强调“人岗匹配”。这种管理方式使企业的稳定性略有增强，企业管理者可根据相应的组织形态，使企业正常有序地运行，且管理者通过协调也可以实现部门与部门或职位与职位之间的频繁沟通，使企业内部的业务流程实现统一。

2. 以人为中心的管理

随着市场和个体价值需求的变化，市场环境愈加不稳定，企业为了应对变化，对应的职位要求和工作标准也发生了变化，此时人与事之间就会发生不匹配，即人与岗之间不匹配。此时，多变环境下以职位为基础的管理方式慢慢升级为以人为中心的管理方式。

不可控的是环境变化，可控的是人，人才是解决问题的核心。企业以人才市场洞察能力和价值创造能力应对多变的环境才是现阶段（或未来）企业发展的核心逻辑。

事业部型组织结构虽然可以通过增减相应的事业部来应对市场环境的变化，但是随着企业规模的不断增大，企业对市场反应的灵敏度和效率都大大降低，即发生企业笨重、组织杂冗、企业转变困难等现象，以致企业不能及时地应对复杂多变的市场环境。因此，开始转变为以人为中心的管理，使企业能够更好地应对环境的变化，而以人为中心的管理可分为企业内部以员工为中心的管理和企业外部以客户为中心的管理。

①企业内部以员工为中心的管理

随着市场形态的开放和个体价值创造能力的提升以及个体的价值需求的升级，根据传统的管理模式企业发现越有能力的员工，越容易跳槽，此时企业不得不改变管理模式，开始重视员工的独特能力和其价值需求，了解其心，而后通过合适的福利政策、激励条件、机制等方式关其心欲，让其在企业中长久地创造价值。企业根据员工能力素质，以能力素质的互补性组合团队，提高小团队的综合作战能力，此时个体的价值就可在团队中充分显现，小团队亦可以根据市场变化灵活地进行价值创造，企业对客户的价值需求反应更加敏捷。华为的“小团队作战模式”和“以奋斗者为本”就是重视员工价值的体现。

以员工为中心的管理方式更注重员工心理活动和心理诉求，包括荣誉感、归属感、成就感等方面的内容。稻盛和夫的敬天、爱人、利他就是注重员工的心理价值。因此，现代企业不仅需要重视企业文化的建设，更要重视员工成就感和归属感等心理方面的诉求，观察并抓住员工内心的价值需求，通过相应的激励措施，让员工定心，并使其心力大幅度提升，让员工感觉到企业的温暖。这时管理也应该重视对人的研究，从对人的研究成果中获取管理的智慧。其次，对员工潜能和心力价值的开发，激活人心，运用人心，管理人欲，提升员工的价值创造能力和解决问题的能力。

当个体的价值创造能力足够强时，员工对其价值创造的独特性和自由性更加看重。此时人才便不由企业所有，个体可依据其价值创造能力要素和兴趣特点等在人才共享网络平台中及时组建价值创造团队，完成一个项目的价值创造活动。此时，个体可以更加自由地进行价值创造，并通过不断地进行契合心之诉求的价值创造活动，提升个人品格，实现自我价值。

②企业外部以客户为中心的管理

市场多变主要是由客户的需求多变引起的，当企业继续以之前的发展思维或经营思维运作企业时，便会出现产品销量的严重下降、人员离职率严重提升、之前的渠道奏效不大等现象。

当企业的价值主体转变为客户后，即以客户为中心进行经营管理后，企业就可利用互联网的基础设施进一步了解客户的价值需求，形成C2B（或C2M）或C2C的管理模式，根据客户需求有针对性地进行价值创造活动，并关注客户的多重价值需求，为其提供合乎其心的多重体验化产品。而生态（平台）战略和网络型组织模式、生态型组织模式都是以客户为核心而提出来的，主要还是为了更快地实现价值创造与价值需求的平衡。

让人民过得更好是企业存在的根本原因。企业只有以客户为中心才能更好地实现“让人民过得更好”这一企业诉求。客户是现代商业环境下的价值主体，通过以客户为中心的管理理念可以充分地理解目标客户的价值需求和行为习惯以及其他线上、线下踪迹，从而知其心，并通过合乎其心的产品或产品组合，满足其价值需求或价值相关需求，为客户提供多元化、一体化的价值服务，以尽其心，使客户价值在以客户为中心的核心理念下，发挥到最大。

经营客户也是经营人心，能够以最快的速度为客户提供最好的产品一定要靠良好的人才结构、人才机制和与客户相关的服务系统支持企业的客户服务能力。通过对客户的多元化分析，建立能够解决客户多变需求的服务系统。例如通过产业互联网、企业生态系统的构建，提高客户的服务能力，使企业可以灵活地应对多样消费者的多变且分散的价值需求，并有能力获取客户的多场景价值消费服务机会，提高客户的多重价值体验。

在以人为中心的管理方式中，管理注重个体的人心和人性，渐趋向于个体的个性化管理，此时特别注重企业的人力资源数据化管理方式，并强调企业文化的重要性，通过企业文化理念影响个体的人格，使企业之心与个体之心相融合，最终构建心心相连的生命共同体。

从以事为中心到以人为中心的管理也需要管理层的领导力进阶，从领导事到领导人也是思维模式的一次转变，有助于供给侧改革的落地。归根于人，抓住本体和本源，以人心所欲、所求，让人与事进一步协调，以人的潜能价值驱动问题的解决，并以致良知之法，回归向善之心，让事态或业态的发生有助于人民、有助于社会。